本书出版受上饶师范学院博士科研启动基金资助。

中国现代化思想史研究丛书

当代中国小康理论创新史

The Innovation History of Contemporary Chinese Well-off Theory

颜英 著

中国商务出版社
CHINA COMMERCE AND TRADE PRESS

图书在版编目（CIP）数据

当代中国小康理论创新史 / 颜英著．—北京：中国
商务出版社，2020.11
（中国现代化思想史研究丛书）
ISBN 978-7-5103-3558-7

Ⅰ．①当… Ⅱ．①颜… Ⅲ．①小康建设—研究—中国
Ⅳ．① F124.7

中国版本图书馆 CIP 数据核字（2020）第 196337 号

中国现代化思想史研究丛书

当代中国小康理论创新史
DANGDAI ZHONGGUO XIAOKANG LILUN CHUANGXIN SHI

颜英 著

出　　版：中国商务出版社
地　　址：北京市东城区安定门外大街东后巷 28 号　邮编：100710
责任部门：国际经济与贸易事业部（010-64269744　bjys@cctpress.com）
责任编辑：侯青娟

总 发 行：中国商务出版社发行部（010-64266119 64515150）
网购零售：010-64269744
网　　址：http://www.cctpress.com
邮　　箱：cctp@cctpress.com

印　　刷：天津雅泽印刷有限公司
开　　本：787 毫米 × 1092 毫米　1/16
印　　张：15.5　　　　　　　　　字　　数：255 千字
版　　次：2021 年 3 月第 1 版　　　印　　次：2021 年 3 月第 1 次印刷
书　　号：ISBN 978-7-5103-3558-7
定　　价：62.00 元

序

　　"小康"的含义有多种，与"天下为公""选贤与能""讲信修睦""道不拾遗"的"大同"理想比较而言，"小康"是"天下为家""上下有序""和平稳定""休养生息""政通人和"；与"贫穷""富裕"的发展阶段比较而言，"小康"是"不穷不富，日子好过"；与欧美、日本的"现代化"比较而言，"小康"是"中国式的现代化"。第一种含义，主要是"小康"的古典含义。第二种和第三种含义主要是"小康"的现代含义。无论"小康"的古典含义，还是现代含义，都蕴含着人们对美好生活的向往。

　　"小康"追求早已有之，《诗经》《礼记》都明确表达过这种诉求。古人所言"盛世"就是古典"小康"的典范。遗憾的是，"盛世"不多，而"乱世"不少，古典"小康"的实现真不容易，且极为脆弱，不具有发展的可持续性，深层次原因在于古典"小康"的话语之中并不存在"生产力"与"共同富裕"的话语，更没有这方面的制度保障，最终导致贫困问题无法解决，土地与财富的兼并不可控制，引发流民暴动。近代以来，康有为、孙中山等人把"君主立宪"视为"小康"，而"民主共和"视为"大同"；"资本主义"视为"小康"，而"社会主义"视为"大同"，"大同"思潮成为社会思潮的主流，"小康"思潮被压倒，究其原因，一方面我们受西方社会进化论思潮的深刻影响，认为只有实现"民主共和"与"社会主义"才算是步入社会进化的高阶；另一方面，我们认识到只有实现以集中生产要素为核心的社会主义才能以最快的速度富强起来，赶超西方列强。改革开放以来，"小康"思潮再度激荡，成为发展思潮与现代化思潮的主流，"小康"被界定为介于"温饱"与"现代化"之间的发展阶段，属于"中国现代化三步走"战略的第二步，同时也成为"中国式的现代化"的一种通俗表达。

　　"小康"作为中国发展目标与"中国式的现代化"含义的提出，始于1979年，提出者为"改革开放总设计师"邓小平同志。当时中国的发展目标是：20世纪末中国发展要达到小康水平，即到20世纪末中国要建成小康社会。此后，中共"十二大""十三大""十四大""十五大"都认同并持续推进这一目标。在20世纪末中国发展总体上达到小康水平之后，2002年中共"十六大"进一步提出：21世纪头20年要全面建设小康社会，即到2020年要全面建成小康社会。此后，中共"十七大""十八大""十九大"均持续推动这一目标的实现。

　　行稳方能致远，经过40多年的不懈奋斗，中国在小康建设的伟大征程中取得了前所未有的成绩。解决了温饱问题，基本上消除了绝对贫困，7亿多人口脱贫，实现了农村贫困人口不愁吃、不愁穿，义务教育、基本医疗、住房安全、饮水安全有保障，在政治、经济、文化、社会、生态方面，全面建成小康社会，解决了困扰中国几千年发展的难题，开辟了社会主义国家与发展中国家发展的新道路，在社会主义建设史与人类发展史上具有举足轻重的意义，书写了光辉灿烂的发展新篇章。

　　40多年的小康建设积累了丰富的经验，大体来说，包括如下要点：其一，必须坚持以经济建设为中心，坚持发展是硬道理，坚持现代化的发展方向，一心一意现代化，大力发展社会主义市场经济，发挥市场在生产要素配置中的决定性作用，坚持科学发展与高质量发展目标；其二，必须维持一个和谐安定的国内环境，其中中国共产党的领导是根本保证，这是中国特色社会主义的本质特征，是小康建设的稳定器；其三，必须围绕社会主义的本质，持续推进社会主义制度改革，不断释放制度红利是小康建设的强大动力，国家治理体系与治理能力现代化是目标；其四，必须持续推进对外开放，只有不断扩大开放才能充分利用全球生产要素，助力中国持续发展，维系世界和平发展是关键；其五，必须坚持理论自信、道路自信、制度自信、文化自信，坚持文化自信是坚持四个自信的基础，是凝聚和发挥中华民族精神力量的泉源。

　　2020年全面建成小康社会之后，"现代化"将成为国家发展的主题与目标，中国将迈向改革开放以来"中国现代化三步走"的第三个发展阶段，那就是"基本实现社会主义现代化"（2020—2035年），"建成富强、民主、文明、和谐、美丽的社会主义现代化强国"（2035—2050年）的新阶段。"小康"建设是"五位一体"的，"现代化"建设也是"五位一体"的。政治现代化目标方面，我们将实现国家治理体系和治理能力的现代化，建成法治国家、法治政府、法治社会；经济现代化目标方面，我们将建成现代化经济体系，实现科学发展和高质量发展，进入创新型国家前列，中等收入群体成为主体，实现全体人民共同富裕；社会现代化目标方面，实现基本公共服务均等化，形成现代社会治理格局，社会保障体系全面覆盖，全面建成和谐社会；文化现代化目标方面，实现教育现代化，文化自信牢固树立，文化软实力强大，文化影响力广泛深入；生态现代化目标方面，生态文明观念牢固树立，建成循环经济，实现绿色发展，生态环境根本好转，美丽中国目标实现。

本书是我主持的课题"康庄大道：小康中国四十年"的重要组成部分，颜英博士为此付出了无比艰辛的努力，此书正是她努力的结果，我代表课题组对她表示衷心的感谢。

是为序。

何爱国

复旦大学历史学系副教授、中外现代化进程研究中心研究员

2020 年 9 月

前　言

当代中国小康理论创新不是无源之水、无本之木，而是继承了中国传统小康文化的合理内核，其"人本""民本""富民"的思想，有助于我们确立"以民生为重""以人民利益为本""发展是硬道理""科学发展""共享发展"等发展理念与发展战略；其"轻重""开本末之途，通有无之用"等思想，可以为当代中国社会主义市场经济体制建设提供参考；其"德治""礼治""法治"结合的思想，可以为当代中国法治建设提供启迪；其重视养老保障与最低生活保障的思想，能够为当代中国社会保障体系建设提供思路；其"合天道""顺天地之义""人法地、地法天、天法道、道法自然"等思想，能够为可持续发展、生态文明建设、美丽中国建设提供思路；其"和而不同""兼爱非攻"等思想，能够为和平发展、和谐世界、人类命运共同体建设提供思想资源。

小康理论创新不是一劳永逸、凝固僵化的，而是一个立足实践、与时俱进的历史过程，根据小康理论创新解决的主要问题，大体可以分成四个阶段：形成（1979—1992年）、发展（1992—2002年）、成熟（2002—2012年）、终结（2012—2020年）。这四个阶段之间是继承与创新的关系，具有深刻的内在关联性。四个阶段之间也具有相对独立性，每个阶段的理论创新均在当时条件下提出了相应应该解决的重点问题，第一阶段主要解决温饱问题，为小康建设打下坚实基础；第二阶段主要解决"总体小康"问题，并把"总体小康"推进到"全面小康"阶段；第三阶段是解决"全面小康"问题的关键阶段，把"全面建设小康社会"推进到"全面建成小康社会"的阶段，核心是解决科学发展问题；第四阶段主要解决"决胜全面建成小康社会"的问题，消除"全面小康"的突出短板，彻底解决绝对贫困问题，全面建成小康社会。

小康理论之所以能够进行持续不断地创新，是因为小康理论创新的主体——

中国共产党是代表中国人民根本利益的政党，是代表先进生产力的政党，秉承为人民谋幸福、为国家谋富强、为民族谋复兴的初心与使命，以马克思主义为指导，深刻把握了社会主义的本质，解放思想，实事求是，根植于五千年的历史文化传统，立足于当代中国发展的伟大实践，深刻吸收了改革开放前的历史经验与教训，以人为本，以人民利益为重，认识到社会主义的根本任务，找准了我们亟须解决的重大现实问题，吸收了包括西方经济增长理论、发展理论与现代化理论在内的人类文明的一切优秀成果。

小康理论创新具有历史性、发展性、开放性、实践性、本土性、指导性、科学性。就其历史性而言，小康理论创新立足于中国的深厚历史文化根基，是对中国传统小康文化的合理内核的传承与转化；就其发展性而言，小康理论创新立足于中国改革开放与现代化发展的实践，不断推陈出新，与时俱进；就其开放性而言，小康理论创新吸收了人类文明的一切优秀成果，特别是西方经济增长理论、发展理论、现代化理论，以及各种社会主义理论、马克思主义现代化理论等；就其实践性而言，小康理论创新是为了解决中国的温饱问题、总体小康问题、绝对贫困问题、全面建成小康社会，具有强烈的现实针对性与实践操作性，从实践中来，到实践中去，不断经受实践的考验，不是为了理论而理论，而是为了回应急需解决的现实问题而进行理论创新；就其本土性而言，小康理论创新不模仿任何一种经济增长理论、发展理论、现代化理论、社会主义理论，而是立足于自己的国情与资源、自己的历史文化根基、自己的发展实践、自己的现实需求，着眼于解决自己的真实问题，具有鲜明的中国特色；就其指导性而言，小康理论创新的根本目的就是指导中国的小康建设、现代化建设、政治经济文化社会生态文明发展，它涵盖了小康的内涵、理念、目标、路径、方法，形成了切实可行的一系列制度（如家庭联产承包责任制、社会主义市场经济体制、开发扶贫体制、社会保障体系、城乡一体化制度等），在实践中让深度贫困地区也踏上了小康之路，与小康理论创新内在一体的制度创新与实践创新，使得小康理论具有很强的指导性；就其科学性而言，小康理论创新以马克思主义为指导，随着中国特色社会主义理论体系的丰富而发展，与中国特色社会主义理论、中国式现代化理论、科学发展理论互为表里，涵盖政治、经济、文化、社会、生态文明多方面，具有系统性、实践性、指导性，经过40多年的实践检验，我们成功地全面建成小康社会，实践完全验证了小康理论的科学性。

小康理论创新，40多年来积累了丰富的经验，大体说来，必须立足于中国的历史文化根基、资源禀赋、现实需求、发展实践，坚持走"中国式现代化"道路；坚持发展是硬道理，以现代化建设为最大的政治，一心一意现代化，以经济建设为中心，以发展为第一要务，走科学发展之路；聚焦民生问题，以解决"三农"问题为突破口，以脱贫攻坚为重点，以生态文明建设为方向，坚决消除绝对贫困问题，抓住小康建设的根本问题与突出短板；从关注"温饱"问题到关注"全面小康"，小康建设的范围不断拓宽；小康路径清晰，奋斗目标相互衔接，不达目标，誓不罢休；立足于国内外发展环境变化，以改革开放为动力，与时俱进，小康理论不断创新；"摸着石头过河"与"顶层设计"相结合，理论源于人民群众的发展实践，受实践检验，在实践中不断发展，实践性是小康理论创新的根本特点。

小康理论创新，就其重大的理论意义而言，在推进社会主义理论创新方面，把马克思主义与中国的发展实践紧密结合，形成中国特色社会主义理论；在推进现代化理论创新方面，既继承中国传统小康文化的合理内核，也吸收西方现代化理论的合理内核，同时吸收西方社会主义理论与马克思主义现代化理论的合理内核，形成"中国式现代化"理论；在推进经济增长理论与发展理论创新方面，吸收西方经济增长理论与发展理论的合理内核，形成中国的科学发展理论。就其重大的实践意义而言，推动中国解决了温饱问题，解决了总体小康问题，解决了绝对贫困问题，推动全面小康社会的形成；大大加速了中国的现代化进程，推动中国成为世界第二大经济体，世界第一大制造业大国，世界第一大贸易国，基本实现工业化，进入创新型国家之列；推动"四个自信"牢固树立，有力推动中华民族走向伟大复兴。就其重大的国际意义而言，中国共产党小康理论创新，推动新的社会主义范式、新的国家发展范式与新的现代性在中国的孕育与形成，对世界社会主义国家的社会主义建设、发展中国家的发展、发达国家现代性的批判反思与第二波现代化都具有一定的参考价值。

目　　录

第一章　小康理论创新的历史文化根基

中国共产党的小康理论创新，不是空穴来风，而是立足于深厚的中国历史文化基础之上的。小康思想由来已久，早在《诗经》与《礼记》中就已经出现小康思想，诸子百家也纷纷阐述了自己的小康思想，特别是儒家与法家，有着丰富多样的小康思想。后来"文景之治""汉武盛世""光武中兴""明章之治""贞观之治""开元盛世""洪武之治""仁宣之治""康乾盛世"等成为中国古代"小康之治"的典范。这些"小康之治"的基本经验值得后人学习，中国古代已经出现了对这些"小康之治"历史经验的总结性论著。其中，《盐铁论》总结了西汉"小康之治"的经验教训，《贞观政要》总结了唐朝"小康之治"的经验教训。"小康社会这个概念，具有中国特色，可以赋予丰富的内涵，易于为广大群众理解，有利于动员全国各族人民，包括港澳同胞、台湾同胞和海外侨胞，共同为中华民族的发展壮大贡献力量。"①

一、传统小康思想的核心要义

最早对中国小康思想进行表述的是《诗经·大雅·民劳》。该篇以诗歌的笔调，对西周末年的统治者（一般认为是周厉王）的暴政进行了深刻揭露与控诉，表达了一种"小康"的愿望。

《诗经·大雅·民劳》云：

民亦劳（劳累）止，汽（乞）可小康（稍稍喘口气）。惠（爱）此中国（王畿），以绥（安）四方（诸侯国）。无纵（从）诡随（狡诈欺骗的人），以谨（小心谨慎）无良（不良）。式遏（制止）寇虐（掠夺残害人民的人），憯（曾，乃）

----

① 江泽民：《明确提出全面建设小康社会的目标》，载《江泽民文选》（第三卷），人民出版社，2006 年版，第 415 页。

不畏明（法）。柔远（安抚远方的人）能迩（亲近周边的人），以定我王。

民亦劳止，汔可小休。惠此中国，以为民逑（欢聚，安居乐业）。无纵诡随，以谨惛恫（喧扰）。式遏寇虐，无俾（莫使）民忧（人民忧愁）。无弃尔劳（功劳），以为王休（美名）。

民亦劳止，汔可小息。惠此京师，以绥四国。无纵诡随，以谨罔极（没有准则）。式遏寇虐，无俾作慝（作恶）。敬慎威仪（立身端正有礼仪），以近有德。

民亦劳止，汔可小愒。惠此中国，俾民忧泄（忧愁发泄）。无纵诡随，以谨丑厉（恶人）。式遏寇虐，无俾正（政）败（衰败，危机）。戎（你）虽小子（年轻人），而（但）式（作用）弘大。

民亦劳止，汔可小安。惠此中国，国无有残（害）。无纵诡随，以谨缱绻（结党营私）。式遏寇虐，无俾正（政）反（颠覆）。王欲玉（爱）女（汝），是用（因此）大谏（深切劝告）。①

《诗经·大雅·民劳》所表达的小康思想大体包括两方面的重要内涵：

其一，繁重的兵役徭役，导致老百姓生活劳苦（"民亦劳止"），老百姓渴望有机会休养生息（"汔可小休"，"汔可小息"，"汔可小愒"）、安居乐业（"汔可小安"，"汔可小康"）。"小康"与"小休""小息""小愒""小安"并立，反复强调，意义近似。

其二，希望统治者以民为本，爱护百姓，满足老百姓小康的心愿。诗中有丰富的表述："惠此中国"（爱护王畿老百姓），"柔远能迩"（远近人民都爱护），"无俾民忧"（莫使人民添忧愁），"俾民忧泄（让人民忧愁得到发泄）"，"以为民逑"（使人民安居乐业的心愿获得满足）。

《礼记·礼运》则通过"大同"与"小康"两种社会的比较，比较完整地阐述了"小康"思想，成为中国传统"小康"文化的核心价值，影响非常深远。

《礼记·礼运》云：

大道之行也，天下为公（不以天下之大私其子孙，而与天下之贤圣公共之）。选（选拔）贤（有贤德之人）与能（有能力之人），讲信（诚信）修睦（和睦），故人不独亲其亲，不独子其子。使老有所终，壮有所用，幼有所长，矜寡、孤独、废疾者，皆有所养。男有分（有士、农、工、商之职分），女有归（得归于良

---

① 程俊英：《诗经译注·大雅·民劳》，上海古籍出版社，2012年版，第291页。

奥之家）。货，恶其弃于地也，不必藏于己（财富不必私藏在自己家里）。力，恶其不出于身也，不必为己（不必用力经营自家的私事）。是故谋闭而不兴，盗窃乱贼而不作。故外户而不闭，是谓大同。

今大道既隐，天下为家（以天下为私家之物而传子孙），各亲其亲（父母），各子其子，货力为己。大人（天子、诸侯）世（父子相传）及（兄弟相传）以为礼，城郭沟池以为固，礼义以为纪（纲纪），以正君臣，以笃父子，以睦兄弟，以和夫妇，以设制度（法律制度），以立田里，以贤勇知（以勇、智为贤），以功为己。故谋用是作，而兵由此起。禹、汤、文、武、成王、周公，由此其选也。此六君子者，未有不谨于礼者也，以著其义，以考（成）其信，著（明）有过，刑仁（以仁爱为法则）讲让（以礼让为准则），示民有常（规则）。如有不由此（不遵守这些规则）者，在埶（势）者（君主）去（被废黜），众以为殃（民众把他视为祸国殃民之主），是谓小康。①

深入剖析，《礼记·礼运》所表达的小康思想大体包括以下含义：

其一，"小康"系与"大同"相对而言，"大同"是"大道之行"，"小康"是"大道既隐"。

其二，私有制。文中云"天下为家"，"货力为己"（财富与劳动力都是私有的）。

其三，国家形成。文中云"城郭沟池以为固"（有国防），"正君臣"（有官职），"设制度"（有法律制度）。

其四，君主世袭制度与身份等级制度。文中云"礼义以为纪"（以礼仪制度为根本），"大人世及"（实施君主世袭制度与世卿世禄制）。

其五，战争越来越频繁，天下太平的日子不多。文中云"兵由此起"。

其六，以"礼治"为本，"德治""礼治""法治"结合。文中云"刑仁讲让""谨于礼""以设制度"。

其七，"禹、汤、文、武、成王、周公"属于小康之世，此前的"五帝之世"属于大同之世。"大同"与"小康"最大的差异在于"天下为公"与"天下为家"。

战国时期，诸子百家纷纷阐发自己的小康思想，儒家与法家比较典型，各自都有系统的小康思想，儒家系统的小康思想载于《孔子家语》《礼记》与《荀

---

① 《礼记》，（元）陈澔注，金晓东校点，上海古籍出版社，2016年版，第248—249页。

子》等，法家系统的小康思想载于《商君书》《韩非子》《管子》等。秦始皇统一中国之后，中国历史进入一个新的发展时期，"大一统"成为主流思潮，推行中央集权制度，中央基本为三公九卿制、三省六部制，地方基本为郡县制、行省制。小康思想转化为"小康之治"，汉朝、唐朝、明朝、清朝"小康之治"的时间比较长，"文景之治""汉武盛世""光武中兴""明章之治""贞观之治""开元盛世""洪武之治""仁宣之治""康乾盛世"等成为中国古代"小康之治"的典范。

总结中国古代小康思想的演化与历代"小康之治"的基本经验，中国古代小康思想的核心要义大体包括如下六义：以人为本，尊重生命；以民为本，致力富民；清静无为，休养生息，轻徭薄赋；以礼为本，以法为用，礼法结合，德主刑辅；以农为本，重本抑末；和平发展，反对不义之战。

（一）以人为本，生命为重

中国文化高度尊重人的生命与生存之权，儒家、墨家、道家均如此，"国以人为本"，[①]"天生万物，唯人为贵"，[②]"天之爱天下之百姓"，[③]"天之爱民之厚"，[④]"圣人常善救人，故无弃人"。[⑤]为什么要高度尊重人的生命与生存之权？中国文化的理解是很深刻的，"人肖天地之类（人类是天地之间万物的一个种类），怀五常之性（具有物质的本性），有生之最灵者也（但却是所有生物中最有灵性的物种，即"任智不恃力"）"，[⑥]"人者，天地之德（品德），阴阳之交（交融），鬼神之会（会合），五行（万物）之秀（精华）"；[⑦]"人者，天地之心（核心），而五行（万物）之端（领袖），食味（享受美味）、别声（区别无声，欣赏音乐）、被色（穿五彩衣服，穿锦绣衣服）而生（生存）者也。"[⑧]

① 吴兢：《贞观政要·务农》，骈宇骞译注，中华书局，2011 年版，第 520 页。

② 杨朝明、宋立林主编：《孔子家语通解·六本》，齐鲁书社，2013 年版，第 185 页。

③ 《墨子·天志上》，方勇译注，中华书局，2015 年版，第 219 页。

④ 《墨子·天志中》，方勇译注，中华书局，2015 年版，第 229 页。

⑤ 《老子·二十七章》，汤漳平、王朝华译注，中华书局，2014 年版，第 104 页。

⑥ 《列子译注》，严北溟、严捷译注，上海古籍出版社，2016 年版，第 220 页。

⑦ 杨朝明、宋立林主编：《孔子家语通解·礼运》，齐鲁书社，2013 年版，第 373 页。

⑧ 杨朝明、宋立林主编：《孔子家语通解·礼运》，齐鲁书社，2013 年版，第 374 页。

因为要尊重人的生命与生存之权，因此要爱护每一个人的生命，不能随意杀人，即使君王也没有例外，"舜之为君也，其政好生而恶杀（爱护生命，厌恶杀人）。"①因为要尊重人的生命与生存之权，因此要满足人的合理欲望，"富与贵，是人之所欲也；不以其道得之，不处也。贫与贱，是人之所恶也，不以其道得之，不去也。"②儒家主张顺应"人情"（喜、怒、哀、惧、爱、恶、欲），遵守"人义"（父慈、子孝、兄良、弟悌、夫义、妇听、长惠、幼顺、君仁、臣忠），坚持"人利"（讲信修睦），去除"人患"（争夺相杀）。③

（二）以民为本，富民为先

中国文化历来倡导"民为邦本，本固邦宁"，"国以民为本"，④"慈爱万民"，⑤"爱民治国"，⑥"为民父母"，⑦"为君之道，必须先存（保护）百姓"，⑧"君人者，以天下为家（无私家），无私于物（人）"，⑨"政之急者，莫大乎使民富且寿也"，⑩"凡治国之道，必先富民"，⑪"足国之民，节用裕民而善藏其余"，⑫"政之所兴，在顺民心；政之所废，在逆民心。民恶忧劳，我佚乐之；民恶贫贱，我富贵之；民恶危坠，我存安之；民恶灭绝，我生育之"，⑬"利（使人民获得合理的利益）而不利（不向人民索取过分的利益）也，爱（爱护人民）而不用（不用繁重的劳役来役使人民）也，取（治理）天下也。"⑭

---

① 杨朝明、宋立林主编：《孔子家语通解·好生》，齐鲁书社，2013 年版，第 109 页。
② 《论语译注·里仁篇》，杨伯峻译注，中华书局，2017 年版，第 49 页。
③ 杨朝明、宋立林主编：《孔子家语通解·礼运》，齐鲁书社，2013 年版，第 372 页。
④ 吴兢：《贞观政要·务农》，骈宇骞译注，中华书局，2011 年版，第 523 页。
⑤ 吴兢：《贞观政要·政体》，骈宇骞译注，中华书局，2011 年版，第 45 页。
⑥ 《老子·十章》，汤漳平、王朝华译注，中华书局，2014 年版，第 36 页。
⑦ 《孟子·梁惠王上》，方勇译注，中华书局，2015 年版，第 7 页。
⑧ 吴兢：《贞观政要·君道》，骈宇骞译注，中华书局，2011 年版，第 1 页。
⑨ 吴兢：《贞观政要·公平》，骈宇骞译注，中华书局，2011 年版，第 348 页。
⑩ 杨朝明、宋立林主编：《孔子家语通解·贤君》，齐鲁书社，2013 年版，第 157 页。
⑪ 《管子·治国》，李山、轩新丽译注，中华书局，2019 年版，第 715 页。
⑫ 《荀子·富国》，方勇、李波译注，中华书局，2015 年版，第 140 页。
⑬ 《管子·牧民》，李山、轩新丽译注，中华书局，2019 年版，第 6 页。
⑭ 《荀子·富国》，方勇、李波译注，中华书局，2015 年版，第 154 页。

用贾谊《论积贮疏》的话来作总结，就是"民不足而可治者，自古及今，未之尝闻"。

中国儒家文化特别倡导"富民"思想，《论语》中有一段经典对话："子适卫，冉有仆（驾车）。子曰：'庶（人口众多）矣哉！'冉有曰：'既庶矣，又何加焉？'曰：'富（让老百姓富裕起来）之。'曰：'既富矣，又何加焉？'曰：'教（教化）之。'"①《论语·泰伯篇》也有一句很经典的话："邦有道（国家政治清明），贫且贱焉（贫困潦倒、身份低贱），耻也"。②可见"以民为本，富民为先"的小康思想在中国文化中占有极为重要的历史地位。

为什么统治者要做到"以民为本，富民为先"？《管子》中有几句特别经典的回答："仓廪实，则知礼节；衣食足，则知荣辱"；③"凡治国之道，必先富民。民富则易治也，民贫则难治也"。何以知其然？"民富则安乡重家，安乡重家则敬上畏罪，敬上畏罪则易治也。民贫则危乡轻家，危乡轻家则敢陵上犯禁，陵上犯禁则难治也。"④孔子的回答是，"贫而无厌难（老百姓陷入贫困却没有丝毫埋怨很难）"。⑤孟子的回答是，"民，则无恒产，因无恒心"，⑥"民之为道也，有恒产者有恒心，无恒产者无恒心"。⑦如果统治者做不到"以民为本，富民为先"，而是相反，结果必然是"损百姓以奉其身，犹割股以啖腹，腹饱而身毙"。⑧

统治者如何做才能"富民"？老子的观点是，"我无事（政府不折腾）而民自富。"⑨墨子主张，"以时生财（按照大自然的节律生产财富），固本而用财（巩固农业生产并且节约使用财富），则财足。"⑩孟子主张，"制民之产（保障老百姓的财产权），必使仰足以事父母，俯足以畜妻子，乐岁（丰收之年）

① 《论语译注·子路篇》，杨伯峻译注，中华书局，2017 年版，第 193 页。
② 《论语译注·泰伯篇》，杨伯峻译注，中华书局，2017 年版，第 118 页。
③ 《管子·牧民》，李山、轩新丽译注，中华书局，2019 年版，第 2 页。
④ 《管子·治国》，李山、轩新丽译注，中华书局，2019 年版，第 715 页。
⑤ 《论语译注·宪问篇》，杨伯峻译注，中华书局，2017 年版，第 210 页。
⑥ 《孟子·梁惠王上》，方勇译注，中华书局，2015 年版，第 13 页。
⑦ 《孟子·滕文公上》，方勇译注，中华书局，2015 年版，第 90 页。
⑧ 吴兢：《贞观政要·君道》，骈宇骞译注，中华书局，2011 年版，第 1 页。
⑨ 《老子·五十七章》，汤漳平、王朝华译注，中华书局，2014 年版，第 231 页。
⑩ 《墨子·七患》，方勇译注，中华书局，2015 年版，第 30 页。

终身饱，凶年（饥荒之年）免于死亡"；① "易（治）其田畴（耕地），薄其税敛，民可使富也。食之以时，用之以礼，财不可胜用也。"② 荀子的办法是"节用裕民"（统治者节约费用，鼓励老百姓发家致富）。③《管子·治国》的办法是"禁末作，止奇巧，而利农事"。④《商君书》的主张则是"壹之农"（让老百姓专心于农业生产）。⑤ 唐太宗的办法是"省徭役，不夺其时"。⑥ 概括而言，大体上都提出无为而治、制民产、重农事、节俭、省徭役、薄税敛等办法，其中多以重农事为关键。

"富国"与"富民"到底是什么关系？针对统治者担心"民富"则"国贫"，二者不可得兼，孔子的回答是，"百姓足，君孰与不足？百姓不足，君孰与足？"⑦ 百姓富足，国家自然富足。因为国家不过是百姓的代表。"《诗》云：'恺悌君子，民之父母'，未有子富而父母贫者也。"⑧ 国家统治者不过是老百姓的父母，孩子富足，父母自然富足。西汉贤良文学的回答是，"畜民者（统治者）先厚其业（让老百姓富起来）而后求其赡（老百姓就能够自己赡养自己）。《论语》曰：'百姓足，君孰与不足乎？'"⑨ 唐太宗李世民的回答是，"凡理国者（治国理政者），务积于人（藏富于民），不在盈其仓库（藏富于国库）。古人云：'百姓不足，君孰与足'？"⑩ 从上述西汉与唐朝的小康思想脉络中，可以发现《论语》对"富国"与"富民"关系的阐述对中国小康思想的影响极为深刻。

儒家的"富民"观特别注重"以道制欲""以义制利"，"富而可求也，虽执鞭之士，吾亦为之。如不可求，从吾所好"。⑪ "不义而富且贵，于我如

①　《孟子·梁惠王上》，方勇译注，中华书局，2015年版，第14页。

②　《孟子·尽心上》，方勇译注，中华书局，2015年版，第269页。

③　《荀子·富国》，方勇、李波译注，中华书局，2015年版，第140页。

④　《管子·治国》，李山、轩新丽译注，中华书局，2019年版，第716页。

⑤　《商君书·农战》，石磊译注，中华书局，2011年版，第34页。

⑥　吴兢：《贞观政要·务农》，骈宇骞译注，中华书局，2011年版，第523页。

⑦　《论语译注·颜渊篇》，杨伯峻译注，中华书局，2017年版，第180页。

⑧　杨朝明、宋立林主编：《孔子家语通解·贤君》，齐鲁书社，2013年版，第157页。

⑨　桓宽：《盐铁论·未通》，陈桐生译注，中华书局，2015年版，第150页。

⑩　吴兢：《贞观政要·辩兴亡》，骈宇骞译注，中华书局，2011年版，第564页。

⑪　《论语译注·述而篇》，杨伯峻译注，中华书局，2017年版，第99页。

浮云"，①"委之以财货而不贪"，"见利不亏其义"。②

（三）休养生息，轻徭薄赋

无论是儒家，还是道家，都主张统治者应该"无为而治""无为而无不为"，③让老百姓休养生息。《老子》反复告诫统治者要做到"为无为"，④"取（治理）天下常以无事"，⑤"清静（无为）为天下正"，⑥"以正（清静无为）治国"，⑦"不欲（不要有贪婪的欲望）以静（清静无为），天下将自定"。⑧孔子也高度评价舜的"无为而治"，"无为而治者，其舜也与？夫何为哉？恭己正南面而已矣"。⑨历代形成"小康之治"的统治者无不主张"为政之本，贵在无为"，"有道之君，以逸逸人"，⑩"尚清静"，⑪"人君简静"，⑫"惟欲清静"，⑬"君无为"，⑭"无为而治，德之上也"。⑮反对瞎折腾，"劳神苦思，代下司职，役聪明职耳目，亏无为之大道"。⑯

统治者"清静无为"为什么对老百姓如此重要？为什么对国家特别重要？对老百姓而言，"君多欲则人苦"，⑰"君无为则人乐"，⑱"帝王之所欲，百

---

① 《论语译注·述而篇》，杨伯峻译注，中华书局，2017 年版，第 101 页。

② 杨朝明、宋立林主编：《孔子家语通解·儒行解》，齐鲁书社，2013 年版，第 38 页。

③ 《老子·四十八章》，汤漳平、王朝华译注，中华书局，2014 年版，第 190—191 页。

④ 《老子·三章》，汤漳平、王朝华译注，中华书局，2014 年版，第 12 页。

⑤ 《老子·四十八章》，汤漳平、王朝华译注，中华书局，2014 年版，第 191 页。

⑥ 《老子·四十五章》，汤漳平、王朝华译注，中华书局，2014 年版，第 179 页。

⑦ 《老子·五十七章》，汤漳平、王朝华译注，中华书局，2014 年版，第 231 页。

⑧ 《老子·三十七章》，汤漳平、王朝华译注，中华书局，2014 年版，第 138 页。

⑨ 《论语译注·卫灵公篇》，杨伯峻译注，中华书局，2017 年版，第 229 页。

⑩ 吴兢：《贞观政要·征伐》，骈宇骞译注，中华书局，2011 年版，第 598 页。

⑪ 吴兢：《贞观政要·君道》，骈宇骞译注，中华书局，2011 年版，第 29 页。

⑫ 吴兢：《贞观政要·务农》，骈宇骞译注，中华书局，2011 年版，第 520 页。

⑬ 吴兢：《贞观政要·政体》，骈宇骞译注，中华书局，2011 年版，第 48 页。

⑭ 吴兢：《贞观政要·务农》，骈宇骞译注，中华书局，2011 年版，第 521 页。

⑮ 吴兢：《贞观政要·君道》，骈宇骞译注，中华书局，2011 年版，第 12 页。

⑯ 吴兢：《贞观政要·君道》，骈宇骞译注，中华书局，2011 年版，第 18 页。

⑰ 吴兢：《贞观政要·务农》，骈宇骞译注，中华书局，2011 年版，第 521 页。

⑱ 吴兢：《贞观政要·务农》，骈宇骞译注，中华书局，2011 年版，第 521 页。

姓之所不欲。帝王之所欲者放逸，百姓所不欲者劳弊"；^①对国家而言，"治国与养病无异也。病人觉愈，弥须将护，若有触犯，必至殒命。治国亦然，天下稍安，犹须兢兢，若便骄逸，必至丧败"；^②"治国犹如栽树，本根不摇而枝叶茂荣"，"惟欲清净，使天下无事"。^③

"无为而治""清静无为"的表现，就是国家应该轻徭薄赋，"薄税敛"，^④"薄赋敛，轻租税"，^⑤"时使（役使老百姓不误农时）薄敛"，^⑥"省力役（减少劳役），薄赋敛（减轻税收），则民富矣"，^⑦"省徭役，不夺其时（不用徭役来剥夺老百姓的农作时间），使比屋之人，恣其耕稼（努力从事农业生产），此则富矣"。^⑧如果统治者做不到休养生息、轻徭薄赋，"使民以时"（根据农业生产的节律役使老百姓），^⑨则"百姓欲静（休养生息）而徭役不休，百姓凋残而侈务不息，国之衰弊，恒由此起"。^⑩国家还应该"以百姓心为心"，想老百姓之所想，急老百姓之所急，"除其所疾，适其所安，安而不扰，使而不劳，是以百姓劝业而乐公赋"；^⑪"养民也惠（用恩惠对待老百姓），使民也义（根据规则使唤老百姓）。"^⑫

（四）以礼为本，以法为用，德主刑辅

古代中国特别注重礼，中国被称为"礼仪之邦"，"礼治"是古代中国社会秩序的重要调节方式、古代中国国家与社会的根本治理方式。"礼者，政之

---

① 吴兢：《贞观政要·俭约》，骈宇骞译注，中华书局，2011 年版，第 402 页。
② 吴兢：《贞观政要·政体》，骈宇骞译注，中华书局，2011 年版，第 34 页。
③ 吴兢：《贞观政要·政体》，骈宇骞译注，中华书局，2011 年版，第 48 页。
④ 《孟子·梁惠王上》，方勇译注，中华书局，2015 年版，第 8 页。
⑤ 吴兢：《贞观政要·政体》，骈宇骞译注，中华书局，2011 年版，第 45 页。
⑥ 杨朝明、宋立林主编：《孔子家语通解·哀公问政》，齐鲁书社，2013 年版，第 212 页。
⑦ 杨朝明、宋立林主编：《孔子家语通解·贤君》，齐鲁书社，2013 年版，第 157 页。
⑧ 吴兢：《贞观政要·务农》，骈宇骞译注，中华书局，2011 年版，第 523 页。
⑨ 《论语译注·学而篇》，杨伯峻译注，中华书局，2017 年版，第 5 页。
⑩ 吴兢：《贞观政要·君道》，骈宇骞译注，中华书局，2011 年版，第 7 页。
⑪ 桓宽：《盐铁论·未通》，陈桐生译注，中华书局，2015 年版，第 153 页。
⑫ 《论语译注·公冶长篇》，杨伯峻译注，中华书局，2017 年版，第 67 页。

本也"，①"德法（礼）者，御民之本"；②"古之政，爱人为大。所以治爱人，礼为大"，③"为政（治国理政）先乎礼，礼，其政之本与！"④

古人为什么要"以礼为本"？孔子的回答是，"立于礼（礼能让我们在社会上站得住）"，⑤"敦礼教，远罪疾，则民寿（礼教能让老百姓远离犯罪，健康长寿）矣"，⑥"民之所生者，礼为大（礼最为重要）。非礼则无以节事（遵照礼制规定的仪节加以祭祀）天地之神焉；非礼则无以辩（辨别、区别）君臣、上下、长幼之位（地位）焉；非礼则无以别男女、父子、兄弟、婚姻、亲族、疏数（密）之交（交际，相互关系）焉"。⑦荀子的回答是："人生而有欲，欲而不得，则不能无求；求而无度量分界，则不能不争；争则乱，乱则穷。先王恶其乱也，故制礼仪以分之，以养人之欲，给人之求，使欲必不穷于物，物必不屈于欲，两者相持而长，是礼之所起也。"⑧

乐，是礼的一种形式，礼乐可以并称，共同行使"安上化人""移风易俗"的功能，"乐以移风易俗，礼以安上化人。非有悦于钟鼓，将宣志以和神。宁有怀于玉帛，将克己而庇身。"⑨

德是礼的内在规定性（性与情），礼是德的外在规定性（化与俗）。"为政以德"，⑩"人君之治，莫大于道德教化也"，"德治"为何如此重要？因为"民有性、有情、有化、有俗。情性者，心也，本也；俗化者，行也，末也。是以上君抚世，先其本而后其末，顺其心而履其行"。⑪"礼治"立足于"德治"之上，二者是一体的，"礼治"是"德治"的外化，"德治"是"礼治"的内化，二

① 杨朝明、宋立林主编：《孔子家语通解·哀公问政》，齐鲁书社，2013 年版，第 208 页。

② 杨朝明、宋立林主编：《孔子家语通解·执辔》，齐鲁书社，2013 年版，第 294 页。

③ 杨朝明、宋立林主编：《孔子家语通解·大婚解》，齐鲁书社，2013 年版，第 28 页。

④ 杨朝明、宋立林主编：《孔子家语通解·大婚解》，齐鲁书社，2013 年版，第 29 页。

⑤ 《论语译注·泰伯篇》，杨伯峻译注，中华书局，2017 年版，第 116 页。

⑥ 杨朝明、宋立林主编：《孔子家语通解·贤君》，齐鲁书社，2013 年版，第 157 页。

⑦ 杨朝明、宋立林主编：《孔子家语通解·问礼》，齐鲁书社，2013 年版，第 48 页。

⑧ 《荀子·礼论》，方勇、李波译注，中华书局，2015 年版，第 300 页。

⑨ 吴兢：《贞观政要·规谏太子》，骈宇骞译注，中华书局，2011 年版，第 279 页。

⑩ 《论语译注·为政篇》，杨伯峻译注，中华书局，2017 年版，第 14 页。

⑪ 吴兢：《贞观政要·公平》，骈宇骞译注，中华书局，2011 年版，第 365 页。

者都是治国之本，"为国之基，必资于德礼"。[1]

"德治"与"法治"的关系如何？孔子的回答是，"法治"以"德治"为基础，先有"德治"后有"法治"，"德治"是理想，"法治"是底线，"以德法（礼）为衔勒"，"以刑罚为策"；[2]"必教（道德教化）而后刑（刑罚）"，"既陈道德，以先服之；而犹不可，尚贤以劝之；又不可，即废之；又不可，而后以威（刑罚）惮之。若是三年，而百姓正矣。其有邪民不从化者，然后待之以刑，则民咸知罪矣。"[3]

"法治"与"礼治"的关系如何？从逻辑上看，先有"礼治"后有"法治"，从实际操作看，"法治"（"刑罚"）以"礼治"（"礼乐"）为基础，二者配合而行。"礼乐不兴（不制定礼乐制度），则刑罚不中（刑罚处置就不会恰当）；刑罚不中，则民无所错（措置）手足。"[4]先有"礼度"（礼仪与制度）与"五教"（饬制量之度、饬丧祭之礼、饬朝觐之礼、饬乡饮酒之礼、饬婚聘之礼），后有"刑罚"，"刑罚之源，生于嗜欲不节。夫礼度者，所以御民之嗜欲，而明好恶，顺天之道。礼度既陈，五教毕修，而民犹或未化，尚必明其法典，以申固之。"[5]"法治"与"礼治"配合行事，相得益彰，"法者，所以爱民也；礼者，所以便事也"。[6]

"德治""法治""礼治"的关系如何？光有"法治"，缺乏"德治"与"礼治"，则老百姓没有羞耻感，"道（引导）之以政（法令），齐（整顿）之以刑（刑罚），民免（免于犯罪）而无耻（没有羞耻感）"；如果以"德治"与"礼治"为本，辅之以"法治"，则人人有道德之心，社会秩序井井有条，"道之以德（道德），齐之以礼（礼教），有耻（有廉耻之心）且格（归于正道）。"[7]因此，孔子认为国家治理应该是"德治""礼治""法治"三者的融合，"圣人之治化（治理国家，教化百姓）也，必刑政相参（刑罚与政治相互参用）焉。太上以德教民，

---

[1]　吴兢：《贞观政要·诚信》，骈宇骞译注，中华书局，2011 年版，第 389 页。

[2]　杨朝明、宋立林主编：《孔子家语通解·执辔》，齐鲁书社，2013 年版，第 294 页。

[3]　杨朝明、宋立林主编：《孔子家语通解·始诛》，齐鲁书社，2013 年版，第 14 页。

[4]　《论语译注·子路篇》，杨伯峻译注，中华书局，2017 年版，第 189 页。

[5]　杨朝明、宋立林主编：《孔子家语通解·五刑解》，齐鲁书社，2013 年版，第 347 页。

[6]　《商君书·更法》，石磊译注，中华书局，2011 年版，第 3 页。

[7]　《论语译注·为政篇》，杨伯峻译注，中华书局，2017 年版，第 15 页。

而以礼齐之；其次以政焉导民，以刑禁之，刑不刑（惩罚那些触犯刑法的人）也。"[1]

（五）以农为本，重本抑末

古代中国以农立国，高度重视农业发展，以农为本，"凡有地（拥有封地）牧民（治理百姓）者，务在四时（致力于发展农业），守在仓廪（掌管好粮食储藏）"；[2]"惟圣人之治国作壹（采用一个办法），抟（集中、专注）之于农而已矣"；[3]"明君修政（治国理政）作壹（专心于农耕和作战），去无用，止浮学事淫之民（禁止民众从事浮华空洞的学问与非耕战之外的职业），壹之农（专心于农耕）。"[4]

为什么古人如此高度重视发展农业，以农为本？

其一，农业是国家兴旺发达的根本。"国之所以兴者，农战也。"[5]

其二，农业是国家财富的来源，社会稳定的基础。"国家可富，而民力可抟也"；[6]"田野县鄙（农业与乡村）者，财之本（国家财富的根本来源）也"；[7]"务五谷，则食足；养桑麻、育六畜，则民富"；[8]"衣食者民之本，稼穑者（从事农业生产）民之务也。二者修，则国富而民安也"；[9]"先王者，善为民除害兴利，故天下之民归之。所谓兴利者，利农事也。所谓除害者，禁害农事也。农事胜则入粟多，人粟多则国富，国富则安乡重家。"[10]

其三，农业是民心淳朴、"立法化俗"的重要方法。"圣人知治国之要，故令民归心于农。归心于农，则民朴而可正也"；[11]"圣人之立法化俗，而使

---

① 杨朝明、宋立林主编：《孔子家语通解·刑政》，齐鲁书社，2013 年版，第 355 页。

② 《管子·牧民》，李山、轩新丽译注，中华书局，2019 年版，第 2 页。

③ 《商君书·农战》，石磊译注，中华书局，2011 年版，第 35 页。

④ 《商君书·农战》，石磊译注，中华书局，2011 年版，第 34 页。

⑤ 《商君书·农战》，石磊译注，中华书局，2011 年版，第 24 页。

⑥ 《商君书·农战》，石磊译注，中华书局，2011 年版，第 34 页。

⑦ 《荀子·富国》，方勇、李波译注，中华书局，2015 年版，第 156 页。

⑧ 《管子·牧民》，李山、轩新丽译注，中华书局，2019 年版，第 7 页。

⑨ 桓宽：《盐铁论·力耕》，陈桐生译注，中华书局，2015 年版，第 20 页。

⑩ 《管子·治国》，李山、轩新丽译注，中华书局，2019 年版，第 719 页。

⑪ 《商君书·农战》，石磊译注，中华书局，2011 年版，第 32 页。

民朝夕从事于农也。"①

古人高度重视农业，对工商业发展却往往排斥，视之为"末"，反对"背本而趋末"，为什么？因为在古人眼中，农业与工商业是相互排斥的，农业创造真正的社会财富——粮食，而工商业并不创造真正的社会财富，手工业只会制造"奇技淫巧"，商业只是搞财富的流转而已，手工业者与商人都不过是"末技游食之民"。更何况，古代人口有限，发展工商业会与农业争夺劳动力，不利于粮食的生产。古人还认为发展工商业会导致"离乡轻家"，社会分化，人心不稳，而发展农业有利于民心淳朴。尽管如此，但经济发展并不完全以人的观念为转移，工商业发展符合经济发展的内在规律，也符合人们对个人利益的追求，因此，发展工商业是历史的潮流。从中国历史大势看，一个王朝的前期（经济恢复时期）主要是发展农业，但到了中后期（经济稳定发展时期），工商业则繁荣起来。宋代以后，中国工商业越来越繁荣。

（六）和平发展，反对不义之战

和平发展是达到"小康之治"的重要手段。"兵者，不祥之器"，②"贵以德而贱用兵"，③和平（"非攻"）文化是中国人深入骨髓的核心价值观。因为中国人深刻认识到"繁为攻伐，此实天下之巨害"，④"乐杀人者，则不可得志于天下"。⑤春秋战国500多年的混战，使得中国人特别渴望和平，形成了儒家、道家、墨家等先秦诸子的"王道""义战""兼爱""非攻"等思想，这一"和平发展"的思想，深刻影响了此后两千多年中国的经济社会文化发展。

为什么要反对不义战争，走和平发展之路？《墨子·非攻》有详细的深入分析：

其一，捍卫每一个人的生命权，战争会导致人口大规模死亡。

杀一人谓之不义，必有（构成）一死罪矣。若以此说往（类推），杀十人，十重不义，必有十死罪矣；杀百人，百重不义，必有百死罪矣。当此，天下之

---

① 《商君书·壹言》，石磊译注，中华书局，2011年版，第76页。
② 《老子·三十一章》，汤漳平、王朝华译注，中华书局，2014年版，第119页。
③ 桓宽：《盐铁论·本议》，陈桐生译注，中华书局，2015年版，第10页。
④ 《墨子·非攻下》，方勇译注，中华书局，2015年版，第179页。
⑤ 《老子·三十一章》，汤漳平、王朝华译注，中华书局，2014年版，第119页。

君子皆知而非之，谓之不义。今至大（最大的不义）为不义攻国，则弗知非，从而誉之，谓之义，情（诚，实在）不知其不义也，故书其言以遗后世。若知其不义也，夫奚说（怎么说，有什么理由）书其不义以遗后世哉？[①]

其二，捍卫每一个人的财产权，非正义的战争往往是基于掠夺别人财富的目标。

今有一人，入人园圃，窃其桃李，众闻则非之，上为政者（上面的执政者）得则罚之。此何也？以亏人自利也。至攘（偷盗）人犬豕鸡豚者，其不义又甚入人园圃窃桃李。是何故也？以亏人愈多，其不仁兹甚，罪益厚。至入人栏厩，取人牛马者，其不仁义又甚攘人犬豕鸡豚。此何故也？以其亏人愈多。苟亏人愈多，其不仁兹甚，罪益厚。至杀不辜人也，拖（剥离）其衣裘、取戈剑者，其不义又甚入人栏厩取人牛马。此何故也？以其亏人愈多。苟亏人愈多，其不仁兹甚矣！罪益厚。当此，天下之君子皆知而非之，谓之不义。今至大为攻国（进攻别的国家），则弗知非，从而誉之，谓之义。此可谓知义与不义之别乎？[②]

其三，保护农业生产，战争会打乱农业生产的正常节律，严重影响人民生活。

今师徒（军队）唯毋（语气词）兴起（发动），冬行恐寒，夏行恐暑，此不可以冬夏为者也。春则废民耕稼树艺，秋则废民获敛（收获）。今唯毋废一时（季节），则百姓饥寒冻馁而死者，不可胜数。[③]

其四，战争劳民伤财，给广大人民带来深重的灾难。

今尝计军上（尝试计算军队开支）：竹箭、羽旄、幄幕、甲盾、拔（大盾）劫（马的组带铁），往而靡弊（破坏）腑冷（腐烂）不反（收不回来）者，不可胜数；又与矛、戟、戈、剑、乘车（战车），其列住（相继发出）碎折（破碎）靡弊（毁坏）而不反者，不可胜数；与其牛马肥而往，瘠而反，往死亡而不反者，不可胜数；与其涂道之修远，粮食辍绝而不继，百姓死者，不可胜数也；与其居处之不安，食饭之不时，饥饱之不节，百姓之道疾病而死者，不可胜数；丧师多不可胜数，丧师尽不可胜计，则是鬼神之丧其主后，亦不可胜数。[④]

---

① 《墨子·非攻上》，方勇译注，中华书局，2015年版，第154页。
② 《墨子·非攻上》，方勇译注，中华书局，2015年版，第152—153页。
③ 《墨子·非攻中》，方勇译注，中华书局，2015年版，第157页。
④ 《墨子·非攻中》，方勇译注，中华书局，2015年版，第157页。

其五，从获利看，发动战争的侵略者，其实也是得不偿失。

计其所自胜（考虑他自己所得到的胜利），无所可用也；计其所得（计算他自己所得到的好处），反不如所丧者之多。今攻三里之城、七里之郭，攻此不用锐（使用精锐部队），且无杀而徒得此（白白得到这座城市）然也。杀人多必数于万，寡必数于千，然后三里之城、七里之郭且可得也。今万乘之国（大国），虚（小城市）数于千，不胜而入（被治理）；广衍（广大的土地）数于万，不胜而辟（被开垦）。然则土地者，所有余也；王民者，所不足也。今尽王民之死，严下上之患（加重举国上下的灾难），以争虚城，则是弃所不足，而重所有余也。为政若此，非国之务者也。①

二、传统小康思想的合理性与局限性

中国传统小康思想，立足于农业经济，渴望和平发展，主张以人为本，以民为本，富民为先，德治、礼治、法治结合，重视天人和谐，具有深刻的合理性与历史的局限性。

就其深刻的合理性而言：

其一，中国传统小康思想有助于人民富裕，社会稳定，国家发展。中国传统小康思想主张清静无为，休养生息，轻徭薄赋，富民为先，有利于人民富裕；高度重视农业生产，注重社会保障，主张"德治""礼治""法治"结合，有利于社会稳定；主张和平发展，"富国"必先"富民"，有利于国家发展。唐朝的"贞观之治"，以小康思想为导向，形成了良好的经济社会发展局面："贞观已来，二十有余载，风调雨顺，年登岁稔，人无水旱之弊，国无饥馑之灾"，②"商旅野次，无复盗贼，囹圄常空，马牛布野，外户不闭。又频致丰稔，米斗三四钱，行旅自京师至于岭表，自山东至于沧海，皆不赍粮，取给于路。入山东村落，行客经过者，必厚加供待，或发时有赠遗。"③

其二，有助于中国文化的长期延续、繁荣发达。中国传统小康思想特别注重以人为本、以民为本，"富国"必先"富民"，以礼为本，德主刑辅，发展

---

① 《墨子·非攻中》，方勇译注，中华书局，2015 年版，第 158—159 页。
② 吴兢：《贞观政要·征伐》，骈宇骞译注，中华书局，2011 年版，第 595 页。
③ 吴兢：《贞观政要·政体》，骈宇骞译注，中华书局，2011 年版，第 53 页。

出成熟的、完整的人文主义文化与民本主义制度，有利于中国文化的长期延续、繁荣发达。

其三，有助于中华民族的长期延续发展。中华民族历久弥新，经历五千年发展而生生不息，奥秘何在？以民为本的小农经济制度、"大一统"的中央集权的国家治理体系、"德治""礼治""法治"三者结合的社会治理体系发挥了关键作用。

就其历史的局限性而言：

其一，中国传统小康思想立足于小农经济，虽然高度重视农业发展，但确实轻视，甚至抑制工商业的发展，致使市场经济体制在中国无法发育完善，致使资本主义始终在中国发展不起来。儒家、道家、法家思想都有这方面的言论。《荀子》言："工商众，则国贫"；[①]《商君书》言："能事本（农业）而禁末（工商业）者，富"；[②]《管子》言："禁末作（商业），止奇巧（工业），而利农事（农业）"[③]《盐铁论》言："商所以通郁滞，工所以备器械，非治国之本务也。"[④]

其二，反对长期持续追求财富（相信"富则淫""祸莫大于不知足""罪莫厚于甚欲"[⑤]），反对以利益引导人民（反对"放于利而行"，反对"示民以利"），主张"少私寡欲"。[⑥]导致社会财富、国家财富经常陷入大规模毁灭与不得不重新创造的轮回之中，得不到有效利用；导致国家长期陷入低水平的发展陷阱之中，导致绝对贫困的长期延续。《论语》有言："放于利（肆无忌惮地追求个人利益）而行，多怨。"[⑦]《商君书》主张："治国之举，贵令贫者富，富者贫。贫者富，国强；富者贫，三官（农民、官吏、商人）无虱（害）。"[⑧]《孟子》有言："上下交征利（政府与老百姓都致力于追求利益），而国危矣"；[⑨]"鸡

① 《荀子·富国》，方勇、李波译注，中华书局，2015年版，第156页。
② 《商君书·壹言》，石磊译注，中华书局，2011年版，第77页。
③ 《管子·治国》，李山、轩新丽译注，中华书局，2019年版，第716页。
④ 桓宽：《盐铁论·本议》，陈桐生译注，中华书局，2015年版，第8页。
⑤ 《老子·四十六章》，汤漳平、王朝华译注，中华书局，2014年版，第181页。
⑥ 《老子·十九章》，汤漳平、王朝华译注，中华书局，2014年版，第73页。
⑦ 《论语译注·里仁篇》，杨伯峻译注，中华书局，2017年版，第53页。
⑧ 《商君书·说民》，石磊译注，中华书局，2011年版，第51页。
⑨ 《孟子·梁惠王上》，方勇译注，中华书局，2015年版，第2页。

鸣而起，孳孳为利者，跖之徒也。"①《盐铁论》有言："导民以德，则民归厚；示民以利（用追求利益的方法来引导老百姓），则民俗薄。"②

其三，轻视科学技术。儒家看重经典、礼仪与"修齐治平"方面的文化知识，但把科学技术视为"奇技淫巧"；道家主张"为学日益，为道日损"，认同大智慧（"大知"，即关于道的知识），反对小智慧（"小知"，阴谋诡计方面的知识），科学技术也属于"小知"之列；法家（如商鞅、韩非）则看不起整个知识与知识分子，"下（看不起）辩说技艺之民，而贱（鄙视）游学之人也"，③甚至主张"以吏为师"。只有墨家与名家比较重视科学技术，但秦汉以后，墨家沉寂，名家消失。

其四，中国古代小康思想发达，"小康之治"也时有兴起，但难以长期延续。首先，统治者没有形成对"小康"思想的共识，更没有以此为指导思想长期坚持；其次，缺乏小康思想长期实践的和平环境，导致"小康之治"不断被战乱（要么是外敌入侵，要么是内乱）中断；最后，小康思想的实践转化需要良好的制度设计，而市场经济制度至关重要，但中国古代以农立国，高度重视农业发展，对工商业有所轻视，乃至抑制，严重影响了市场经济制度的发育成熟。

三、传统小康思想的现代意义

中国传统小康思想不仅有助于古代中国"小康之治"的形成，有助于中华民族的长期赓续，有助于中国文化的繁荣昌盛，而且对当代中国的小康建设、现代化建设、中国特色社会主义建设仍然具有重要的启发。

其一，中国传统小康思想中的"民本""富民""顺民心""知民所急"④"以百姓心为心"⑤"慈爱万民""子庶民"⑥等思想，能够为"以经济建设为中心""发展是硬道理""发展是治国理政第一要务""共享发展""以人民为中心的发展""共同富裕"提供思想资源。

---

① 《孟子·尽心上》，方勇译注，中华书局，2015年版，第270页。

② 桓宽：《盐铁论·本议》，陈桐生译注，中华书局，2015年版，第10页。

③ 《商君书·壹言》，石磊译注，中华书局，2011年版，第76页。

④ 杨朝明、宋立林主编：《孔子家语通解·五帝德》，齐鲁书社，2013年版，第279页。

⑤ 《老子·四十九章》，汤漳平、王朝华译注，中华书局，2014年版，第193页。

⑥ 杨朝明、宋立林主编：《孔子家语通解·哀公问政》，齐鲁书社，2013年版，第211页。

中国古代思想家反复告诫统治者要"畏天而爱民",[①] "以百姓心为心","因民之所利而利之",[②] "顺天鬼百姓之利",[③] "抚教（安抚教化）万民而诲利之（让万民获得教诲与利益）",[④] "凡治国之道，必先富民"，"善为国（治国）者，必先富民，然后治之"。[⑤] 形成"贞观之治"的君臣也反复告诫自己要"以百姓而为心",[⑥] "尚清净，以百姓心为心"。[⑦] 这些观念至今仍然是中华民族宝贵的思想财富，有着永恒的价值，对于全面小康的实现，对于现代化强国建设，对于中华民族的伟大复兴和永续发展，都有着极为重要的意义。

其二，市场经济并不产生于资本主义社会，资本主义之前的社会亦有市场经济。这一点邓小平已有认识。早在战国时期，市场经济已经在中国出现，市场经济思想（如《管子·轻重》中的"轻重"思想）也已经在中国出现。中国传统小康思想虽然以农为本，重本抑末，但仅仅重农、自给自足是很难维持小康生活水平的，发展工商业、发展市场经济也是大势所趋，中国古代也有着丰富的市场经济思想，如"轻重""开本末之途，通有无之用"[⑧] "廛而不征（国家在市场上建立储藏商品的仓库但不对商品征税），法而不廛（国家依法对滞销的商品进行收购，不让商品积压）""关，讥而不征"（国家设立关卡的目的是对商品进行稽查，而不是征税），[⑨] "废山泽之禁，驰关市之税"[⑩] 等思想，能够为中国社会主义市场经济体制建设提供一定的启发。

市场经济思想虽然不是古代中国小康思想的核心要义，但也是小康思想的重要组成部分。

为什么需要发展市场经济？为什么发展工商业很重要？因为古人深知："工

① 杨朝明、宋立林主编：《孔子家语通解·五帝德》，齐鲁书社，2013 年版，第 281 页。
② 《论语译注·尧曰篇》，杨伯峻译注，中华书局，2017 年版，第 296 页。
③ 《墨子·非攻下》，方勇译注，中华书局，2015 年版，第 167 页。
④ 杨朝明、宋立林主编：《孔子家语通解·五帝德》，齐鲁书社，2013 年版，第 279 页。
⑤ 《管子·治国》，李山、轩新丽译注，中华书局，2019 年版，第 715 页。
⑥ 吴兢：《贞观政要·规谏太子》，骈宇骞译注，中华书局，2011 年版，第 277 页。
⑦ 吴兢：《贞观政要·政体》，骈宇骞译注，中华书局，2011 年版，第 29 页。
⑧ 桓宽：《盐铁论·本议》，陈桐生译注，中华书局，2015 年版，第 9 页。
⑨ 《孟子·公孙丑上》，方勇译注，中华书局，2015 年版，第 58 页。
⑩ 杨朝明、宋立林主编：《孔子家语通解·五仪解》，齐鲁书社，2013 年版，第 66 页。

不出，则农用乏；商不出，则宝货绝。农用乏，则谷不殖；宝货绝，则财用匮"，"古之立国家者，开本末之途，通有无之用，市朝以一其求，致士民，聚万货，农商工师各得所欲，交易而退"；①"国有沃野之饶而民不足于食者，器械不备也。有山海之货而民不足于财者，商工不备也"，"待商而通，待工而成"。②

市场经济虽然很重要，但古人并不主张放任自流，而是强调政府调控市场经济的重要性。《管子·轻重》提出国家要掌握宏观调控的方法，让市场经济充分发展起来，才能达到"万物可因"的效果，"好心（掌握驾驭市场的巧妙方法）则万物通（商品流通），万物通则万物运（商品市场运行），万物运则万物贱（物价下降），万物贱则万物可因（商品可充分利用）"；③国家如果做不到这一点，即使高度重视农业生产（"强本趣耕"），也不能达到"富民"的效果，"为人君不能散积聚（打通商品流通的渠道），调高下（调节商品价格），分并财（分散社会财富，抑制两极分化），君虽强本趣耕（高度重视农业发展），发草（开垦土地）立币（制造货币）而无止，民犹若不足也。"④国家如果掌握了宏观调控的良好办法，市场就能够达到动态平衡，"以轻重御民"，"流有余而调不足也"⑤

政府应该如何调控市场经济，才能充分发挥市场经济的最佳效果？《管子·轻重》给出的答案是，充分利用市场的供求关系，"善为国（治国）者，天下下（物价低）我高（抬高物价），天下轻（货币价格低）我重（抬高货币价格），天下多（商品丰富）我寡（让商品变得稀缺），然后可以朝天下（让天下人受到控制）。"⑥充分利用财政货币与价格政策，"善者（善于治国的人）不如与民量其重（让老百姓自己估量铁器的产量），计其盈（计算他的盈利），民得其七（老百姓获利十分之七），君得其三（国家获利十分之三）。有（又）杂（调控）之以轻重（用财政货币政策），守（调控）之以高下（价格政策），

---

① 桓宽：《盐铁论·本议》，陈桐生译注，中华书局，2015年版，第9页。

② 桓宽：《盐铁论·本议》，陈桐生译注，中华书局，2015年版，第11页。

③ 《管子·轻重甲》，李山、轩新丽译注，中华书局，2019年版，第1047页。

④ 《管子·轻重甲》，李山、轩新丽译注，中华书局，2019年版，第1046页。

⑤ 桓宽：《盐铁论·力耕》，陈桐生译注，中华书局，2015年版，第18页。

⑥ 《管子·轻重乙》，李山、轩新丽译注，中华书局，2019年版，第1062页。

若此，则民疾作（努力劳动）而为上虏（被国家操控）矣。"①《盐铁论》中也有类似的说法："善为国（治理国家）者，天下之下我高（天下人看到物价低下，执政者却看到物价有上升的可能），天下之轻我重（天下人看到货币的价格很低，执政者却看到货币的价格有升值的空间）。以末（手工业产品）易（交易）其本（农产品），以虚（货币）易（购买）其实（商品）。"②

古人看到了"以农立国""重本抑末"的局限性，认识到发展市场经济，发展工商业，国家反而可以富裕起来，"富国何必用本农，足民何必井田也？"③

其三，中国古代对"法治"非常重视，视之为"德治""礼治"的延伸，"法治"是最低的"德治"与"礼治"，继承并弘扬"德治""礼治""法治"三结合的思想，能够为当代中国法治国家、法治社会、法治政府建设提供有益启迪。

"德治""礼治""法治"三者结合的思想，产生于春秋战国时期，儒家、黄老道家对此有大量的阐释。法家对"德治""礼治"的重要作用有所忽视，但对"法治"的意义有充分的认识。

"法治"的作用不在于惩罚罪犯，而在于预防犯罪，"圣人之设防，贵其不犯也；制五刑④而不用，所以为至治也。"⑤坚持"法治"，就必须反对"人治"，"圣君任法（法律）而不任智（个人智慧），任数（规章制度）而不任说（个人议论）。"⑥

中国古代"法治"思想，强调"法治"的公正性，"理国要道，在于公平正直，故《尚书》云：'无偏无党，王道荡荡。无党无偏，王道平平。'又孔子称'举直错诸枉则民服'。"⑦法的来源不是君主，而是人民。墨家提出法的来源是天，而天是有"兼爱万民"的意志的；黄老道家提出"道生法"，而"道心"则"以百姓心为心"；唐太宗李世民也认识到法的来源是天下万民而非君主一人，"法

---

① 《管子·轻重乙》，李山、轩新丽译注，中华书局，2019 年版，第 1058 页。

② 桓宽：《盐铁论·力耕》，陈桐生译注，中华书局，2015 年版，第 21—22 页。

③ 桓宽：《盐铁论·力耕》，陈桐生译注，中华书局，2015 年版，第 26 页。

④ "五刑"有不同说法，《尚书·吕刑》指墨、劓、剕、宫、大辟；《周礼·秋官·司刑》指墨、劓、宫、刖、杀。

⑤ 杨朝明、宋立林主编：《孔子家语通解·五刑解》，齐鲁书社，2013 年版，第 346 页。

⑥ 《管子·任法》，李山、轩新丽译注，中华书局，2019 年版，第 695 页。

⑦ 吴兢：《贞观政要·公平》，骈宇骞译注，中华书局，2011 年版，第 353 页。

者，非朕一人之法，乃天下之法。"[1] 为什么要坚持"法治"的公正性？因为"公（法治公正）则说（老百姓喜悦）。"[2]

其四，中国古代小康思想中重视养老保障与基本生活保障的思想，能够为社会主义和谐社会建设提供思路。

古人的小康社会目标是，"黎民不饥不寒"，"养生丧死无憾"，[3] "老吾老，以及人之老；幼吾幼，以及人之幼"，[4] "饥者得食，寒者得衣，死者得葬，不澹（赡）者得振（赈）"。[5] 因此，要求统治者做到"哀（哀怜）鳏寡（丧失配偶的老人），养（抚养）孤独（丧失父母的孩子），恤（救济）贫穷（陷入绝对贫困的人），诱（教导）孝悌（道德），选（选拔）才能"，则"四海之内无刑民（触犯法律的老百姓）矣"。[6] 古人对于养老、敬老尤为重视，免除老人的徭役负担，保障老人的生活质量，让老人可以"衣帛食肉"，"五十以上曰艾老，杖于家，不从力役，所以扶不足而息高年也。乡饮酒之礼，耆老异馔，所以优耆耄而明养老也。故老者非肉不饱，非帛不暖，非杖不行"，[7] "五十者可以衣帛"，"七十者可以食肉"，"七十者衣帛食肉"。[8] "孝"的根本含义不是"养"，而是"敬"，故被称为"孝敬"。"今之孝者，是谓能养。至于犬马，皆能有养；不敬，何以别乎？"[9]

其五，"天人和谐""合天道"（符合自然规律）、[10] "不过乎物"（遵循事物的固有法则行事）、[11] "顺天地之义"（顺应自然规律）、[12] "顺天地之纪"

①　吴兢：《贞观政要·公平》，骈宇骞译注，中华书局，2011年版，第350页。

②　《论语译注·尧曰篇》，杨伯峻译注，中华书局，2017年版，第295页。

③　《孟子·梁惠王上》，方勇译注，中华书局，2015年版，第5页。

④　《孟子·梁惠王上》，方勇译注，中华书局，2015年版，第12页。

⑤　《管子·轻重甲》，李山、轩新丽译注，中华书局，2019年版，第1028页。

⑥　杨朝明、宋立林主编：《孔子家语通解·始诛》，齐鲁书社，2013年版，第23页。

⑦　桓宽：《盐铁论·未通》，陈桐生译注，中华书局，2015年版，第157页。

⑧　《孟子·梁惠王上》，方勇译注，中华书局，2015年版，第5页。

⑨　《论语译注·为政篇》，杨伯峻译注，中华书局，2017年版，第19页。

⑩　杨朝明、宋立林主编：《孔子家语通解·大婚解》，齐鲁书社，2013年版，第32页。

⑪　杨朝明、宋立林主编：《孔子家语通解·大婚解》，齐鲁书社，2013年版，第32页。

⑫　杨朝明、宋立林主编：《孔子家语通解·五帝德》，齐鲁书社，2013年版，第278页。

（顺应天地的法则），①"履时以象天"（遵循自然的节律，取法上天）、②"人法地、地法天、天法道、道法自然"、③"因万物之思化"（顺应万物演化的规律）④等思想，能够为可持续发展、生态文明建设、美丽中国建设提供思路。

中国古代天人关系的核心理念是"天人合一""天人和谐"，主张"其动也时"（行动因时制宜），⑤"行己（行事立身）不过乎物（不超过事物的固有法则），谓之成身（成就自身），不过（不超过事物的固有法则）乎，合（符合）天道也"，"无为（大道自然而然）而物成（万物生成），是天道也。"⑥因此，古人在生产与生活中倡导尊重自然规律，顺应自然规律行事，"履四时"（遵守四时之宜），⑦"不违农时"，"数罟（密网）不入洿池（大池）"，"斧斤以时入山林"，⑧"取地之财而节用焉"，⑨"山者（居住在山区的人）不使居川（居住在河流边），渚者（居住在低洼的地方）不使居原（居住在高原上）；用水、火、金、木，饮食必时（饮食要有规律）；冬合男女（举行婚礼要在冬天），春颁爵位，必当年德（一定要符合年龄和德行），皆所顺也，用民必顺。故无水旱昆虫之灾，民无凶饥荒妖孽之疾。"⑩孔子不仅主张"顺天地之义"，"顺天地之纪"，而且身体力行，"子钓而不纲（孔子只钓鱼不网鱼），弋不射宿（不射归巢歇息的鸟）"。⑪孔子深刻意识到，"寝处不时（起居没有规律），饮食不节（饮食没有节制），逸劳过度（安逸或劳累过度）者，疾共（疾病缠身）杀之。"⑫

---

① 杨朝明、宋立林主编：《孔子家语通解·五帝德》，齐鲁书社，2013年版，第275页。

② 杨朝明、宋立林主编：《孔子家语通解·五帝德》，齐鲁书社，2013年版，第277页。

③ 《老子·二十五章》，汤漳平、王朝华译注，中华书局，2014年版，第95页。

④ 吴兢：《贞观政要·规谏太子》，骈宇骞译注，中华书局，2011年版，第277页。

⑤ 杨朝明、宋立林主编：《孔子家语通解·五帝德》，齐鲁书社，2013年版，第279页。

⑥ 杨朝明、宋立林主编：《孔子家语通解·大婚解》，齐鲁书社，2013年版，第32页。

⑦ 杨朝明、宋立林主编：《孔子家语通解·五帝德》，齐鲁书社，2013年版，第282页。

⑧ 《孟子·梁惠王上》，方勇译注，中华书局，2015年版，第5页。

⑨ 杨朝明、宋立林主编：《孔子家语通解·五帝德》，齐鲁书社，2013年版，第279页。

⑩ 杨朝明、宋立林主编：《孔子家语通解·礼运》，齐鲁书社，2013年版，第383页。

⑪ 《论语译注·述而篇》，杨伯峻译注，中华书局，2017年版，第105页。

⑫ 杨朝明、宋立林主编：《孔子家语通解·五仪解》，齐鲁书社，2013年版，第70页。

其六，"和而不同""兼爱非攻""国虽大，好战必亡""君子无所争"[①]"为而弗争"[②]"使民不争"[③]"兵恶不戢（不停止），武贵止戈"[④]思想，能够为和平发展、和谐世界、人类命运共同体建设提供思想资源。

道家批评"兵者，不祥之器，非君子之器，不得已而用之"，[⑤]提倡"不以兵强天下"，[⑥]儒家强调，"君子无所争"，[⑦]墨家旗帜鲜明地倡导"非攻"，唐太宗李世民从长期的治国理政经验中总结出："夫兵甲者，国家凶器也。土地虽广，好战则人凋（疲惫不堪）；中国虽安，忘战则人殆（陷入危险）"；[⑧]"兵者，凶器，不得已而用之。故汉光武云：'每一发兵，不觉头须为白。'自古以来，穷兵极武，未有不亡者也。"[⑨]和平发展是中国文化的核心价值观，是中华民族长期赓续的核心文化密码，"中国自古就提出'国虽大，好战必亡'的箴言。'以和为贵''和而不同''化干戈为玉帛''国泰民安''睦邻友邦''天下太平''天下大同'等理念世代相传。"[⑩]

中国传统小康思想中的积极因素当然不止这些，还有很多值得挖掘的地方。中国传统小康文化，是一座富矿，值得我们反复咀嚼，深入思考，继承创新。近代以来，在西学思潮的影响下，中国传统小康思想开始发生蜕变，形成了一些融合西方元素又满足当时社会需求的新解释，一些人（晚清时期，主要是以康有为代表的维新派）把"小康"解释为"君主立宪"与"资本主义"，而"大同"则被解释为"民主共和"与"社会主义"。随着民主共和思潮与社会主义思潮在20世纪中国的兴起，"大同"逐渐成为主流思潮，康有为、孙中山、毛泽东，成为新"大同"思想的经典代表，新"小康"思潮则逐渐退潮。改革开

---

① 《论语译注·八佾篇》，杨伯峻译注，中华书局，2017年版，第34页。

② 《老子·八十一章》，汤漳平、王朝华译注，中华书局，2014年版，第302页。

③ 《老子·三章》，汤漳平、王朝华译注，中华书局，2014年版，第12页。

④ 吴兢：《贞观政要·征伐》，骈宇骞译注，中华书局，2011年版，第586页。

⑤ 《老子·三十一章》，汤漳平、王朝华译注，中华书局，2014年版，第119页。

⑥ 《老子·三十章》，汤漳平、王朝华译注，中华书局，2014年版，第116页。

⑦ 《论语译注·八佾篇》，杨伯峻译注，中华书局，2017年版，第34页。

⑧ 吴兢：《贞观政要·征伐》，骈宇骞译注，中华书局，2011年版，第584页。

⑨ 吴兢：《贞观政要·征伐》，骈宇骞译注，中华书局，2011年版，第574页。

⑩ 习近平：《走和平发展道路是中国人民对实现自身目标的自信和直觉》，载《习近平谈治国理政》，外文出版社，2014年版，第265页。

放以来，邓小平把"中国式的现代化"用中国人喜闻乐见的"小康"来表达，"小康"概念重新焕发生机，"小康"思潮得以复兴，形成以中国共产党小康理论创新为核心的当代新"小康"思潮。传统小康文化（核心是小康思想）融入新的小康文化建设之中，成为中国共产党小康理论创新的源头活水。中国共产党在扎根中国鲜活的新小康实践的基础上，吸收中国传统小康思想的精华，创立了具有中国特色的社会主义小康理论。在改革开放实践的不断推进下，小康理论与时俱进地创新发展，持续引导中国小康建设持续稳定前进，使得中国最终得以全面建成小康社会。

结语

中国传统小康思想，从《诗经·大雅·民劳》发源，经过先秦诸子的丰富而多元的阐释，尤其是经过《礼记·礼运》的对比性阐释，得以系统化，再经过两千多年多次"小康之治"的历史实践，积淀成深具中国特色的小康文化。

从中国古代小康思想与小康建设的历史看，传统小康思想的核心要义大体包括：以人为本，生命为重；以民为本，富民为先；休养生息，轻徭薄赋；以礼为本，德主刑辅；以农为本，重本抑末；和平发展，反对战争。

中国传统小康思想经历了 2000 多年的发展，有着历史的合理性与价值的合理性，就其历史的合理性而言，有助于中国长期的经济繁荣、社会稳定、民族发展、国家昌盛、文化延续；就其价值的合理性而言，以人为本，以民为本，和平发展，这些价值有着持久的价值。

当然，传统小康思想也具有历史的局限性，那就是轻视与抑制工商业发展，使得市场经济的发展受到严重制约；轻视科学技术，使得科学技术没有成为中国文化的主流；反对持续不懈追求财富，使得财富的积累得不到观念与制度的认同；过分重视礼治，对法治的价值有所忽视；小康思想转化为实践的过程不能长期持续等等。

中国传统小康思想虽然具有历史的局限性，但其价值的合理性值得高度重视，对当代中国的小康建设与现代化建设仍然具有重要的启发。其"人本""民本""富民"的思想，有助于我们确立"以民生为重""以经济建设为中心""发展是硬道理""共享发展""以人民为中心的发展"等发展理念与发展战略；其"轻重""开本末之途，通有无之用""散积聚，调高下，分并财"等思想，可以为当代中国市场经济建设提供参考；其"德治""礼治""法治"结合的思想，可以为当代中国法治国家、法治社会、法治政府建设提供启迪；其重视养老保障与人民最低生活保障的思想，能够为当代中国社会保障建设提供思路；其"天人和谐""合天道""顺天地之义""人法地、地法天、天法道、道法自然"等思想，能够为可持续发展、生态文明建设、美丽中国建设提供思路；其"和而不同""兼爱非攻""为而不争"等思想，能够为和平发展、和谐世界、人类命运共同体建设提供思想资源。

第二章 小康理论创立的问题意识

1979 年，邓小平在会见日本首相大平正芳时提出了"中国式现代化"的道路理论，即著名的"小康"理论。邓小平提出小康理论，不是无缘无故的，而是深思熟虑的。他对四个问题有重要的认识，即苏联模式是否是唯一的社会主义模式？平均主义大锅饭是否是真正的社会主义？到底什么是真正的社会主义？社会主义建设的高指标急速度是否可行？围绕这四个问题，邓小平对"照搬苏联模式""平均主义大锅饭""贫穷的社会主义""高指标急速度"展开了批评，在此基础上提出了自己的小康理论。小康理论是一种中国特色社会主义现代化理论，不照搬任何一种发展模式，而是主张根据中国人民的物质文化需求，脚踏实地、实事求是地渐进式发展，通过一部分人、一部分地区先富起来，走先富带动后富的共同富裕之路，通过改革开放发展社会主义市场经济与民主政治，充分激活中国人民的创造性。

一、针对"照搬苏联模式"

邓小平不认为社会主义只有一种模式，也不认为苏联模式是成熟的社会主义模式，而是反复批评苏联模式的不成熟性、僵化性与不成功性。1980 年 1 月 16 日，邓小平在中共中央召集的干部会议上，批评苏联社会主义模式的不成熟性，"苏联搞社会主义，从 1917 年十月革命算起，已经 63 年了，但是怎么搞社会主义，它也吹不起牛皮。"[①]1985 年 5 月 24 日，邓小平会见葡萄牙总统埃

---

① 邓小平：《目前的形势和任务》，载《邓小平文选》（第二卷），人民出版社，1994年版，第 250 页。

亚内斯时，批评苏联模式"并不那么成熟"。①8月28日，邓小平会见津巴布韦总理穆加贝时，批评苏联模式的不成熟性与僵化性。邓小平指出，究竟什么是社会主义，"苏联搞了很多年，也并没有完全搞清楚"，"可能列宁的思路比较好，搞了个新经济政策，后来苏联的模式僵化了"。②1986年9月29日，邓小平会见波兰统一工人党第一书记、国务委员会主席雅鲁泽尔斯基时，批评苏联模式的不成功性，他说，"我们两国的政治体制都是从苏联模式来的。看来这个模式在苏联也不是很成功的"。③

既然苏联模式并不成熟，也不成功，因此，邓小平坚决反对照搬苏联模式，对中国过去在很大程度上照搬苏联模式进行了反思。1980年4月10日，邓小平会见日中青年研修协会和日本东京青年会议访华团时，批评中国照搬"苏联的企业管理方法，许多企业追求大而全"。④12月25日，邓小平在中共中央工作会议上，批评农业现代化"照抄苏联一类国家的办法"。⑤1986年6月14日，邓小平会见古巴部长会议主席路易斯·阿尔瓦·卡斯特罗时，反思新中国成立以后在建设社会主义的问题上"有一段时间照搬别人的经验吃了亏"。⑥1987年6月12日，邓小平会见南斯拉夫共产主义者联盟中央主席团委员科罗舍茨时，反思"过去我们搬用别国的模式，结果阻碍了生产力的发展，在思想上导致僵化，妨碍人民和基层积极性的发挥"。⑦1988年5月18日，邓小平会见莫桑比克总

---

①　中共中央文献研究室编：《邓小平思想年编（一九七五——一九九七）》，中央文献出版社，2011年版，第542页。

②　邓小平：《改革是中国发展生产力的必由之路》，载《邓小平文选》（第三卷），人民出版社，1993年版，第139页。

③　邓小平：《关于政治体制改革问题》，载《邓小平文选》（第三卷），人民出版社，1993年版，第178页。

④　冷溶、汪作玲主编：《邓小平年谱》（1975—1997），中央文献出版社，2004年版，第617页。

⑤　邓小平：《贯彻调整方针，保证安定团结》，载《邓小平文选》（第二卷），人民出版社，1994年版，第362页。

⑥　冷溶、汪作玲主编：《邓小平年谱》（1975—1997），中央文献出版社，2004年版，第1121页。

⑦　邓小平：《改革的步子要加快》，载《邓小平文选》（第三卷），人民出版社，1993年版，第237页。

统席萨诺时，反思"我们过去照搬苏联搞社会主义的模式，带来了很多问题"。[1]5月25日，邓小平会见捷克斯洛伐克共产党中央总书记雅克什时，反思"过去我们中国照搬别人的经验，吃了很大苦头"。[2]10月17日，邓小平会见罗马尼亚总统尼古拉·齐奥塞斯库时，反思"社会主义都是一个模式不行，我们都吃了这个亏"。[3]1980年8月18日，邓小平在中共中央政治局扩大会议上，反思"即使像毛泽东同志这样伟大的人物，也受到一些不好的制度的影响，以致对党对国家对他个人都造成了很大的不幸"。[4]

邓小平认为任何一国的发展模式都是基于本国的国情与特点，因此他不仅反对照搬苏联模式，也反对照搬任何一国的发展经验与发展模式。1980年4月29日，邓小平接受卢森堡电视台采访时，确认"完全按照别的国家的模式来建设中国是不可能的"。[5]1987年4月30日，邓小平会见西班牙工人社会党副总书记、副首相阿方索·格拉时，肯定"别人的经验可以借鉴，但不能照搬"。[6]10月13日，邓小平会见匈牙利社会主义工人党总书记卡达尔时，强调"我们既不能照搬西方资本主义国家的做法，也不能照搬其他社会主义国家的做法"。[7]1989年5月16日，邓小平会见苏共中央总书记戈尔巴乔夫时指出，"固定的模式是

---

① 邓小平：《解放思想，独立思考》，载《邓小平文选》（第三卷），人民出版社，1993年版，第260、261页。

② 邓小平：《思想更解放一些，改革的步子更快一些》，载《邓小平文选》（第三卷），人民出版社，1993年版，第265页。

③ 冷溶、汪作玲主编：《邓小平年谱》（1975—1997），中央文献出版社，2004年版，第1254页。

④ 冷溶、汪作玲主编：《邓小平年谱》（1975—1997），中央文献出版社，2004年版，第663页。

⑤ 冷溶、汪作玲主编：《邓小平年谱》（1975—1997），中央文献出版社，2004年版，第626页。

⑥ 邓小平：《吸取历史经验，防止错误倾向》，载《邓小平文选》（第三卷），人民出版社，1993年版，第229页。

⑦ 邓小平：《我们干的事业是全新的事业》，载《邓小平文选》（第三卷），人民出版社，1993年版，第256页。

没有的，也不可能有"。①1990 年 7 月 11 日，邓小平会见加拿大前总理特鲁多时，声明"要求全世界所有国家都照搬美、英、法的模式是办不到的"。②

虽然中华人民共和国成立以来很大程度上模仿了苏联模式，但邓小平也指出了中国根据自己特点所做的艰辛探索。1979 年 11 月 26 日，美国不列颠百科全书出版公司编委会副主席吉布尼采访邓小平，认为美国人把中国的社会主义看成和苏联的社会主义是一模一样的。进而问邓小平：改革开放以前的中国是否是完全模仿苏联的社会主义？邓小平的回答是：第一，中国社会主义道路与苏联不完全一样。一开始就有区别，有自己的特点。第二，中国社会主义改造方式与苏联不同。中国对资本家的社会主义改造，采取赎买的政策，不是剥夺的政策。第三，中国社会主义的政治目标与苏联不同。中国要形成既有集中又有民主，既有纪律又有自由，既有统一意志又有个人心情舒畅、生动活泼的政治局面。第四，中国经济制度受苏联影响较大，特别是企业管理、企业组织，受苏联影响较大。③

提出小康理论以来，邓小平致力于中国特色社会主义现代化道路的探索与总结，立足于中国特点与中国经验，大胆吸收国外经验。1978 年 11 月 27 日，邓小平在会见美国专栏作家罗伯特·诺瓦克时指出，"不能简单吸收别国的经验，要根据自己的条件来决定"。④1979 年 3 月 30 日，邓小平在党的理论工作务虚会上指出，搞建设"要适合中国情况，走出一条中国式的现代化道路"，"中国式的现代化，必须从中国的特点出发"。⑤1982 年 9 月 1 日，邓小平在党的十二大开幕词中指出，中国的现代化建设，"必须从中国的实际出发"，"把马克思主义的普遍真理同我国具体实际结合起来，走自己的道路，建设有

---

① 邓小平：《结束过去，开辟未来》，载《邓小平文选》（第三卷），人民出版社，1993 年版，第 292 页。

② 《邓小平讲话实录》（会谈卷），红旗出版社，2018 年版，第 70 页。

③ 邓小平：《社会主义也可以搞市场经济》，载《邓小平文选》（第二卷），人民出版社，1994 年版，第 235 页。

④ 冷溶、汪作玲主编：《邓小平年谱》（1975—1997），中央文献出版社，2004 年版，第 438 页。

⑤ 邓小平：《坚持四项基本原则》，载《邓小平文选》（第二卷），人民出版社，1994 年版，第 163、164 页。

中国特色的社会主义，这就是我们总结长期历史经验得出的基本结论"。[1]1986年9月2日，邓小平接受美国记者迈克·华莱士采访时指出，"革命胜利以后，我们也是把马克思主义的基本原则同中国实际相结合"。[2]1987年9月16日，邓小平会见尼泊尔国王比兰德拉与王后时指出，"我们要根据本国的特点和经验稳步前进，每走一步都要总结经验"。[3]

20世纪50年代前后，苏联模式，曾经被苏联作为唯一的社会主义模式向社会主义阵营国家推广。中华人民共和国成立不久，对社会主义建设缺乏经验，也以苏联模式为蓝本，实行社会主义改造。苏联模式以高度集权的决策和制度运作模式、单一公有制的产权模式、单一计划经济的管理模式、重工业为中心的产业发展模式、平均主义的国家分配模式为典型特征，其优点是国家能够集中资源财力办大事，其缺点则是严重压制了个人财富创造与科技创新的积极性。1956年以后，中国"借鉴苏联"，开始探索自己的发展道路，改革苏联模式。"大跃进"时期，对苏联的计划经济体制做了不少修正。"文革"时期，更是对苏联模式进行了很大冲击，但效仿巴黎公社体制失败。这两次苏联模式的改革并不成功，最终通过改革开放，我们才逐渐摆脱了苏联模式，成功地走上了中国特色社会主义现代化道路。

二、针对"平均主义大锅饭"

过去我们长期把平均主义误认为是社会主义，认为社会主义主要在分配不在生产，结果是生产力发展长期不受重视。邓小平对"平均主义大锅饭"深恶痛绝，严厉批评其不良后果，认为它是阻碍人民生产积极性提高、阻碍生产力发展、阻碍人民生活改善的根源。1981年12月12日，邓小平会见意大利天主教民主党副书记、意中经济文化交流协会主席科隆博时指出，"以前我们犯过平均主义、

---

① 邓小平：《中国共产党第十二次代表大会开幕词》，载《邓小平文选》（第三卷），人民出版社，1993年版，第2、3页。

② 邓小平：《答美国记者迈克·华莱士问》，载《邓小平文选》（第三卷），人民出版社，1993年版，第173页。

③ 冷溶、汪作玲主编：《邓小平年谱》（1975—1997），中央文献出版社，2004年版，第1208页。

吃'大锅饭'的错误，影响了生产力的发展"。[①]1986年3月28日，邓小平会见新西兰总理朗伊时指出，"过去搞平均主义，吃'大锅饭'，实际上是共同落后、共同贫穷，我们就是吃了这个亏"。[②]4月4日，邓小平会见南斯拉夫社会主义联邦共和国主席团主席弗拉伊科维奇时指出，"搞平均主义，吃'大锅饭'，人民生活永远改善不了，积极性永远调动不起来"。[③]

改革开放以来，我们逐步打破"平均主义大锅饭"体制，扩大农民自主权、扩大企业自主权，建立生产责任制，鼓励一部分人、一部分地区先富起来，持续调动广大人民创造财富的积极性。首先是农业领域废除人民公社体制，建立家庭联产承包责任制，调动农民的生产积极性，"农村改革的内容总的说就是搞责任制，抛弃吃大锅饭的办法，调动农民的积极性"。[④]工业领域改革高度集权的计划管理体制，逐步扩大企业的自主权，强化生产责任制，"工业方面，我们也在逐步扩大企业的自主权，把国家、集体、个人的利益结合起来，加强生产责任制"。[⑤]1983年6月18日，邓小平会见北京科学技术政策讨论会的外籍专家时指出，"打破'大锅饭'的政策不会变"，"基本原则是搞责任制"。[⑥]1984年2月24日，邓小平在视察广东、福建、上海等地回京后对几位中央负责人指出，"要让一部人先富裕起来，搞平均主义不行"。[⑦]1992年初，邓小平在南方谈话中指出，不能鼓励吃"大锅饭"，"一部分地区有条件先发展起来，一部分

---

① 中共中央文献研究室编：《邓小平思想年编（一九七五——一九九七）》，中央文献出版社，2011年版，第397页。

② 邓小平：《拿事实来说话》，载《邓小平文选》（第三卷），人民出版社，1993年版，第155页。

③ 邓小平：《坚持社会主义，坚持和平政策》，载《邓小平文选》（第三卷），人民出版社，1993年版，第157页。

④ 邓小平：《政治上发展民主，经济上实行改革》，载《邓小平文选》（第三卷），人民出版社，1993年版，第117页。

⑤ 中共中央文献研究室编：《邓小平思想年编（一九七五——一九九七）》，中央文献出版社，2011年版，第395页。

⑥ 邓小平：《路子走对了，政策不会变》，载《邓小平文选》（第三卷），人民出版社，1993年版，第29页。

⑦ 邓小平：《办好经济特区，增加对外开放城市》，载《邓小平文选》（第三卷），人民出版社，1993年版，第52页。

地区发展慢点，先发展起来的地区带动后发展的地区，最终达到共同富裕"。①

小康之路是走先富到共富之路，共同富裕是社会主义的本质特征，但同步富裕是不可能的，走先富到共富，是小康的必由之路。1985 年 5 月 20 日，邓小平会见陈鼓应教授的谈话中指出，"社会主义与资本主义不同的特点就是共同富裕，不搞两极分化"，"创造的财富，第一归国家，第二归人民，不会产生新的资产阶级。国家拿的这一部分，也是为了人民，搞点国防，更大部分是用来发展经济，发展教育和科学，改善人民生活，提高人民文化水平"。②1986 年 3 月 28 日，邓小平会见新西兰总理朗伊时指出，"我们的政策是让一部分人、一部分地区先富起来，以带动和帮助落后的地区，先进地区帮助落后地区是一个义务"，"我们坚持走社会主义道路，根本目标是共同富裕"。③1986 年 8 月 19—21 日，邓小平视察天津时指出，"我的一贯主张是，让一部分地区、一部分人先富起来，大原则是共同富裕"，"一部分地区发展快一点，带动大部分地区，这是加速发展、达到共同富裕的捷径"。④1992 年春，邓小平在南方谈话中指出，"先富起来的地区多交点利税，支持贫困地区发展"，"在本世纪末达到小康水平的时候，要突出地提出和解决共同富裕的问题"。⑤

平均主义观念在中国有着悠久的历史传统，很不容易破除，古代就有"患不均""均田""均贫富"的思想，近代也有"无处不均匀"的渴求。平均主义的存在有其合理性，那就是顺应了人们痛恨贫富分化、渴望社会公平与国家稳定的诉求，可以用于引导社会保障体制建设。但平均主义的不合理性在于过分强调"结果平等"，而忽视了"机会平等"，通过国家分配制度强行抹平体

---

① 邓小平：《在武昌、深圳、珠海、上海等地的谈话要点》，载《邓小平文选》（第三卷），人民出版社，1993 年版，第 374 页。

② 邓小平：《搞资产阶级自由化就是走资本主义道路》，载《邓小平文选》（第三卷），人民出版社，1993 年版，第 123 页。

③ 邓小平：《拿事实来说话》，载《邓小平文选》（第三卷），人民出版社，1993 年版，第 155 页。

④ 邓小平：《视察天津时的谈话》，载《邓小平文选》（第三卷），人民出版社，1993 年版，第 166 页。

⑤ 邓小平：《在武昌、深圳、珠海、上海等地的谈话要点》，载《邓小平文选》（第三卷），人民出版社，1993 年版，第 374 页。

力劳动与脑力劳动、简单劳动与复杂劳动、创新性劳动与非创新性劳动的区别，忽视劳动效率与劳动质量，造成事实上的不平等，容易压抑个人的生产积极性与科学技术的创新性，使得经济社会文化得不到持续发展，最终让整个社会陷于停滞丧失活力。早期社会主义者多有平均主义思想，马克思对此有过严厉批判，认为真正的社会主义必须首先达到物质财富的"充分涌流"，然后才能走向共产主义的"按需分配"。平均主义并非科学社会主义思想，而只是一种空想社会主义。社会主义的本质是共同富裕，但共同富裕并非平均主义，不是平均富裕，也不是同步富裕，而是允许一部分地区、一部分人通过合法途径、勤勉工作、知识创新、文化创新、科技创新、管理创新率先富裕起来，把贫富分化控制在一个合理的区间之内，以利于持续激励人们财富创造的意愿。

三、针对"贫穷的社会主义"

"贫穷的社会主义"理论认为，"穷则革命富则修"，富裕是资本主义的特征，而贫穷是社会主义的特征。富裕是不革命的，是修正主义，而贫穷则是革命的，是社会主义。"宁要社会主义的草，不要资本主义的苗"。社会主义的富裕主要是精神富裕，而非物质富裕。"贫穷的社会主义"理论曾经在"文革"时期大行其道。为什么说"贫穷的社会主义"是一种错误的理论？1977 年 9 月 6 日，邓小平会见美联社董事会代表团时指出，"不提倡搞生产，不让劳动，不让提高劳动生产率，不鼓励通过劳动作出贡献的人，不让他们多收入一点，不让那些在艰苦劳动条件下劳动的人多收入一些，这是违反马克思主义，违反社会主义原则的"。[①]1979 年 7 月 28 日，邓小平听取白如冰关于山东工作的汇报后指出，"搞现代化，不要搞穷的社会主义，要搞富的社会主义"，"社会主义优越于资本主义才是最大的阶级斗争"，"生产力不发展有什么社会主义的优越性"。[②]1980 年 4 月 12 日，邓小平会见赞比亚总统卡翁达时指出，"宁肯要穷的社会主义，不要富的资本主义"，"其本质就是说，社会主义是穷的"，"马克思主义历来认为，社会主义要优于资本主义，它的生产发展要高于资本主义"。

---

① 《邓小平讲话实录》（会谈卷），红旗出版社，2018 年版，第 124 页。

② 冷溶、汪作玲主编：《邓小平年谱》（1975—1997），中央文献出版社，2004 年版，第 540 页。

"贫穷的社会主义"理论"完全背离了马列主义、毛泽东思想的根本原则","经济长期处于停滞状态总不能叫社会主义,人民生活长期停止在很低的水平总不能叫社会主义"。①1986年9月2日,邓小平接受美国哥伦比亚广播公司记者迈克·华莱士采访时指出,"宁要穷的共产主义,不要富的资本主义",这种观点是"完全错误的","不能有穷的共产主义,同样也不能有穷的社会主义"。邓小平强调"致富不是罪过"。②

邓小平严厉批评了"贫穷的社会主义"理论带来的实际恶果。1980年1月16日,邓小平在中共中央召集的干部会议上指出,"社会主义优越性发挥太少,生产力发展不快、不稳、不协调,人民生活没有多大改善"。③1982年9月18日,邓小平会见朝鲜劳动党中央委员会总书记金日成时指出,"四人帮"叫嚷要搞"穷社会主义""穷共产主义",胡说共产主义主要是精神方面的,简直是荒谬之极!"我们干革命几十年,搞社会主义30多年,截至1978年,工人的月平均工资只有四五十元,农村的大多数地区仍处于贫困状态。这叫什么社会主义优越性?"④1985年4月15日,邓小平在会见坦桑尼亚联合共和国副总统姆维尼时指出,"毛泽东同志有一个重大的缺点,就是忽视发展社会生产力",从1958年到1978年整整20年里,农民和工人的收入增加很少,生活水平很低,生产力没有多大发展。1978年人均国民生产总值不到250美元,"从1958年到1978年这二十年的经验告诉我们:贫穷不是社会主义,社会主义要消灭贫穷。不发展生产力,不提高人民的生活水平,不能说是符合社会主义要求的"。⑤1987年4月26日,邓小平会见捷克斯洛伐克总理什特劳加尔时指出,"中国过去很

① 邓小平:《社会主义首先要发展生产力》,载《邓小平文选》(第二卷),人民出版社,1994年版,第312页。
② 邓小平:《坚持四项基本原则》,载《邓小平文选》(第三卷),人民出版社,1993年版,第171—172页。
③ 邓小平:《我们方针政策的两个基本点》,载《邓小平文选》(第二卷),人民出版社,1994年版,第249页。
④ 邓小平:《一心一意搞建设》,载《邓小平文选》(第三卷),人民出版社,1993年版,第10—11页。
⑤ 邓小平:《政治上发展民主,经济上实行改革》,载《邓小平文选》(第三卷),人民出版社,1993年版,第116页。

长时间处于缓慢发展和停滞的状态，人民的生活很是贫困"，"文化大革命"中，"四人帮"荒谬地提出，"宁要贫穷的社会主义和共产主义，不要富裕的资本主义"，"不要富裕的资本主义还有道理，难道能够讲什么贫穷的社会主义和共产主义吗？"①

"贫穷的社会主义"理论源于何处？邓小平认为主要源于林彪、"四人帮"等极左势力，与毛泽东的支持和认同也有一些关系。1979年3月30日，邓小平在党的理论工作务虚会上，批评"四人帮"主张"普遍贫穷的假社会主义"。②11月26日，邓小平接受美国不列颠百科全书出版公司编委会副主席吉布尼访谈时指出，"四人帮"提出"宁要贫穷的社会主义，也不要富裕的资本主义"，那是"荒谬得很"。③1980年1月16日，邓小平在中共中央召集的干部会议上指出，林彪、"四人帮"提倡什么"穷社会主义""穷过渡""穷革命"，我们反对那些"荒谬反动"的观点。④1987年4月30日，邓小平会见西班牙工人社会党副总书记、副首相阿方索·格拉时指出，"文化大革命"的十年，要人民安于贫困落后，说什么"宁要贫困的社会主义和共产主义，不要富裕的资本主义"，这就是"四人帮"搞的那一套。⑤1987年10月13日，邓小平会见匈牙利社会主义工人党总书记卡达尔时指出，"四人帮"时期对"共产主义"的理解，就是"宁要贫穷的共产主义，不要富裕的资本主义"，"简直荒谬得很！"⑥

邓小平认为，必须先搞清楚什么是真正的社会主义？什么是真正的马克思主义？否则社会主义建设就会误入歧途。邓小平树立了生产力标准、共同富裕

---

① 邓小平：《社会主义必须摆脱贫穷》，载《邓小平文选》（第三卷），人民出版社，1993年版，第223页。

② 冷溶、汪作玲主编：《邓小平年谱》（1975—1997），中央文献出版社，2004年版，第502页。

③ 邓小平：《社会主义也可以搞市场经济》，载《邓小平文选》（第二卷），人民出版社，1994年版，第231页。

④ 邓小平：《目前的形势和任务》，载《邓小平文选》（第二卷），人民出版社，1994年版，第257页。

⑤ 邓小平：《吸取历史经验，防止错误倾向》，载《邓小平文选》（第三卷），人民出版社，1993年版，第227—228页。

⑥ 邓小平：《我们干的事业是全新的事业》，载《邓小平文选》（第三卷），人民出版社，1993年版，第254页。

标准。认为真正的社会主义不仅生产力的发展超过资本主义，而且能够实现共同富裕。同样，真正的马克思主义是以人民利益为中心的，如果不能给人民群众带来幸福生活，谁会相信马克思主义。1980年4月21日，邓小平会见阿尔及利亚民族解放阵线党代表团时质疑，"为什么好多非洲国家搞社会主义越搞越穷"，邓小平强调，"不能因为有社会主义的名字就光荣，就好"。[①]11月6日，邓小平会见罗马尼亚社会主义民主和团结阵线代表团指出，"社会主义是好东西，但如果是穷社会主义，总不能说是好的。马克思主义是好东西，但如果马克思主义不能带来人民生活改善，谁还相信马克思主义？"邓小平强调，"社会主义是要使国家富强起来"。[②]1981年12月12日，邓小平会见意大利天主教民主党副书记、意中经济文化交流协会主席科隆博时指出，"马克思主义归根结底是要发展生产力，贫困不等于马克思主义"。[③]1983年4月29日，邓小平在会见印度共产党（马克思主义）中央代表团时指出，"一个真正的马克思主义政党在执政以后，一定要致力于发展生产力，并在这个基础上逐步提高人民的生活水平"。[④]1984年6月30日，邓小平在会见第二次中日民间人士会议日方委员会代表团谈话时指出，"马克思主义最注重发展生产力，社会主义阶段的最根本任务就是发展生产力，社会主义的优越性归根结底要体现在它的生产力比资本主义发展得更快一些、更高一些，并且在发展生产力的基础上不断改善人民的物质文化生活"，邓小平重申，"社会主义要消灭贫穷，贫穷不是社会主义，更不是共产主义"。[⑤]1987年3月27日，邓小平会见喀麦隆总统比亚时强调，"不要光喊社会主义的空洞口号，社会主义不能建立在贫困的基础

---

① 冷溶、汪作玲主编：《邓小平年谱》（1975—1997），中央文献出版社，2004年版，第625页。

② 冷溶、汪作玲主编：《邓小平年谱》（1975—1997），中央文献出版社，2004年版，第688页。

③ 中共中央文献研究室编：《邓小平思想年编（一九七五——一九九七）》，中央文献出版社，2011年版，第397页。

④ 邓小平：《建设社会主义的物质文明和精神文明》，载《邓小平文选》（第三卷），人民出版社，1993年版，第28页。

⑤ 邓小平：《建设有中国特色的社会主义》，载《邓小平文选》（第三卷），人民出版社，1993年版，第63—64页。

上"。^①1988 年 5 月 18 日，邓小平会见莫桑比克总统席萨诺时坦率地指出，"首先要了解什么是社会主义，贫穷绝不是社会主义"。^②5 月 25 日，邓小平会见捷克斯洛伐克共产党中央总书记雅克什时指出，"社会主义的根本任务是发展生产力，逐步摆脱贫穷，使国家富强起来，使人民生活得到改善。没有贫穷的社会主义。社会主义的特点不是穷，而是富，但这种富是人民共同富裕"。^③

社会主义不是贫穷，而是富裕，并且是共同富裕。这种共同富裕，是消除两极分化的共同富裕，是勤劳致富基础上的共同富裕，不是人为拉平的共同富裕；是创造财富的机会公平均等基础上的共同富裕，是一部分地区、一部分人合法勤劳先富起来的共同富裕，不是全国人民同步富裕的共同富裕。1983 年 1 月 12 日，邓小平在同国家计委、国家经委和农业部门负责同志的谈话中指出，农村、城市都要允许一部分人先富裕起来，勤劳致富是正当的。一部分人先富裕起来，一部分地区先富裕起来，是大家都拥护的新办法。^④1985 年 3 月 7 日，邓小平在全国科技工作会议上的讲话指出，我们奋斗了几十年，就是为了消灭贫困。第一步，本世纪末，达到小康水平，就是不穷不富，日子比较好过的水平。第二步，再用三五十年的时间，在经济上接近发达国家的水平，使人民生活比较富裕。^⑤为什么必须允许一部分地区、一部分人先富起来？ 1978 年 12 月 13 日，邓小平在中共中央工作会议闭幕会上指出，要允许一部分地区、一部分企业、一部分工人农民，由于辛勤努力成绩大，收入先多一些，生活先好起来。一部分人生活先好起来，就必然产生极大的示范力量，影响左邻右舍，带动其他地区、其他单位的人们向他们学习。这样，就会使整个国民经济不断地波浪式向前发展，

---

① 邓小平：《怎样评价一个国家的政治体制》，载《邓小平文选》（第三卷），人民出版社，1993 年版，第 213 页。

② 邓小平：《解放思想，独立思考》，载《邓小平文选》（第三卷），人民出版社，1993 年版，第 261 页。

③ 邓小平：《思想更解放一些，改革的步子更快一些》，载《邓小平文选》（第三卷），人民出版社，1993 年版，第 264—265 页。

④ 邓小平：《各项工作都要有助于建设有中国特色的社会主义》，载《邓小平文选》（第三卷），人民出版社，1993 年版，第 23 页。

⑤ 邓小平：《改革科技体制是为了解放生产力》，载《邓小平文选》（第三卷），人民出版社，1993 年版，第 109 页。

使全国各族人民都能比较快地富裕起来。①

"贫穷的社会主义"观念的存在，看似荒唐，其实有其存在的历史背景，不仅是出于"革命"的需求（"穷则革命"），而且也是出于把贫穷"合理化"的需求，因为现实的社会主义国家都是贫穷落后的国家，而要消灭贫穷需要长时期的努力，在以重工业为中心的时代，贫穷则是挥之不去的现实，只有把贫穷"合理化"，以重工业为中心的发展战略才能长期延续下来。但"贫穷的社会主义"观念在理论上是完全错误的，与"科学社会主义"完全背道而驰，在现实上则严重妨碍人民对富裕生活的追求，阻碍生产力的正常发展。

四、针对"高指标急速度"

近代以来，从第一次鸦片战争到日本侵华战争，被先进工业武装起来的西方列强一再侵犯中国，由于贫穷落后，我们长期被动挨打，因此渴望富强，追赶西方列强，成为中华民族的孜孜以求的梦想，以高指标急速度为特征的赶超型现代化战略大为流行。1985 年 8 月 28 日，邓小平会见津巴布韦总理穆加贝时指出，"搞革命的人最容易犯急性病。用心是好的，想早一点进入共产主义。这往往不能冷静地分析主客观方面的情况，从而违反世界发展的规律"。②

邓小平对长期以来的高指标急速度的现代化战略提出了沉重反思。1980 年 4 月 21 日，邓小平会见阿尔及利亚民族解放阵线党代表团时指出，不要离开现实和超越阶段采取一些"左"的办法，这样是搞不成社会主义的，我们过去就是吃"左"的亏。③12 月 25 日，邓小平在中共中央工作会议上指出，"第一个五年计划以后，长期急于求成，经济一直存在着比例严重失调的问题"。④1987 年 1 月 20 日，邓小平会见津巴布韦总理穆加贝时指出，"我们犯的几次错误，

---

① 邓小平：《解放思想，实事求是，团结一致向前看》，载《邓小平文选》（第二卷），人民出版社，1994 年版，第 152 页。

② 中共中央文献研究室编：《邓小平思想年编（一九七五——一九九七）》，中央文献出版社，2011 年版，第 553 页。

③ 冷溶、汪作玲主编：《邓小平年谱》（1975—1997），中央文献出版社，2004 年版，第 624 页。

④ 《邓小平文选》（第二卷），人民出版社，1994 年版，第 355 页。

都是由于要求过急，目标过高，脱离了中国的实际，结果反倒慢了"。①4月30日，邓小平会见西班牙工人社会党副总书记、副首相阿方索·格拉时指出，1949年取得了全国政权后，解放了生产力，但如何发展生产力，这件事做得不好。主要是太急，政策偏"左"，结果不但生产力没有顺利发展，反而受到了阻碍。②10月13日，邓小平会见匈牙利社会主义工人党总书记卡达尔时指出，1958年的"大跃进"和人民公社化运动，完全违背客观实际情况，头脑发热，想超高速发展，从1957年下半年开始，实际上违背了八大的路线，这一"左"，直到1976年，时间之长，差不多整整20年。③

邓小平反对高指标急速度，理由是"欲速则不达"，必须务实，认清并立足现状，因为我们底子薄、人口多，目标不能定得太高，要求不能过急。步子稳一些，时间长一些，目标低一些，反而走得快一些。1981年4月14日，邓小平会见日中友好议员联盟访华团指出，"想发展快一些，这个意图是好的，但欲速则不达，这是中国的古话。步子稳妥一些，也许速度更快一些"。④1985年5月24日，邓小平会见葡萄牙总统埃亚内斯时指出，中华人民共和国成立35年多，走的路是比较曲折的，"我们搞得太急，要求太急就必然要犯错误，犯极左的错误，违背了事物的客观规律"。中国的底子薄，不能太急，制定的目标不能太高。⑤1979年4月17日，邓小平会见美国芝加哥大学历史系何炳棣教授指出，"我们调整经济计划，主要是想把经济发展搞得稳一点，快一点"。⑥1979年12月29日，邓小平会见新加坡政府代表团指出，所谓四个现代化，

---

① 《邓小平文选》（第三卷），人民出版社，1993年版，第202页。

② 冷溶、汪作玲主编：《邓小平年谱》（1975—1997），中央文献出版社，2004年版，第1184页。

③ 邓小平：《我们干的事业是全新的事业》，载《邓小平文选》（第三卷），人民出版社，1993年版，第253—254页。

④ 中共中央文献研究室编：《邓小平思想年编（一九七五——一九九七）》，中央文献出版社，2011年版，第361页。

⑤ 中共中央文献研究室编：《邓小平思想年编（一九七五——一九九七）》，中央文献出版社，2011年版，第542页。

⑥ 冷溶、汪作玲主编：《邓小平年谱》（1975—1997），中央文献出版社，2004年版，第506页。

只能搞个"小康之家","目标放低一点好，可以超过它"。[①]1988 年 8 月 26 日，邓小平会见日本首相竹下登时指出，目标定得低一点有好处。目标定得低一点是为了防止产生急躁情绪，避免又回到"左"的错误上去。[②]1986 年 10 月 24 日，邓小平会见日中友好协会代表团指出，"目标不宜定得太高，太高了反而造成人为的紧张"。小康目标是可以达到，甚至有可能超过的。[③]1987 年 4 月 26 日，邓小平会见捷克斯洛伐克总理特劳加尔时指出，按照中国的特点来说，短期内要摆脱贫困落后状态不容易，而且"一切要从实际出发，不能把目标定得不切实际，也不能把时间定得太短"，"如果不切实际，靠脑子里面的幻想来制定政策，制定发展规模，那船是要沉的"。[④]

"实事求是，理论与实际相结合，一切从实际出发"是马克思主义的精髓，也是邓小平领导中国现代化建设的思想路线与指导原则。1978 年 9 月 16 日，邓小平听完王恩茂等人汇报后指出，实事求是、理论与实际相结合，一切从实际出发，这是我们实现四个现代化的思想问题。不论搞农业，搞工业，搞科学研究，搞现代化，都要实事求是，老老实实。[⑤]12 月 13 日，邓小平在中央工作会议闭幕会上指出，不要从本本出发，要根据我国的实际情况确定实现四个现代化的具体道路、方针、方法和措施。只有解放思想，坚持实事求是，一切从实际出发，理论联系实际，我们的社会主义现代化建设才能顺利进行。[⑥]1987 年 3 月 27 日，邓小平会见喀麦隆总统比亚时强调，"我们坚信马克思主义，但马克思主义必须与中国实际相结合。只有结合了中国实际的马克思主义，才是

---

① 中共中央文献研究室编：《邓小平思想年编（一九七五——九九七）》，中央文献出版社，2011 年版，第 282 页。

② 冷溶、汪作玲主编：《邓小平年谱》（1975—1997），中央文献出版社，2004 年版，第 1243 页。

③ 中共中央文献研究室编：《邓小平思想年编（一九七五——九九七）》，中央文献出版社，2011 年版，第 594 页。

④ 中共中央文献研究室编：《邓小平思想年编（一九七五——九九七）》，中央文献出版社，2011 年版，第 619 页。

⑤ 冷溶、汪作玲主编：《邓小平年谱》（1975—1997），中央文献出版社，2004 年版，第 378 页。

⑥ 冷溶、汪作玲主编：《邓小平年谱》（1975—1997），中央文献出版社，2004 年版，第 450 页。

我们所需要的真正的马克思主义"。①

　　邓小平认为，发展的每一步都必须确立务实的、可达的目标，不跟西方攀比，不可眼高手低，不可失信于民。温饱、小康、基本现代化，是邓小平设计的"现代化三步走"的道路。这条道路看似消极保守，蜗牛爬行，但务实可期，循序渐进，稳步迈进，对中国发展而言属于切切实实的"雄心壮志"。1979年3月21日，邓小平会见英中文化协会执委会代表团时指出，现在我们的技术水平还是你们50年代的水平。如果20世纪末能达到你们70年代的水平就很了不起。就是达到这个水平，也还要做许多努力。②10月4日，邓小平在各省市自治区第一书记座谈会上指出，我们开了大口，本世纪末实现"四个现代化"，后来改了个口，叫"中国式的现代化"，就是把标准放低一点。特别是国民生产总值，按人口平均来说不会很高。③12月6日，邓小平会见日本首相大平正芳时指出，我们要实现的现代化，是"中国式的四个现代化"。我们的"四个现代化"的概念，不是像你们那样的现代化的概念，而是"小康之家"。即使我们达到小康目标，我们的国民生产总值人均水平还是很低的，还得付出很大的努力。同西方相比，也还是落后的。④1980年5月12日，邓小平会见英国首相卡拉汉指出，我们的"四个现代化"，是"中国式的现代化"，不同于包括你们英国在内的发达国家的现代化。中国人口太多，要达到你们那样的现代化，人均收入5000至7000美元，不现实。我们是讲实际，从实际出发的。⑤1981年4月14日，邓小平会见日中友好议员联盟访华团指出，"中国式的现代化"的概念，就是在本世纪末我们肯定不能达到日本、欧洲、美国和第三世界中有些发达国家的水平。在本世纪末，

　　①　邓小平：《怎样评价一个国家的政治体制》，载《邓小平文选》（第三卷），人民出版社，1993年版，第213页。

　　②　中共中央文献研究室编：《邓小平思想年编（一九七五——一九九七）》，中央文献出版社，2011年版，第225页。

　　③　冷溶、汪作玲主编：《邓小平年谱》（1975—1997），中央文献出版社，2004年版，第563页。

　　④　邓小平：《中国本世纪的目标是实现小康》，载《邓小平文选》（第二卷），人民出版社，1994年版，第237页。

　　⑤　中共中央文献研究室编：《邓小平思想年编（一九七五——一九九七）》，中央文献出版社，2011年版，第310页。

我们只能达到一个小康社会，日子可以好过。①1981年9月4日，邓小平会见美国最高法院首席大法官伯格等时指出，到本世纪末，就有了一个小康社会出现。但要达到美国的水平，恐怕要花一个世纪。②9月9日，邓小平会见日本公明党第十次访华代表团时指出，本世纪末也只能搞一个小康社会，要达到西方比较发达国家的水平，至少还要再加上30年到50年的时间，恐怕要到21世纪末。③1982年4月20日，邓小平会见几内亚比绍国家元首维埃拉时指出，我们搞的现代化不是"西方的现代化"，是"中国式的现代化"，就是"小康社会的现代化"。没有30年到50年不行。④8月6日，邓小平会见澳大利亚总理马尔科姆·弗雷泽时指出，我们经过反复研究之后，觉得可能1000美元还是高了一点，因为必须考虑到人口增长的因素。所以我们把本世纪末的国民生产总值人均放在争取达到800美元的水平上。⑤8月10日，邓小平会见美籍华人科学家时指出，我们提出二十年改变面貌，不是胡思乱想、海阔天空的变化，只是达到一个小康社会的变化，这是有把握的。赤贫的现象可以消灭。⑥1984年5月12日，邓小平会见尼日尔国家元首孔切时指出，我们的目标是到本世纪末，人均国民生产总值达到800美元，把中国建设成为一个小康社会。这个目标看来很渺小，但对中国这样一个大国来说，却是一个雄心勃勃的目标。⑦10月6日，邓小平会见参加中外经济合作问题讨论会全体中外代表时指出，人民生活达到

① 中共中央文献研究室编：《邓小平思想年编（一九七五——一九九七）》，中央文献出版社，2011年版，第361页。

② 中共中央文献研究室编：《邓小平思想年编（一九七五——一九九七）》，中央文献出版社，2011年版，第383页。

③ 冷溶、汪作玲主编：《邓小平年谱》（1975—1997），中央文献出版社，2004年版，第769页。

④ 中共中央文献研究室编：《邓小平思想年编（一九七五——一九九七）》，中央文献出版社，2011年版，第413页。

⑤ 冷溶、汪作玲主编：《邓小平年谱》（1975—1997），中央文献出版社，2004年版，第836—837页。

⑥ 冷溶、汪作玲主编：《邓小平年谱》（1975—1997），中央文献出版社，2004年版，第837—838页。

⑦ 中共中央文献研究室编：《邓小平思想年编（一九七五——一九九七）》，中央文献出版社，2011年版，第496页。

小康水平。这个目标对发达国家来说是微不足道的，但对中国来说，是一个雄心壮志，是一个宏伟目标。[①]1986 年 6 月 18 日，邓小平会见荣氏亲属时指出，到 2000 年建立一个小康社会。雄心壮志太大了不行，要实事求是。所谓小康社会，就是虽不富裕，但日子好过。[②]

邓小平身体力行，对中国发展水平做出实事求是的评估，要求发展必须立足于国情（中国特点），立足于现实（穷，底子薄，教育科学文化落后），脚踏实地。1979 年 3 月 30 日，邓小平在党的理论工作务虚会上指出，要使中国实现四个现代化，至少有两个重要特点是必须看到的：第一个是底子薄。第二个是人口多，耕地少。"中国式现代化，必须从中国的特点出发"。[③]1980 年 1 月 1 日，邓小平在政协新年茶话会上指出，我们要搞"中国式的现代化"，我们还很穷，就是要老老实实地创业。[④]1980 年 1 月 16 日，邓小平在中共中央召集的干部会议上指出，我们穷，底子薄，教育、科学、文化都落后，这就决定了我们还要有一个艰苦奋斗的过程。中国这样的社会主义大国，不可能走捷径。[⑤]6 月 5 日，邓小平会见美国和加拿大社论撰写人访华团指出，我们必须认识中国的现实，立足于中国的现实来进行"四个现代化"建设，也要根据现在中国的薄弱基础来决定我们实现"四个现代化"的目标。中国是一个人口众多的国家，尽管三十年来，我们建立了工业、农业、科学技术的初步基础，但毕竟底子薄，管理水平也低。由于"四人帮"的干扰，科学、教育方面的损失很大，耽误了一代人，缺乏人才，这就是现实，要正视这个现实，"四个现代化"的目标不能定得太高，定得太高办不到。[⑥]1981 年 10 月 25 日，邓小平会见国

---

① 中共中央文献研究室编：《邓小平思想年编（一九七五——一九九七）》，中央文献出版社，2011 年版，第 512 页。

② 邓小平：《争取整个中华民族的大团结》，载《邓小平文选》（第三卷），人民出版社，1993 年版，第 161 页。

③ 中共中央文献研究室编：《邓小平思想年编（一九七五——一九九七）》，中央文献出版社，2011 年版，第 229 页。

④ 冷溶、汪作玲主编：《邓小平年谱》（1975—1997），中央文献出版社，2004 年版，第 588 页。

⑤ 《邓小平文选》（第二卷），人民出版社，1994 年版，第 257 页。

⑥ 中共中央文献研究室编：《邓小平思想年编（一九七五——一九九七）》，中央文献出版社，2011 年版，第 317—318 页。

际货币基金组织总裁雅克·德拉罗西埃时指出，中国人口太多，要改变经济落后状况，必须经过长期的努力。[①]11 月 17 日，邓小平会见美国财政部长甘里时指出，中国底子薄，人口太多。"中国式现代化"，不能同西方比。到本世纪末人均国民生产总值达到 1000 美元。这对中国来讲是一个雄心勃勃的计划。[②]

超速赶超型现代化战略，在理论上是成立的，但需要具备复杂的条件，而改革开放以前，这些条件其实并不存在，晚清、民国时期，国家并不统一，社会动乱，政府软弱，市场经济体制草创，教育事业薄弱，科技创新能力弱小。改革开放前三十年，国家虽然大体统一，政府也强有力，但根本缺乏市场经济体制，高度指令型计划经济体制则严重束缚了人民创造财富的欲望与知识创新的意愿，教育科技事业仍然落后，虽然一直进行急速赶超，但实际差距反而有所拉大，连温饱问题都解决不了。改革开放以来，我们牢记"欲速则不达"的惨重教训，摈弃超速赶超型现代化战略，实施"小康"战略，立足国情，民生为重，目标务实，以经济建设为中心，优先解决贫困问题与温饱问题，脚踏实地，循序渐进，取得了举世瞩目的巨大进步。

结语

1979 年以来，邓小平提出小康理论，强调中国特色社会主义、大力发展生产力、以经济建设为中心、一心一意现代化、现代化是最大的政治、发展是硬道理、市场经济取向、从先富到共富、降低发展指标、阶段性推进，有着强烈的问题意识，那就是针对"照搬苏联模式""贫穷的社会主义""平均主义大锅饭""高指标急速度"的所带来的严重问题。邓小平领导的小康建设逐渐消解了传统的苏联式社会主义现代化模式的严重弊端，建构了家庭联产承包责任制、多种经营机制、市场竞争机制、个体经济体制、民营经济体制、三资经济体制，发展了个体经济、乡镇企业、民营企业，一部分地区、一部分人通过合法经营、勤劳致富逐渐富裕起来，使得我们基本上解决了温饱问题，进一步向小康水平迈进。

---

① 冷溶、汪作玲主编：《邓小平年谱》（1975—1997），中央文献出版社，2004 年版，第 780 页。

② 中共中央文献研究室编：《邓小平思想年编（一九七五——一九九七）》，中央文献出版社，2011 年版，第 394 页。

邓小平之后，新的中央领导集体一代接一代继续在小康建设的大道上稳步前进，推动小康理论持续创新性发展，在小康理论的引领下，我们走出了一条有中国特色的社会主义现代化道路。

第三章 小康理论的创新历程

当代小康理论创新，是中国共产党领导改革开放大业的重大理论创新，但中国共产党的理论创新不是无源之水、无本之木，而是立足于中国传统优秀的小康文化基础之上，是对中国传统小康思想的继承与发展。中国当代小康理论创新不仅吸收了传统小康思想中的"民本""富民""休养生息""德盛而法修""顺天地之义""和而不同"等思想，也吸收了来自西方现代化理论中的市场化、工业化、城市化、中产化、民主化、科学化、生态现代化等思想，与西方发展理论中的"从贫困到富裕"的发展思想。但中国当代小康理论创新具有鲜明的中国主体性，是立足于中国自己的发展实践、现代化实践基础之上的理论创新，"摸着石头过河"是这一实践过程的形象表达。"摸着石头过河"是摸实践经验，只有在实践经验基础上的理论总结、理论提升、理论创新才是实事求是的理论创新，才是我们所需要的理论创新，而非玄虚空谈，治国理政切忌玄虚空谈，空谈误国。实践性是小康理论创新的鲜明特征，每一阶段的小康理论创新都带有鲜明的问题意识，就是必须解决当时面临的主要问题，第一阶段（1979—1992 年）主要解决温饱问题，为小康建设打下坚实基础；第二阶段（1992—2002 年）主要解决"总体小康"问题，并把"总体小康"推进到"全面小康"阶段；第三阶段（2002—2012 年）主要解决"全面小康"问题，把"全面建设小康社会"推进到"全面建成小康社会"的阶段；第四阶段（2012—2020 年）主要解决"决胜全面建成小康社会"的问题，彻底消除绝对贫困问题。

一、小康理论的形成（1979—1992 年）

1979 年至 1992 年，这段历史时期是小康理论的形成期，为何这样说？因为这一时期以邓小平为核心的中央领导集体提出了小康目标，系统阐述了小康社会的含义，奠定了小康建设的理论基础；先后提出了小康之路两步走与基本现代化三步走的发展战略，明确了小康建设的根本方向；先后提出了"中国特色社会主义""社会主义初级阶段"与"社会主义本质"等与小康建设有重大关联的发展理念，为小康建设提供了根本的理论指导；先后提出了党的基本路线（一个中心、两个基本点）与"三个有利于标准"，确立了小康建设的是非标准；提出开发扶贫战略，解决了温饱问题，为小康建设打下了坚实基础。

（一）提出小康目标，阐述小康社会含义

1979 年 12 月，邓小平提出了小康目标，初步阐述了小康概念。第一次把 20 世纪末的现代化目标用"小康"来表达。同时用了"小康之家""小康状态""小康国家"来表达"小康"。至于何谓"小康"，邓小平初步阐述了"小康"的基本内涵，点明了如下三点：其一，"小康"是"中国式的四个现代化"，不是"像你们（日本）那样的现代化的概念"；其二，"小康状态"是达到"第三世界中比较富裕一点的国家的水平"，但同西方比，还是落后的；其三，小康目标是大体上达到人均国民生产总值 1000 美元，但还要付出"很大的努力"。①在阐述小康含义时，邓小平点明了"小康"战略与"四个现代化"战略之间的关系；点明了小康的核心指标；点明了小康的中国特色；点明了小康的国际定位。邓小平也阐述了小康建设对于中国发展与世界发展的意义所在，对于中国发展而言，小康建设有利于扩大国内市场，加强与外国的经济交往，改变贫穷落后的面貌，提高人民的生活水平；对于世界发展而言，小康建设使得中国有能力对第三世界的贫穷国家提供更多一点的帮助，但不会对国际市场产生什么威胁。

1983 年 3 月，邓小平在考察江苏、浙江、上海的发展之后，系统地阐述了小康社会的含义，总结了小康建设的基本经验，展望了小康建设的未来。邓小平当时考察的重点问题是，当人均工农业总产值接近 800 美元的水平（800~1000 美元为小康水平），整个社会是什么样子，解决了什么问题，发展前景是什么。在实地考察沿海发达地区之后，邓小平对小康社会的含义，有了新的认识与表述，提出了小康社会的六个方面的内涵，其一，解决了人民的吃穿用问题，基本生

---

①　邓小平：《中国本世纪的目标是实现小康》，载《邓小平文选》（第二卷），人民出版社，1994 年版，第 237 页。

活有保障；其二，解决了住房问题，人均达到 20 平方米以上；其三，解决了就业问题，基本上没有待业者；其四，农村的人口基本稳定下来，不再大规模向大城市流动；其五，普及中小学生教育，各项公共福利事业有能力安排；其六，人民的精神生活得到提高，犯罪行为大大减少。①邓小平在仔细考察江苏小康建设实践之后，总结了其成功的两点经验：其一是重视知识、重视知识分子，依靠上海的技术力量；其二是发展了中小企业，当时主要是乡镇企业（集体经济）。在如何加快小康建设问题上，邓小平还提出了加快经济协作区建设的建议。对于小康建设的未来，邓小平指出，希望很大，但要有具体规划，做到心中有数。

（二）提出小康建设两步走与基本现代化三步走

1982 年 9 月，党的十二大提出小康建设总目标（经济建设总目标）是全国工农业生产总值翻两番，"国民收入总额和主要工农业产品的产量将居于世界前列，整个国民经济的现代化过程将取得重大进展，城乡人民的收入将成倍增长，人民的物质文化生活可以达到小康水平。"②小康之路（经济建设战略部署）分两步走：前十年（1981—1990 年）打好基础，积蓄力量，创造条件；后十年（1991—2000 年）高速发展，经济振兴，达到小康。

小康建设为什么要分两步走？"十二大"报告指出了两点：其一，过去"左"倾错误导致"企业盲目发展、经济结构不合理、经济管理体制和分配制度有缺陷、经营管理混乱和生产技术落后"，经济结构的合理化调整需要一定的时间，合理化的经济管理制度与分配制度的建立需要一定的时间；其二，与经济的良性运行密切相关的基础设施建设与重大科技攻关需要一定的时间，"在八十年代，还必须在能源、交通等方面进行一系列必要的基本建设和一系列重大科技项目的'攻关'。"③

1987 年 3 月，邓小平提出了基本现代化三步走，1981 至 1990 年，国民生

---

① 邓小平：《视察江苏等地回北京后的谈话》，载《邓小平文选》（第三卷），人民出版社，1993 年版，第 24—25 页。

② 胡耀邦：《在中国共产党第十二次全国代表大会上的报告》，载"中国共产党历次全国代表大会数据库"（http://cpc.people.com.cn/GB/64162/64168/64565/65448/4526430.html）。

③ 胡耀邦：《在中国共产党第十二次全国代表大会上的报告》，载"中国共产党历次全国代表大会数据库"（http://cpc.people.com.cn/GB/64162/64168/64565/65448/4526430.html）。

产总值翻一番；第二步，从1991年到20世纪末，再翻一番；第三步，达到中等发达国家的水平。[①]1987年10月，党的十三大报告正式确认基本现代化三步走（经济建设战略部署三步走）为中国现代化战略。第一步是，从1980年到20世纪80年代末，实现国民生产总值翻一番，解决人民的温饱问题；第二步，到20世纪末，国民生产总值再增长一倍，人民生活达到小康水平；第三步，到21世纪中叶，人均国民生产总值达到中等发达国家水平，人民生活比较富裕，基本实现现代化。[②]

基本现代化为什么要分三步走？其一，中国现代化的起点很低，新中国建立之初，没有多少现代工业，人民生活极其贫困。改革开放之初，虽然初步有了一个独立自主的工业体系与国民经济体系，"四个现代化"有了一个基础，但人民的生活水平仍然很低，大部分农民没有解决吃饭问题，仍然陷于绝对贫困状态，我们首先要解决的是温饱问题，然后是小康问题，要实现现代化需要付出长期的艰苦的努力，欲速则不达，这是我们深刻吸取的历史教训。其二，中国现代化所需要的资源相对不足、资金严重短缺，需要我们长期积累资金，持续不断深化制度改革，持续不断推进市场制度创新，持续不断扩大对外开放，大量引进外资，特别是要长期充分利用国际市场上的资源与生产要素。

（三）提出"中国特色社会主义""社会主义初级阶段"与"社会主义本质"

1982年9月，邓小平在党的十二大开幕词中提出了"中国特色社会主义"理念，阐述了建设中国特色社会主义的思想。邓小平的核心思想是"把马克思主义的普遍真理同我国的具体实际结合起来，走自己的道路，建设有中国特色的社会主义"。[③]其根本依据是"总结长期历史经验"，因为我们很长时间照搬苏联模式，搞单一公有制，单一公家经营，单一计划经济，中国社会主义建

---

① 邓小平：《有领导有秩序地进行社会主义建设》，载《邓小平文选》（第三卷），人民出版社，1993年版，第212页。

② 赵紫阳：《在中国共产党第十三次全国代表大会上的报告》，载"中国共产党历次全国代表大会数据库"（http://cpc.people.com.cn/GB/64162/64168/64566/65447/4526368.html）

③ 邓小平：《中国共产党第十二次全国代表大会开幕词》，载《邓小平文选》（第三卷），人民出版社，1993年版，第3页。

设的历史实践表明："照搬照抄别国经验、别国模式，从来不能得到成功。"①
其理论依据是矛盾的普遍性与特殊性辩证关系原理，中国的社会主义建设的起
点、文化传统、制度传统、资源禀赋、民情风俗与别国不同，"中国的事情要
按照中国的情况来办，要依靠中国人自己的力量来办"，②但中国特色社会主
义建设是开放性建设，不排斥借鉴别国经验，不封闭自己，而是"注意学习和
借鉴外国经验"。③中国特色社会主义是四位一体的，包括理论体系（行动指南）、
制度（根本保障）、道路（必由之路）和文化（精神动力）。邓小平提出"中
国特色社会主义"，成为"新时期指明我们前进方向的基本口号"，④他创立
的中国特色社会主义理论（邓小平理论），是他留给中国共产党和中国人民"最
宝贵的财富"，⑤"最重要的思想和政治遗产"，⑥成为"中国共产党和中国人
民团结的旗帜、奋进的旗帜、胜利的旗帜"，⑦有助于中国自己的理论创新、
制度创新、道路创新、文化创新，有助于我们在理论创新、制度创新、道路创新、
文化创新之后重新树立理论自信、制度自信、道路自信与文化自信。

　　早在 1981 年由邓小平主持的《关于建国以来党的若干历史问题的决议》中
就开始使用"社会主义初级阶段"的概念。1982 年党的十二大报告再次使用了
这个概念。1987 年 10 月，党的十三大根据邓小平思想，系统地阐释了"社会
主义初级阶段"理论。这个理论包括社会主义初级阶段的提出原因、提出依据、

---

① 邓小平：《中国共产党第十二次全国代表大会开幕词》，载《邓小平文选》（第三卷），
人民出版社，1993 年版，第 2 页。
② 邓小平：《中国共产党第十二次全国代表大会开幕词》，载《邓小平文选》（第三卷），
人民出版社，1993 年版，第 3 页。
③ 邓小平：《中国共产党第十二次全国代表大会开幕词》，载《邓小平文选》（第三卷），
人民出版社，1993 年版，第 2 页。
④ 江泽民：《在邓小平同志追悼大会上的悼词》，载《江泽民文选》（第一卷），人民
出版社，2006 年版，第 632 页。
⑤ 胡锦涛：《在邓小平同志诞辰一百周年纪念大会上的讲话》，载《胡锦涛文选》（第
二卷），人民出版社，2016 年版，第 214 页。
⑥ 习近平：《努力开创中国特色社会主义事业更加广阔的前景》，载《习近平谈治国理
政》（第二卷），外文出版社，2017 年版，第 12 页。
⑦ 习近平：《紧紧围绕坚持和发展中国特色社会主义学习宣传贯彻党的十八大精神》，
载《习近平谈治国理政》（第一卷），外文出版社，2014 年版，第 8 页。

确切含义、历史时段、历史特点、中心任务、根本标准、指导思想等。对于何谓"社会主义初级阶段"，"十三大"报告给出了两条含义，"我国社会已经是社会主义社会。我们必须坚持而不能离开社会主义"；"我国的社会主义社会还处在初级阶段。我们必须从这个实际出发，而不能超越这个阶段。"为了避免对经典社会主义理论（经典社会主义理论认为社会主义应该建立在高度发达的资本主义之上，没有涉及社会主义初级阶段问题）的误解，"十三大"报告特别强调，社会主义初级阶段"不是泛指任何国家进入社会主义都会经历的起始阶段，而是特指我国在生产力落后、商品经济不发达条件下建设社会主义必然要经历的特定阶段"。① 这个历史阶段从社会主义改造基本完成到社会主义现代化基本实现（1956—2050年）。"十三大"报告也归纳了社会主义初级阶段的五个特点：摆脱贫穷、摆脱落后；由农业国变为工业国；由自然经济半自然经济占很大比重变为商品经济高度发达；通过改革和探索，建立和发展充满活力的社会主义经济、政治、文化体制；全民奋起，艰苦创业，实现中华民族伟大复兴。"社会主义初级阶段"理论的提出，成为"中国改革开放时期重要的指导思想和制定全部纲领、路线、方针、政策和重大决策的理论基础之一"，② 成为"建设中国特色社会主义"的总依据（"最大国情"），成为"改革开放和现代化建设取得成功的根本原因之一"。③

为什么我们要提出"社会主义初级阶段"理论？其一，由于"受苏联意识形态、制度模式、教条主义和'左倾'冒进思想的影响"，④ 我们的社会主义建设长期以来超越历史阶段。江泽民同志指出，"十一届三中全会前，我们在建设社会主义中出现失误的根本原因之一，就在于提出的一些任务和政策超越了社会主义初级阶段"，⑤ 过早消灭市场经济（过早实施全盘计划经济），过早消灭私有

① 赵紫阳：《在中国共产党第十三次全国代表大会上的报告》，载"中国共产党历次全国代表大会数据库"（http://cpc.people.com.cn/GB/64162/64168/64566/65447/4526368.html）。

② 于幼军：《邓小平的遗产》，外文出版社，2019年版，第151页。

③ 江泽民：《高举邓小平理论伟大旗帜，把建设有中国特色社会主义事业全面推向二十一世纪》，载《江泽民文选》（第二卷），人民出版社，2006年版，第13页。

④ 于幼军：《邓小平的遗产》，外文出版社，2019年版，第149页。

⑤ 江泽民：《高举邓小平理论伟大旗帜，把建设有中国特色社会主义事业全面推向二十一世纪》，载《江泽民文选》（第二卷），人民出版社，2006年版，第13页。

制（过早实施全盘公有制），过早消灭按劳分配制度（过早实施平均主义分配制度），实际上是过早失去利益驱动，结果是经济发展失去了根本动力，沦为"贫穷的社会主义"。正如"十三大"报告所分析的："过分单一的所有制结构（单一公有制）和僵化的经济体制（单一计划经济体制），以及同这种经济体制相联系的权力过分集中的政治体制，严重束缚了生产力和社会主义商品经济的发展。"其二，中国的社会主义建设不是建立在发达的资本主义经济基础之上的，与马克思主义经典作家的预言有相当大的差异，而是"脱胎于半殖民地半封建社会，生产力水平远远落后于发达的资本主义国家，这就决定了我们必须经历一个很长的初级阶段，去实现别的许多国家在资本主义条件下实现的工业化和生产的商品化、社会化、现代化"。其三，虽然中国经过三十多年的社会主义建设，但到改革开放初期，八亿农民还是普遍处于贫困之中，"基本上还是用手工工具搞饭吃；一部分现代化工业，同大量落后于现代水平几十年甚至上百年的工业，同时存在；一部分经济比较发达的地区，同广大不发达地区和贫困地区，同时存在；少量具有世界先进水平的科学技术，同普遍的科技水平不高，文盲半文盲还占人口近四分之一的状况，同时存在。"[1]

科学认识"社会主义本质"是认识社会主义"最为关键和重要"的要素，"决定了社会主义的社会性质、基本原则和发展方向"，抓住了社会主义要素中的主要矛盾。[2]1992年初，邓小平在"南方谈话"中阐述了"社会主义的本质"。邓小平谈"生产力标准"（解放生产力，发展生产力）与"共同富裕"（消除剥削，消除两极分化）由来已久，在20世纪70年末以来已经反复谈过多次，但把二者作为"社会主义的本质"却是出现在"南方谈话"之中。为什么？其一，20世纪80年代，虽然已经确定要以经济建设为中心，一心一意现代化，视之为当代中国"最大的政治"，任何时期都不能动摇，但现实情况是，以经济建设为中心反复受到各种政治运动的干扰，尤其是有人认为资本主义复辟会出现在经济领域，经济体制改革的方向有问题，对以经济建设为中心的改革思路反复质疑，不牢固树立"生产力标准"为"社会主义的本质"，就不能真正长期坚持以经

---

① 赵紫阳：《在中国共产党第十三次全国代表大会上的报告》，载"中国共产党历次全国代表大会数据库"（http://cpc.people.com.cn/GB/64162/64168/64566/65447/4526368.html）。

② 于幼军：《邓小平的遗产》，外文出版社，2019年版，第141页。

济建设为中心，党的基本路线就得不到真正落实。其二，经典的苏联社会主义模式把"计划经济"视为"社会主义的本质"，我们长期也认同这一点，但这种体制极大地抑制了生产力发展，导致出现"贫穷的社会主义"，而"贫穷不是社会主义"。为了解决农村的普遍贫困问题，20世纪70年代末80年代初，我们在农村首先启动市场经济体制建设。20世纪80年代中期以后，城市的市场经济体制建设也逐渐拉开了序幕，但是由于没有从根本上破除计划经济的"社会主义本质"属性，导致城市的市场经济体制建设陷入困境。因此，邓小平在"南方谈话"里不得不再次强调"计划和市场都是经济手段"，不是"社会主义的本质"。"南方谈话"旗帜鲜明地亮出了"社会主义的本质"是"生产力标准"与"共同富裕"。其三，改革开放以来，我们打破了平均主义"大锅饭"体制，真正落实按劳分配体制，提出了"从先富到共富"的新方法，允许生产要素与管理参与分配。首先在农村废除了人民公社体制，实施家庭联产承包责任制，鼓励农民搞专业户，搞多种经营，发展个体经济，创办乡镇企业，鼓励农民发家致富，接着在城市也搞承包责任制，鼓励城市个体经济发展，允许城市私营经济存在，同时鼓励沿海地区大胆试、大胆闯，走在改革开放的前列，率先富裕起来。但让一部分人、一部分地区率先富裕起来只是经济发展的方法，而最终目的是"共同富裕"，不能让大家在"鼓励先富起来"的发展之中迷失了"共同富裕"的方向与本质，造成社会两极分化，因此"南方谈话"要把"共同富裕"列为"社会主义的本质"。邓小平的社会主义本质论"突破了传统社会主义观主要从社会关系和社会制度上认识和把握什么是社会主义的标准与观念的束缚，创立了一种通过发展生产力达到共同富裕为核心的崭新的社会主义观"，[①]形成了邓小平理论的核心支柱，成为中国特色社会主义理论体系的核心思想，为中国小康建设、社会主义现代化建设、中华民族的伟大复兴奠定了坚实的理论基础。

（四）提出党的基本路线与"三个有利于"标准，确立了小康建设（改革开放）的是非标准

1987年10月，党的十三大根据邓小平思想，完整概括了党在社会主义初

---

① 于幼军：《邓小平的遗产》，外文出版社，2019年版，第147页。

级阶段的基本路线（即"建设有中国特色的社会主义的基本路线"）："领导和团结全国各族人民，以经济建设为中心，坚持四项基本原则（坚持社会主义道路、坚持人民民主专政、坚持中国共产党的领导、坚持马克思列宁主义和毛泽东思想），坚持改革开放，自力更生，艰苦创业，为把我国建设成为富强、民主、文明的社会主义现代化国家而奋斗。"简要的概括就是"一个中心（以经济建设为中心），两个基本点（坚持四项基本原则，坚持改革开放）"。这个思想早在1978年党的十一届三中全会就开始形成，党的十一届三中全会把党的工作重心转移到经济建设上来，做出了实行改革开放的伟大决策，并针对拨乱反正过程中出现的错误思潮，旗帜鲜明地提出了必须坚持四项基本原则。党的"十三大"对"一个中心，两个基本点"做出了合乎逻辑的辩证联系和系统概括。"一个中心，两个基本点"的辩证关系是，四项基本原则是立国之本，改革开放是强国之路，二者相互贯通，相互依存，统一于中国特色社会主义实践之中。"十三大"报告强调，既不要以僵化观点看待四项基本原则，也不要以自由化观点看待改革开放。党在社会主义初级阶段基本路线的确立，为改革开放、小康建设、中国特色社会主义建设明确了方向，偏离了这个方向，只能是"死路一条"，"就会被打倒"，"基本路线要管一百年，动摇不得"。①

1992年初，邓小平在"南方谈话"中，针对有些人对改革开放的根本方向（"怕资本主义"）进行怀疑，提出了判断改革开放是非（也是判断小康建设是非）的"三个有利于"标准："应该主要看是否有利于发展社会主义社会的生产力，是否有利于增强社会主义国家的综合国力，是否有利于提高人民的生活水平。"②"生产力""综合国力""人民的生活水平"三者，归根结底就是要牢固树立"生产力标准"。邓小平深刻地认识到，"贫穷不是社会主义"，"发展太慢也不是社会主义"，"发展是硬道理"，"中国一定要发展"，"生产力要以适当的深度持续增长"，"人民生活要在生产发展的基础上一步步改善"，③社会

---

① 邓小平：《在武昌、深圳、珠海、上海等地的谈话要点》，载《邓小平文选》（第三卷），人民出版社，1993年版，第371—372页。

② 邓小平：《在武昌、深圳、珠海、上海等地的谈话要点》，载《邓小平文选》（第三卷），人民出版社，1993年版，第372页。

③ 邓小平：《我们有信心把中国的事情做得更好》，载《邓小平文选》（第三卷），人民出版社，1993年版，第327页。

主义的中心任务是解放生产力，发展生产力，社会主义的生产力要比资本主义的生产力发展更快。为什么邓小平如此强调"生产力标准"？其一，解放生产力，发展生产力是"社会主义的本质"之一，这是真正坚持唯物史观的表现；其二，人民的幸福要建立在"共同富裕"的经济基础之上，生产力发展是解决民生问题的关键；其三，中华民族伟大复兴要建立在实现现代化的基础之上，一心一意现代化是中华民族伟大复兴的根本保障。"三个有利于"标准提出以来，"一直成为指导中国改革开放沿着社会主义方向道路前进的根本指针和标准"。[①]

（五）提出开发扶贫战略，解决了温饱问题

开发扶贫是改革开放以来确定的扶贫战略，这个扶贫战略，以市场经济为基础，以扶贫对象为主体，以解决绝对贫困为起点，以产业开发为重点，旨在通过国家与社会力量的帮助，激活扶贫对象内在的积极性，引导扶贫对象由贫困走向富裕。20世纪80年代，中央开始改变过去的救济式扶贫战略，改为开发式扶贫战略。1980年，为了支持深度贫困地区发展，国家设立了"支援经济不发达地区发展基金"。"1982年开始的三西（定西、河西、西海固）地区扶贫开创我国有组织、有计划、大规模减贫行动之先河。"[②]1984年国家实施"以工代赈"，决定以大规模基础设施建设来进行扶贫。1986年国务院贫困地区经济开发领导小组（1993年更名为国务院扶贫开发领导小组）成立，明确"开发扶贫"的指导方针，启动大规模减贫计划，划定了18个集中连片贫困地区。

国家为什么要在20世纪80年代提出"开发扶贫"的发展战略？其一，"救济式扶贫"，无法培育解决贫困问题的内生动力，解决不了中国严重的、普遍的贫困问题；其二，改革开放的经济方向就是走向社会主义市场经济，"开发式扶贫"符合社会主义市场经济的发展方向；其三，"救济式扶贫"只会不断增加国家的财政负担，扶贫效果却并不明显，而"开发式扶贫"把扶贫与扶智、扶志结合，以产业扶贫为主，既量力而行，有助于减轻国家的财政负担，同时也面向市场经济，能够取得可持续的扶贫效果。

经过20世纪80年代的改革开放与经济建设，我们解决了温饱问题，农村

---

① 于幼军：《邓小平的遗产》，外文出版社，2019年版，第146页。

② 习近平：《在深度贫困地区脱贫攻坚座谈会上的讲话》，人民出版社，2017年版，第11页。

的绝对贫困问题大为缓解，圆满完成了小康建设第一阶段的任务，为小康建设第二阶段的顺利开展打下了一个良好的基础。邓小平欣喜地观察到，"中国最大的变化在农村"，"现在农村面貌一新，百分之九十的人生活改善了。还有百分之十的人生活差一些，但也不难解决。"①改革开放以来，为什么中国可以迅速解决温饱问题？其一，国家开始以经济建设为中心，致力于解决温饱问题，明确把解决温饱问题确立为小康建设第一阶段的任务；其二，改革开放第一阶段的重点是农村，目标就是解决农村的温饱问题，鼓励农民发家致富，为此实施家庭联产承包责任制，启动农村市场经济，鼓励多种经营，允许发展专业户，鼓励发展个体经济，鼓励发展合作经济，鼓励创办乡镇企业，允许私营经济存在，允许农民进城创业与服务，这些举措的实施充分调动了农民的创业与就业的积极性；其三，实施对外开放，鼓励沿海发展外向型经济，鼓励沿海大力发展乡镇企业，鼓励一部分地区一部分人先富起来，使得沿海地区率先解决温饱问题，开始步入小康社会。

二、小康理论的发展（1992—2002 年）

1992—2002 年，这一历史时期是小康理论的发展期，为何这样说？因为这一时期以江泽民为核心的中央领导集体提出了"八七扶贫攻坚计划"，解决了"总体小康"问题，为"全面小康"打下了坚实的基础；提出了建设社会主义市场经济体制的目标与任务，初步建立了社会主义市场经济体制的框架，为小康建设找到了根本方法；提出了西部大开发的目标与方法，为西部地区踏上全面小康之路开辟了道路；提出了科教兴国战略与可持续发展战略，为小康建设提供了新的发展动力；提出"全面建设小康社会"的目标与含义，为到 2020 年"全面建成小康社会"引领了根本方向。

（一）提出"八七扶贫攻坚计划"，解决"总体小康"问题

"八七扶贫攻坚计划"，是于 1994 年 4 月提出来的，这是中国历史上第一个有明确目标、明确对象、明确措施与明确期限的扶贫开发国家战略与行动纲领。

---

① 邓小平：《政治上发展民主，经济上实行改革》，载《邓小平文选》（第三卷），人民出版社，1993 年版，第 117 页。

所谓"八七扶贫攻坚计划"就是要用七年时间（1993—2000 年），解决 8000 万贫困人口的温饱问题。为什么要提出"八七扶贫攻坚计划"？其一，20 世纪 90 年代进入小康建设第二阶段，小康建设第二阶段的重点任务是，"要基本消除贫困现象，人民生活达到小康水平"。[①]但当时中国还有 8000 万贫困人口需要解决温饱问题，还有 2000 多万人刚刚解决温饱问题，收入低而不稳定，巩固温饱的任务也很艰巨，这都是小康建设需要优先解决的问题，必须在 2000 年之前完成，时间非常紧迫。其二，绝对贫困人口主要集中在地域偏远、交通闭塞、生态条件恶劣地区，如深山区、石山区、荒漠区、高寒山区、黄土高原区、地方病高发区和水库移民区，这是扶贫工作的硬骨头，极为难啃，"八七扶贫攻坚计划"的针对性就在这里。

20 世纪 90 年代，通过大力推进社会主义市场经济体制建设，鼓励民营经济发展，鼓励乡镇企业进一步发展，国企改革"抓大放小"，建立现代企业制度，实施"八七扶贫攻坚计划"，实施"西部大开发"，进行面向社会主义市场经济的社保体制建设，推进科教兴国战略与可持续发展战略，解决了"总体小康"问题。

（二）提出建设社会主义市场经济体制的目标与任务

1992 年 10 月，党的十四大正式提出建设社会主义市场经济体制的改革任务。社会主义市场经济理论是由邓小平创立的，社会主义市场经济理论是"邓小平理论体系中，对传统社会主义学说造成重大冲击，在科学社会主义学说史最具创新意义和指导实践价值的观点"。[②]从 1979 年 11 月邓小平提出社会主义市场经济理念，到 1992 年初邓小平在"南方谈话"中对社会主义市场经济理论"一锤定音"，这 12 年来，市场经济与社会主义基本制度能否结合在一起，认识上经历了反复争论与不断深化。最终党的十四大接受了社会主义市场经济理论，并正式把建设社会主义市场经济体制作为经济体制改革的目标。

为什么社会主义市场经济理论的创立如此艰难？首先，社会主义市场经济理论与经典的社会主义理论（马列主义）差距太大，经典的社会主义理论预言

---

① 江泽民：《为实现八七扶贫攻坚计划而奋斗》，载《江泽民文选》（第一卷），人民出版社，2006 年，第 549 页。

② 于幼军：《邓小平的遗产》，外文出版社，2019 年版，第 156 页。

的社会主义是"不再存在商品、货币和商品交换，也就不需要、不存在商品生产和市场关系，只需实行计划经济"。① 其次，社会主义市场经济理论与经典的社会主义模式（苏联模式）、经典的社会主义制度（苏联制度）差距太大，苏联模式与苏联制度完全是单一计划经济体制。以上两点对中国的社会主义制度建设影响太大，我们基本上按照这一思路与模式建立起中国的社会主义制度，要改变这一成型的制度必然要进行认识领域的长期较量。

党的十四大对社会主义市场经济体制建设的目标、含义、特征、任务（方法）做了详细的说明。中国经济体制改革的目标就是"建立社会主义市场经济体制"。社会主义市场经济体制建设的含义就是"要使市场在社会主义国家宏观调控下对资源配置起基础性作用"。② 社会主义市场经济体制的特征，在所有制结构上，是以公有制为主体，多种经济成分平等竞争，长期共同发展，多种经济成分可以自愿联合；在分配制度上，以按劳分配为主体，多种分配方式并存，既合理拉开收入差距，又要防止两极分化，逐渐实现共同富裕；在宏观调控上，发挥计划（政府）与市场两种手段的长处，更新计划观念（合理确定战略目标），改进计划方法（发展预测、总量控制、结构与布局规划、综合利用经济杠杆）。社会主义市场经济体制建设的任务主要是转化国有企业经营机制，加快市场体系培育，深化分配制度与社保制度改革，加快政府职能转变。

（三）提出西部大开发战略

1999年6月，以江泽民为核心的中央领导集体提出西部大开发战略，明确了西部大开发的实施原因、含义、意义、目标、方法。西部大开发的含义是，"不是小打小闹，而是在过去发展的基础上经过周密规划和精心组织，迈出更大的开发步伐，形成全国推进的新局面"。③ 西部大开发的意义是，改善西部地区的生态环境，加快西部地区发展，加快西部地区小康建设进程，为西部地区社会稳定、民族关系和谐提供经济基础，确保国民经济持续快速健康发展，确保

① 于幼军：《邓小平的遗产》，外文出版社，2019年版，第158页。

② 江泽民：《加快改革开放和现代化建设步伐，夺取有中国特色社会主义事业的更大胜利》，载《江泽民文选》（第一卷），人民出版社，2006年版，第226页。

③ 江泽民：《不失时机地实施西部大开发》，载《江泽民文选》（第二卷），人民出版社，2006年版，第342页。

全国小康建设如期完成，为东部地区寻找新的发展空间。西部大开发的目标是确保西部地区的小康、稳定与现代化的实现。

为什么要实施西部大开发？西部地区生态环境恶劣，民族关系复杂，经济发展落后，人民生活困难，必须逐步缩小西部地区与东部、中部地区的发展差距，实现西部地区小康、稳定、可持续发展，全国经济社会协调发展，最终达到全体人民共同富裕；落实邓小平关于"两个大局"（中西部地区顾全东部沿海地区率先发展的大局；东部沿海地区顾全帮助中西部发展的大局）的重要思想，让东部沿海地区拿出更多力量帮助中西部地区发展；在全国建立统一的市场经济体制，让生产要素可以顺畅流入西部。西部大开发的主要举措是国家通过转移支付加大对西部地区的支持力度，国家引导国内外资金投入西部大开发，把基础设施建设、生态环境保护、水资源的开发利用、教育科学普及、特色产业开发、实用技术推广等放在突出位置。

（四）提出科教兴国战略与可持续发展战略

1995 年 5 月，江泽民在全国科学大会上提出明确提出要实施科教兴国战略。阐述了科教兴国战略实施的背景、原因、意义、含义、方法。科教兴国的含义是，"全面落实科学技术是第一生产力的思想，坚持教育为本，把科技和教育摆在经济社会发展的重要位置，增强国家的科技实力及向现实生产力转化的能力，提高全民族的科技文化素质，把经济建设转到依靠科技进步和提高劳动者素质的轨道上来，加速实现国家繁荣强盛。"[①] 为什么要实施科教兴国战略？因为科学技术是生产力，而且是第一生产力，要顺利完成小康建设，实现基本现代化三步走，根据历史经验与我国现实需求，就必须实施科教兴国战略。实施科教兴国战略必将大大提高中国经济发展的质量和水平，使生产力有一个新的解放和更大的发展。如何实施科教兴国战略，科学技术与经济发展必须密切结合，经济发展要转到主要依靠科学技术创新的轨道上来，科学技术的中心任务必须是服务于经济发展，科学技术要为解决经济发展的难点、热点和重点问题服务；科学技术的基础研究与高新技术研究要结合，科学技术研究的近期目标与长远

---

① 江泽民：《实施科教兴国战略》，载《江泽民文选》（第一卷），人民出版社，2006年版，第 428 页。

目标要结合，科学技术的自主研发与引进要结合，科学技术进步的市场机制与宏观管理要结合，自然科学与社会科学要结合；科教兴国战略的重点是人才，科学技术的发展与教育的发展要密切结合，培育人才与引进人才要结合；国家要多渠道加强对教育与科技的投入，高度重视教育，各级领导干部要尊重人才，善于发现人才、管理人才、使用人才。

可持续发展的思想最早源于环境保护，在联合国"可持续发展"理念的影响下，1993年中国开始制定可持续发展战略。1995年江泽民在《正确处理社会主义现代化建设中的若干关系》中强调："在现代化建设中必须把实现可持续发展作为一个重大战略。"[1]可持续发展的根本含义是，经济发展必须考虑未来的发展，在资源利用与环境保护方面进行有效控制，建立资源节约型与环境友好型社会。如何实施可持续发展战略？牢固树立可持续发展的思想，明确保护环境就是保护生产力，改善环境就是发展生产力，坚定不移地走可持续发展之路；实施最严格的环境保护制度，严厉禁止破坏环境，严格控制环境污染；节约利用资源能源，尽量减少不可再生资源能源的使用，开发可持续利用的新资源新能源；经济发展走绿色发展、低碳发展、循环发展之路；生活方式绿色化、低碳化、无污染化。

（五）提出"全面建设小康社会"的目标与含义

2002年11月，党的十六大正式提出全面建设小康社会的含义与目标。全面建设小康社会的含义是："在本世纪（21世纪）头二十年，集中力量，全面建设惠及十几亿人口的更高水平的小康社会，使经济更加发展、民主更加健全、科教更加进步、文化更加繁荣、社会更加和谐、人民生活更加殷实。"[2]全面建设小康社会的目标是：到2020年国内生产总值比2000年翻两番，基本实现工业化，建成完善的社会主义市场经济体制，社会保障体系比较健全，综合国力和国际竞争力明显增强；社会主义民主法制建设更加完善，人民权益得到切实保障；基本普及高中教育，全民族的思想道德素质、科学文化素质、健康素

---

① 江泽民：《正确处理社会主义现代化建设中的若干重大关系》，载《江泽民文选》（第一卷），人民出版社，2006年版，第463页。

② 江泽民：《全面建设小康社会，开创中国特色社会主义事业新局面》，载《江泽民文选》（第三卷），人民出版社，2006年版，第543页。

质明显提高；可持续发展能力不断增强，资源利用效率显著提高。

如何全面建设小康社会？最根本的是坚持以经济建设为中心，不断解放和发展社会生产力，走新型工业化道路，大力实施科教兴国战略和可持续发展战略，全面繁荣农村经济，加快城镇化进程，积极推进西部大开发，促进区域经济协调发展，坚持和完善基本经济制度，深化国有资产管理体制改革，健全现代市场体系，加强和完善宏观调控，深化分配制度改革，健全社会保障体系，坚持"引进来"和"走出去"相结合，全面提高对外开放水平，千方百计扩大就业，不断改善人民生活。此外，还要发展社会主义民主政治，建设社会主义政治文明，大力发展社会主义文化，建设社会主义精神文明，建设巩固国防，维护世界和平，推动共同发展，毫不放松加强和改善党的领导，全面推进党的建设新的伟大工程。全面建设小康社会目标的提出，为小康建设的深入发展，为基本现代化三步走的第三步建设目标的实现，提供了清晰的方向性引导，成为 21 世纪头二十年中国发展的指导思想。

三、小康理论的成熟（2002—2012 年）

2002 年至 2012 年，是小康理论的成熟期，为何这样说？因为这一时期以胡锦涛为核心的中央领导集体提出了全面建成小康社会的新要求与全面建成小康社会的目标；提出了从"四位一体"到"五位一体"的战略布局，为科学发展（全面发展）、全面小康建设开辟了道路；提出了"建设社会主义新农村"与"走中国特色城镇化道路"，为农村全面小康建设与城镇全面小康建设开辟了道路；提出了"区域发展总体战略"与"城乡一体化"，为协调发展（区域协调、城乡协调）开辟了道路，让小康一个地区也不能少；提出了"建设创新型国家"与"走中国特色自主创新道路"，为根本转变经济发展方式，全面建成小康社会开辟了道路。

（一）提出全面建设小康社会的新要求与全面建成小康社会的目标

2007 年 10 月，党的十七大提出实现全面建设小康社会奋斗目标的新要求。这个新要求建立在 2002 年 11 月党的十六大的小康目标基础上，有所继承、调整与创新。继承方面，基本实现工业化，建设完善的社会主义市场经济体制，大幅度提高城镇人口比重，落实依法治国方略，社会主义民主与法制建设更加健全，形成比较完善的国民教育体系，生态环境质量明显改善等。调整方面，"国内生产总值翻两番"调整为"人均国内生产总值翻两番"，"社会保障体系比较健全"调整为"覆盖城乡居民的社会保障体系基本建立"，"可持续发展能力不断增强"调整为"建设生态文明，基本形成节约能源资源和保护生态环境的产业结构、增长方式、消费模式"。增加了：转变发展方式取得重大进展，进入创新型国家行列，新农村建设取得重大进展，形成消费、投资、出口协调拉动的增长格局，基本形成城乡、区域协调互动的发展机制和主体功能区布局，社会主义核心价值体系深入人心，基本建立覆盖全社会的公共文化服务体系，绝对贫困现象基本消除，人人享有基本生活保障，人人享有基本医疗卫生服务，循环经济形成较大规模，可再生能源比重显著上升，主要污染物排放得到有效控制，生态文明观念在全社会牢固树立。相对于"十六大"的小康目标，"十七大"的小康新要求显著强调了社会建设与生态文明建设，经济建设之中显著增加了创新型国家建设与新农村建设，文化建设之中显著增加了社会主义核心价值观建设与公共文化服务体系建设。为了保障小康目标新要求的实现，"十七大"提出的重大举措是：提高自主创新能力，建设创新型国家，加快转变经济发展方式，推动产业结构优化升级，统筹城乡发展，推进社会主义新农村建设，加强能源资源节约和生态环境保护，增强可持续发展能力，完善基本经济制度，健全现代市场体系，深化财税金融等体制改革，完善宏观调控体系，拓展对外开放的广度与深度，提高开放型经济水平，促进国民经济又好又快发展。此外，还要坚定不移发展社会主义民主政治，推动社会主义文化大发展大繁荣，加快推进以改善民生为重点的社会建设，开创国防和军队现代化的新局面，走和平与合作的发展道路等。

2012 年 11 月，党的十八大提出全面建成小康社会的目标与举措。相对于"十七大"的全面建设小康社会新要求，"十八大"的全面建成小康社会目标进行了继承、调整与创新，继承方面，表现在：转变经济发展方式取得重大进展，2020 年实现国民生产总值比 2010 年翻一番，进入创新型国家行列，工业化基本实现，区域协调发展基本形成，社会主义核心价值体系深入人心，公共文化服务体系基本建成，社会保障全民覆盖，人人享有基本医疗卫生服务，主体功能区布局基本形成。调整方面，表现在："社会主义新农村建设取得重大进展"调整为"农业现代化和社会主义新农村建设成效显著"，"依法治国方略深入落实"

调整为"依法治国方略全面落实"，"法治政府建设取得新成效"调整为"法治政府基本建成"，"文化产业占国民经济比重明显提高"调整为"文化产业成为国民经济支柱性产业"，"建设生态文明"调整为"资源节约型、环境友好型社会建设取得重大进展"。创新方面，增加了：城乡居民人均收入 2020 年比 2010 年翻一番，信息化水平大幅提高，对外开放水平进一步提高，中华文化走出去迈出更大步伐，社会主义文化强国建设基础更加坚实，基本公共服务均等化总体实现，进入人才强国和人力资源强国行列，教育现代化基本实现，住房保障体系基本形成，资源循环利用体系初步建立，森林覆盖率提高，生态系统稳定性增强，人居环境明显改善。为了保障全面建成小康社会目标的实现，"十八大"提出了全面深化经济体制改革，加快完善社会主义市场经济体制，实施创新驱动发展战略，加快转变经济发展方式，推进经济结构战略性调整，推动城乡一体化，全面提高开放型经济水平。此外，还要坚持走中国特色社会主义政治发展道路，推进政治体制改革，扎实推进社会主义文化强国建设，在改善民生和创新管理中加强社会建设，大力推进生态文明建设，加快推进国防和军队现代化，促进和平发展等。

（二）致力于全面发展，提出从"四位一体"到"五位一体"的战略布局

2007 年 10 月，党的十七大提出"四位一体"的战略布局，在党的十六大提出的"三位一体"战略布局的基础上增加了社会主义和谐社会建设。为什么要增加社会主义和谐社会建设？社会主义的本质是发展生产力和实现共同富裕，实现共同富裕落实在社会建设上，就是要构建社会主义和谐社会，"和谐社会是中国特色社会主义的本质属性"，[①] 构建社会主义和谐社会，是全面建设小康社会的现实需求，也是中国特色社会主义建设的长远目标，是中国共产党从中国特色社会主义事业总体布局和全面建设小康社会全局出发提出的重大战略任务。2004 年 9 月，中共十六届四中全会明确提出构建社会主义和谐社会的重大战略任务。如何推进社会主义和谐社会建设？促进社会和谐的物质基础是以

---

① 胡锦涛：《社会和谐是中国特色社会主义的本质属性》，载《胡锦涛文选》（第二卷），人民出版社，2016 年版，第 521 页。

经济建设为中心，以自主创新以动力，推动经济又快又好发展；促进社会和谐要突出重点，着力解决人民最关心最直接最现实的利益问题，基本消除绝对贫困，基本形成终身教育体系，完善现代国民教育体系，分配结构合理，建设覆盖全民的社会保障体系（基本生活、养老、医疗、住房、就业、教育）；促进社会和谐要深化改革，建立健全促进社会和谐的制度保障；促进社会和谐要加强领导，有重点分步骤持续推进社会主义和谐社会建设。

2007年10月，党的十七大已经提出生态文明建设的目标，但还没有纳入"四位一体"的总体布局。2012年11月，党的十八大提出"五位一体"的战略布局，在"十七大"确定的"四位一体"战略布局基础上，正式纳入了生态文明建设。为什么要增加生态文明建设？主要是为了进一步突出生态文明建设的地位与作用，"要站在中国特色社会主义全面发展和中华民族永续发展的高度"，[1] 让全社会更加牢固树立"尊重自然、顺应自然、保护自然"的生态文明理念，让"绿色发展、循环发展、低碳发展"的绿色生产方式与生活方式能够深入人心，推动经济发展方式根本转型，增强中华民族的生态危机意识，让中华民族得到永续发展。如何推进生态文明建设？加快实施主体功能区战略，优化国土空间开发结构，全面促进资源节约，推动资源利用方式根本转变，加大生态环境保护力度，实施重大生态修复工程，增强生态产品供给能力。

（三）致力于城乡发展，提出"建设社会主义新农村"与"走中国特色城镇化道路"

2005年10月，中共十六届五中全会明确提出"建设社会主义新农村"。这次新农村建设与以往新农村建设的不同之处在于，这次选择的时机是在全面建设小康社会之际，国家有了足够的财力与科技力量，社会有了广泛的共识，国家不仅大大加强了投入的力度，而且动员全社会广泛参加。为什么要进行新农村建设？要全面建成小康社会，首先必须在农村全面建成小康社会，没有农民的小康，就没有全国人民的小康；经过改革开放以来近三十年的发展，国家已经具备足够的财力与科技力量来支持新农村建设；经过新中国成立以来半个

---

① 胡锦涛：《把生态文明建设纳入中国特色社会主义事业整体布局》，载《胡锦涛文选》（第三卷），人民出版社，2016年版，第610页。

多世纪的工业化建设，以工业大力支持农业的时机已经到来；经过改革开放以来的城镇化建设，城市已经具备支持乡村建设的动力、人力、财力与科技能力；"小康不小康，关键看老乡"，全社会已经具有要解决"三农"问题的共识。如何进行新农村建设？加强农村的生产与生活方面的基础设施建设，提高农业生产的现代化水平，优先解决农民的饮水、道路、能源、电力、通讯、教育、环境、卫生等急需要解决问题，切实提高农民的生活质量；加强农村的市场经济制度建设，形成城乡一体化、全国一体化的商品与要素市场；加强农村社会保障制度建设，让农民能够享有社会救助、基本生活、医疗、住房、养老等方面的保障；加快转变农业发展方式，发展高产、优质、高效、生态、安全农业，走中国特色农业现代化道路；完善和强化对农民的直接补贴政策，加大对农村的扶贫开发力度，消灭农民的绝对贫困。

新农村建设要与中国特色城镇化道路互动发展。所谓中国特色城镇化道路，就是充分考虑中国的人口众多、资源紧缺、环境脆弱、地区差异大的基本国情，走一条资源节约、环境友好、经济高效、社会和谐的城镇化道路。为什么要走中国特色城镇化道路？首先是增强消费驱动、进一步扩大内需的需要。进入21世纪，中国的城镇化建设必须与市场化、工业化协调发展，解决长期不协调的问题。其次是更好地解决"三农"问题的需要。"三农"问题的根本解决与最终解决有赖于中国特色城镇化道路的成功。最后是更好地配置资源和生产要素的需要。建设社会主义市场经济目的是在全国范围内配置资源与生产要素，中国特色城镇化道路要与之相适应。如何走中国特色城镇化道路？走中国特色城镇化道路要坚持城镇化与人口、资源、环境相协调，合理利用资源，保护好自然与人文环境，走可持续发展、集约式发展的城镇化道路；走中国特色城镇化道路要坚持城镇化与经济社会发展水平、市场发育水平相适应，充分发挥市场对城镇化的推动作用，注重经济社会综合效益；走中国特色城镇化道路要坚持各类城市协调发展，引导乡镇企业向城镇集聚，因地制宜制定城镇化战略，形成合理的城镇化结构，走多样化的城镇化道路；走中国特色城镇化道路要逐步消除阻碍城镇化发展的体制性障碍，完善户籍管理、就业、工资、教育、医疗、社保、住房、土地、劳动力等方面的制度体系，形成集约利用生产要素的制度，形成有利于城乡一体化的制度，形成有利于共同富裕的制度。

（四）致力于协调发展，提出"区域发展总体战略"与"城乡一体化"

协调发展指的是区域协调发展与城乡协调发展。区域协调发展包括：鼓励东部地区率先发展（支持东部沿海地区加快对外开放）、实施西部大开发、振兴东北地区等老工业基地、促进中部地区崛起，形成区域良性互动的发展格局。协调发展源于邓小平的"两个大局"的重要思想。20世纪80年代开启的东部率先发展，20世纪90年代开启的西部大开发，已经拉开了协调发展的序幕。以胡锦涛为核心的中央领导集体，在继续实施前两者的基础上，进一步提出振兴东北地区等老工业基地、促进中部地区崛起，正式确立了"区域发展总体战略"。

东北地区等老工业基地曾经是中国的重工业基地，在改革开放之前形成独立完整的工业体系和国民经济体系方面发挥了重大作用。但改革开放以来，随着整个国家产业结构的调整和资源消耗环境约束条件的变化，"老工业基地的体制性、结构性矛盾日益凸显"，[①] 东北地区等老工业基地有所衰弱。如何重新振兴东北地区等老工业基地？要面向市场，充分发挥市场经济的推动作用，大力改变思想观念，强化制度创新，大力发展非公有制经济，切实改变高成本、高消耗、高污染的发展模式，推动产业结构优化升级，走新型工业化道路，推动资源型城市转型，大力发展现代农业、战略性新兴产业与服务业，培育新的支柱产业与优势产业，走中国特色城镇化道路。

中部地区是我国重要的农产品生产基地和能源基地、重要的原材料基地，但相对于东部地区而言，其发展落后了。如何促进促进中部地区崛起？抓住东部地区产业向中部地区转移的机遇，抓住国家进行西部大开发和新农村建设的机遇，抓住国家不断扩大开放的机遇，抓住国家大力推进基础设施建设的机遇，与东部、西部互动发展，积极参与西部大开发，积极参与国家扩大开放，积极参与东部经济融合，大力发展能源原材料基地建设、粮食主产区建设，大力发展劳动密集型产业，积极发展先进制造业与高新技术产业，大力发展非公有制经济，加强综合交通运输体系建设，积极建设中部城市群。

城乡一体化指的是城乡资源、生产要素能够自由流动，城乡公共服务、社会保障可以打通。过去，在计划经济体制下，城乡发展是二元的，不仅导致严

---

① 胡锦涛：《振兴东北地区等老工业基地》，载《胡锦涛文选》（第二卷），人民出版社，2016年版，第163页。

重的城乡差距，而且导致资源与生产要素不能合理利用，既不利于经济发展，也不利于消除城乡分化。协调发展，不仅要协调区域发展，也要协调城乡发展。进入 21 世纪，市场经济体制建设逐渐完善，在这种背景下，城乡一体化也在加速，城乡一体化本身也是社会主义市场经济体制走向完善与成熟的一个重要表现。为了从根本上解决"三农"问题，为了增强城市发展的后劲，必须大力推动城乡一体化。如何推进城乡一体化？构建城乡一体化的制度，打通城乡基础设施、公共服务、社会保障，让三者在城乡之间可以互联互通；构建全国一体的市场经济体制，让城乡生产要素与资源可以自由流动；加速农村富余劳动力向城镇转移，鼓励乡镇企业向城镇集中，形成优势互补、分工合作、集群发展的合理化城镇结构，走中国特色城镇化道路。

（五）致力于创新发展，建设创新型国家，走中国特色自主创新之路

创新发展是国家发展的根本动力。所谓创新型国家，简要地说，就是拥有自主创新能力的国家，即经济发展主要依靠创新驱动的国家。创新包括理论创新、制度创新、科技创新、管理创新、文化创新等一系列的创新活动，其中科技创新是核心能力，因为科技是第一生产力。早在 20 世纪 80 年代，我们就树立了科学技术是第一生产力的重要思想，确定科技与教育为推动经济发展的决定性因素。20 世纪 90 年代，我国形成科教兴国战略。进入 21 世纪，我们进一步提出要建设创新型国家，把进入创新型国家行列列为到 2020 年的全面小康目标。为什么要建立创新型国家？创新是经济发展的根本动力，"自主创新能力是国家竞争力的核心"，"一个国家只有拥有强大自主创新能力，才能在激烈的国际竞争中把握先机、赢得主动，特别是在关系国民经济命脉和国家安全的关键领域，真正的核心技术、关键技术是买不来的，必须依靠自主创新。"[①] 在一个经济全球化的时代，只有提高国家与企业的创新能力，才能提高国家与本国企业在全球市场的竞争能力。中国加入 WTO 以来，面临更加激烈的全球竞争环境，必须强化自主创新能力。

走中国特色自主创新之路，是建设创新型国家的根本途径。如何走中国特

---

① 胡锦涛：《建设创新型国家》，载《胡锦涛文选》（第二卷），人民出版社，2016 年版，第 404 页。

色自主创新之路？发挥"天行健，君子以自强不息""苟日新、日日新、又日新"的中华创新文化精神，形成有利于创新的制度环境、社会环境与文化环境，构建有利于创新的制度体系（国家引导，市场主导、企业主体），达成创新驱动的社会共识（牢固树立创新是第一动力、人才是第一资源的思想），大力培育创新文化（培育全社会的理论创新、学术创新、知识创新、制度创新、文化创新、科技创新、管理创新意识），加强原始创新、集成创新和引进消化吸收再重新，坚持在关系国计民生和国家安全的关键领域（信息、智能、环保、生命、海洋、航天、新材料、新能源等）重点跨越，着力突破重大关键技术和共性技术，超前部署前沿技术和基础研究。

四、小康理论的终结（2012—2020 年）

2012 年至 2020 年，为小康理论的终结期，为何这样说？因为这一时期以习近平同志为核心的中央领导集体提出了"决胜全面建成小康社会"的目标与举措，进而提出了未来三十年中国现代化（基本现代化与现代化强国）建设的目标；提出了发挥市场在资源配置中的决定性作用，更好地发挥政府作用；提出了"新发展理念"，实施供给侧结构性改革；提出了"精准扶贫"与"乡村振兴"的目标与方法；倡议共建"一带一路"与"人类命运共同体"。

（一）提出"决胜全面建成小康社会"的目标与举措，提出未来三十年现代化建设的目标

2017 年 10 月，党的十九大提出"决胜全面建成小康社会"的目标与举措，同时也提出了未来三十年实现基本现代化与建设现代化强国的目标。"决胜全面建成小康社会"的目标是：按照"十六大""十七大""十八大"提出的全面建成小康社会各项要求，紧扣我国社会主要矛盾变化，统筹推进经济建设、政治建设、文化建设、社会建设、生态文明建设。主要举措是：坚定实施科教兴国战略、人才强国战略、创新驱动发展战略、乡村振兴战略、区域协调发展战略、可持续发展战略、军民融合发展战略，突出抓重点、补短板、强弱项，特别是要坚决打好防范化解重大风险、精准脱贫、污染防治的攻坚战，使全面建成小康社会得到人民认可、经得起历史检验。"决胜全面建成小康社会"的目标与举措既接续了"十六大""十七大""十八大"全面小康建设的目标与

举措，为顺利完成全面小康提供了根本保障，也突出了抓重点、补短板、强弱项，特别是要坚决打好防范化解重大风险、精准脱贫、污染防治的三大攻坚战，为全面建成小康社会提供了有力支撑。

党的十九大同时提出了 2020—2035 年基本实现社会主义现代化的目标：经济实力、科技实力将大幅跃升，跻身创新型国家前列；人民平等参与、平等发展权利得到充分保障，法治国家、法治政府、法治社会基本建成，各方面制度更加完善，国家治理体系和治理能力现代化基本实现；社会文明程度达到新的高度，国家文化软实力显著增强，中华文化影响更加广泛深入；人民生活更为宽裕，中等收入群体比例明显提高，城乡区域发展差距和居民生活水平差距显著缩小，基本公共服务均等化基本实现，全体人民共同富裕迈出坚实步伐；现代社会治理格局基本形成，社会充满活力又和谐有序；生态环境根本好转，美丽中国目标基本实现。基本实现现代化目标从创新型国家、国家治理体系与治理能力现代化、社会文明程度与中华文化影响力、人民生活水平、社会治理格局、生态环境等方面予以树立，是一个覆盖领域全面、确保质量、留有余地、科学合理的现代化目标。

党的十九大同时还提出了 2035—2050 年建成富强民主文明和谐美丽的社会主义现代化强国的目标：物质文明、政治文明、精神文明、社会文明、生态文明将全面提升，实现国家治理体系和治理能力现代化，成为综合国力和国际影响力领先的国家，全体人民共同富裕基本实现，我国人民将享有更加幸福安康的生活，中华民族将以更加昂扬的姿态屹立于世界民族之林。社会主义现代化强国的目标从五大文明提升、国家治理体系与治理能力现代化、综合国力与国际影响力、共同富裕、人民生活、中华民族复兴等方面予以树立，是一个以中华民族伟大复兴为主导的全面现代化、现代化强国目标。

（二）提出发挥市场在资源配置中的决定性作用，更好发挥政府作用

市场经济是实现全面小康的关键要素，是推动小康建设不断发展的根本动力。2013 年 11 月，中共十八届三中全会提出了一个重大理论观点：发挥市场在资源配置中的决定性作用，更好发挥政府作用。这是全面深化经济体制改革的一个重大理论创新与制度创新。中国共产党认识市场经济的作用是逐渐深化

的。早在 1979 年 11 月，邓小平就已经提出"社会主义为什么不可以搞市场经济"的质疑，旗帜鲜明地提出"社会主义也可以搞市场经济"。[①]1982 年 9 月党的十二大提出计划经济为主，市场经济为辅。中共十二届三中全会提出社会主义经济是在公有制基础上有计划的商品经济。1987 年 10—11 月，党的十三大提出社会主义有计划的商品经济体制应该是计划与市场内在统一的体制。1992 年 10 月，党的十四大就提出了中国经济体制改革的目标是建立社会主义市场经济体制，发挥市场在资源配置中的基础性作用。1997 年 9 月，党的十五大提出要使市场在国家宏观调控下对资源配置发挥基础性作用。2002 年 11 月，党的十六大提出要在更大程度上发挥市场在资源配置中的基础性作用，2007 年 10 月，党的十七大提出要从制度上更好发挥市场在资源配置中的基础性作用，2012 年 11 月，党的十八大提出要在更大程度上更广范围内发挥市场在资源配置中的基础性作用。到了 2013 年 11 月，党的十八届三中全会，我们开始追问市场经济的本质，全面理顺政府与市场的关系，正式提出发挥市场在资源配置中的决定性作用，也要让政府发挥应有的作用。

"市场经济本质上就是市场决定资源配置的经济"（"市场配置资源是最有效率的形式"）[②]，因此必须让市场在资源配置中发挥决定性作用。如何充分发挥市场在资源配置中的决定性作用，必须完善市场体系，畅通全国市场，转变政府职能，明确政府职责，加强市场监管。但市场在资源配置中也有失灵的时候，而且不断产生社会分化，此时政府就要发挥应有的作用，主要是健全市场机制建设，加强市场监管，维护市场秩序，保障市场公平竞争，维持宏观经济的稳定，强化和优化公共服务与社会保障，抑制社会分化，促进共同富裕，推动可持续发展。

（三）提出"新发展理念"，实施供给侧结构性改革

2015 年 10 月，党的十八届五中全会提出创新发展、协调发展、绿色发展、开放发展、共享发展的新发展理念。新发展理念是"关系我国发展全局的一场

① 邓小平：《社会主义也可以搞市场经济》，载《邓小平文选》（第二卷），人民出版社，1994 年版，第 236 页。

② 习近平：《关于〈中共中央关于全面深化改革若干重大问题的决定〉的说明》，载《习近平谈治国理政》，外文出版社，2014 年版，第 77 页。

深刻变革"。① 五大发展理念是在改革开放过程中逐渐形成的，创新发展始于 20 世纪 80 年代"科学技术是生产力""科学技术是第一生产力"的思想，20 世纪 90 年代发展为科教兴国战略，21 世纪以来发展为创新型国家建设，进一步发展为创新驱动发展战略；协调发展始于 20 世纪 80 年代的"两个大局"的重要思想，20 世纪 90 年代发展为西部大开发战略，21 世纪以来进一步发展为以人为本、全面、协调、可持续的科学发展观与区域发展总体战略；绿色发展始于 20 世纪 80 年代的环保国策，20 世纪 90 年代发展为可持续发展战略，21 世纪以来进一步发展为生态文明建设与美丽中国建设；开放发展始于 20 世纪 80 年代的"两个开放"的重要思想，后来开放不断扩大，形成"引进来"与"走出去"相结合的全方位开放新格局；共享发展始于 20 世纪 80 年代的从先富到共富的思想，21 世纪以来发展为全面小康、以人为本的思想，进一步发展为以人民为中心的发展思想。这五大发展理念是一个互相联系、互相贯通的整体。其中，创新发展是引领发展的第一动力，协调发展是调整发展不平衡动态的利器，绿色发展是发展的根本方向，开放发展是创造良好的发展环境、加强国际资源与要素流动的重大举措，共享发展是公平发展的有力保障和主要体现。新发展理念的提出不是偶然的，既是对改革开放以来发展经验的总结和提升，也是对近代以来世界发展经验的反思和总结，更是应对发展环境变化的需要。

在新发展理念下，我们要大力实施供给侧结构性改革。所谓供给侧结构性改革，就是"解放和发展社会生产力，用改革的办法推进结构调整，减少无效和低端供给，扩大有效和中高端供给，增强供给结构对需求变化的适应性和灵活性，提高全要素生产率"。② 从新发展理念的创新发展角度看，供给侧结构性改革就是要在关键装备、核心技术、高端产品方面进行创新，大力发展先进制造业、战略性新兴产业、现代服务业；从协调发展角度看，供给侧结构性改革就是要在全范围内解决一些行业和产业的产能过剩问题，让产品有特色化、个性化、本地化；从绿色发展角度看，供给侧结构性改革就是要让产品向绿色转型，

---

① 习近平：《以新的发展理念引领发展》，载《习近平谈治国理政》（第二卷），外文出版社，2017 年版，第 200 页。

② 习近平：《推进供给侧结构性改革》，载《习近平谈治国理政》（第二卷），外文出版社，2017 年版，第 252 页。

产业满足生态环境的需求，最大限度地节约利用资源，开发新材料新能源；从开放发展角度看，供给侧结构性改革就是要加大企业"走出去"的力度，让过剩的产能投入到有需求的地方去；从共享发展的角度看，供给侧结构性改革就是要使我国的供给能力"更好满足广大人民日益增长、不断升级和个性化的物质文化和生态环境需要"。[①] 为什么要大力推进供给侧结构性改革？一方面国际金融危机导致国际市场有效需求急剧萎缩，另一方面国内一些行业与产业产能过剩，国内经济增长减速、工业品价格下降、实体企业盈利下降、财政收入下降、经济风险不确定性上升，因此必须以改善供给结构为主攻方向，实现由低水平供需平衡向高水平供需平衡的跃升。推进供给侧结构性改革的方法，简言之，就是"三去一降一补"，即去产能（有效化解过剩产能，促进产业优化重组）、去库存、去杠杆、降成本（降低企业成本）、补短板（增加公共产品和服务供给，发展战略性新兴产业和现代服务业）。推进供给侧结构性改革，创新发展是关键。

（四）提出"精准扶贫"与"乡村振兴"的目标与举措

为了解决区域性整体贫困问题，彻底打赢脱贫攻坚战，全面建成小康社会，2013 年习近平总书记在湘西十八洞村考察时提出"精准扶贫、精准脱贫"的重要思想。"精准扶贫、精准脱贫"的目标是消除绝对贫困，实现全面小康。何谓"精准扶贫、精准脱贫"？简要地说，就是"扶持对象精准、项目安排精准、资金使用精准、措施到户精准、因村派人精准、脱贫成效精准"。[②] 具体而言，就是要解决"三个精准"问题，在"扶持谁"的问题上，要解决扶持对象精准的问题，把真正的贫困人口弄清楚，把贫困数量、贫困原因、贫困程度搞清楚，做到因户施策、因人施策；在"谁来扶"的问题上，要解决扶贫主体的责任问题，搞清楚中央、省（自治区、直辖市）、地（市、州）县（市、区）、乡、村的扶贫责任问题，做到分工明确、责任清晰、任务到人、考核到位；在"怎么扶"的问题上，要解决扶贫方法合理得当的问题，做到扶贫方式精准，实施"五个一批"工程（发展生产脱贫一批、易地搬迁脱贫一批、生态补偿脱贫一批、发展教育脱贫一批、社会保障兜底一批）。扶贫重点是深度贫困地区（重点措施

---

① 习近平：《推进供给侧结构性改革》，载《习近平谈治国理政》（第二卷），外文出版社，2017 年版，第 252 页。

② 习近平:《在深度贫困地区脱贫攻坚座谈会上的讲话》，人民出版社，2017 年版，第 3 页。

是解决基础设施、公共服务与社会保障问题），因地制宜，产业扶贫（发展特色产业、乡村旅游产业、电商等）是主导，各种扶贫方式结合。精准扶贫效果显著，2013 年至 2019 年，832 个贫困县农民人均可支配收入由 6079 元增加到 11567 元，年均增长 9.7%，比同期全国农民人均可支配收入增幅高 2.2 个百分点。全国建档立卡贫困户人均纯收入由 2015 年的 3416 元增加到 2019 年的 9808 元，年均增幅 30.2%。960 多万贫困人口通过易地扶贫搬迁摆脱了"一方水土养活不了一方人"的困境。10.8 万所义务教育薄弱学校的办学条件得到改善。深度贫困地区宽带贯通率达到 98%。农村电网供电可靠率达到了 99%。[①]

农业强不强、农村美不美、农民富不富，决定全面小康的成色和现代化的质量，为此，2017 年 10 月党的十九大提出乡村振兴战略。乡村振兴战略源于 20 世纪 80 年代邓小平提出的"两个飞跃"的重要思想，进入 21 世纪以来，发展为新农村建设战略，党的十九大正式提出乡村振兴战略，作为实现农村全面小康，推进农业农村现代化建设的关键举措。乡村振兴的目标是实现农业农村现代化，主要举措（方法）是：巩固和完善农村基本经营制度，完善承包地"三权"分置制度，深化农村集体产权制度改革，构建现代农业产业体系、生产体系、经营体系，完善农业支持保护制度，培育新型农业经营主体，健全农业社会化服务体系，促进农村第一、二、三产业融合发展，加强农村基层基础工作，健全自治、法治、德治相结合的乡村治理体系。乡村振兴的重中之重是发展现代农业，中心任务是生活富裕。

（五）倡议共建"一带一路"与"人类命运共同体"

"一带一路"，是由中国政府倡议、国际社会响应的国际合作发展计划。2013 年秋天，习近平总书记在访问哈萨克斯坦与印度尼西亚时，代表中国政府提出了共建"一带（丝绸之路经济带）一路（21 世纪海上丝绸之路）"的倡议。"一带一路"建设的目标是"和平之路、繁荣之路、开放之路、创新之路、文明之路"，方法是"政策沟通、设施联通、贸易畅通、资金融通、民心相通"。"一带一路"倡议自提出以来，赢得了各国政府的积极回应。习近平总书记为什么要倡议共建"一带一路"？一方面，中国经过改革开放 30 多年的长足发展，积

---

① 习近平：《在决战决胜脱贫攻坚座谈会上的讲话》，人民出版社，2020 年版，第 4 页。

累了丰富的发展经验,有了良好的发展基础,可以对发展中国家做出更大的贡献,"让更多的国家搭上我国发展的'快车',帮助他们实现发展目标";①另一方面,我国部分行业与产业产能过剩,需要进行产业转移,积累了大量的投资需求,需要进一步扩大开放,实行平等互利共赢的合作,"在当前世界经济持续低迷的情况下,如果能够使顺周期下形成的巨大产能和建设能力走出去,支持沿线国家推进工业化、现代化和提高基础设施水平的迫切需要,有利于稳定当前世界经济形势"。②"一带一路"倡议为什么能够获得各国政府的积极响应?一方面这个倡议顺应了后金融危机时代各国走出困境加快发展的需求,另一方面这个倡议具有深厚的历史渊源和人文基础,唤起了"一带一路"沿线国家的历史记忆。"一带一路"建设以亚洲为重点,以互联互通为核心,以经济走廊为依托,以交通基础设施为突破,以建设融资平台为抓手,以人文交流为纽带。"一带一路"建设是"人类命运共同体"建设的重要形式。

"人类命运共同体"理念,是经济全球化时代(同时也是全球风险社会时代)的一个重要的发展理念,反映应了人类由利益共同体、风险共同体走向命运共同体的必然逻辑。2007年9月7日,《人民日报》最早提出"人类命运共同体"理念。2012年11月,党的十八大正式倡导"人类命运共同体"意识,提出"在追求本国利益时兼顾他国合理关切,在谋求本国发展中促进各国共同发展,建立更加平等均衡的新型全球发展伙伴关系,同舟共济,权责共担,增进人类共同利益"。③2015年9月28日,习近平主席在第七十届联合国大会上,发表了"携手构建合作共赢新伙伴,同心打造人类命运共同体"的演讲,提出我们要建立平等相待、互商互谅的伙伴关系,营造公道正义、共建共享的安全格局,谋求开放创新、包容互惠的发展前景,促进和而不同、兼收并蓄的文明交流,构筑尊崇自然、绿色发展的生态体系,坚定走和平发展、共同发展、合作发展、绿色发展之路。2017年10月,党的十九大报告呼吁各国人民同心协力,构建"人

---

① 习近平:《推进"一带一路"建设,努力拓展改革发展新空间》,载《习近平谈治国理政》(第二卷),外文出版社,2017年版,第501页。

② 习近平:《让"一带一路"建设造福沿线各国人民》,载《习近平谈治国理政》(第二卷),外文出版社,2017年版,第504页。

③ 胡锦涛:《坚定不移沿着中国特色社会主义道路前进,为全面建成小康社会而奋斗》,载《胡锦涛文选》(第三卷),人民出版社,2016年版,第651页。

类命运共同体", 建设"持久和平、普遍安全、共同繁荣、开放包容、清洁美丽"的世界。为什么要构建"人类命运共同体"? 因为随着经济全球化、社会信息化, 国际社会已经日益融为一体, 利益相通, 风险共担, 命运与共。人类需要共同面对全球气候变化、环境危机、资源危机、金融危机、核危机、战争危机、恐怖主义、恶性传染病, 共同维护生态安全、资源安全、经济安全、金融安全、生物安全、核安全、生命安全。"人类命运共同体"建设的目标是"持久和平、普遍安全、共同繁荣、开放包容、清洁美丽", 方法是"对话协商、共建共享、合作共赢、交流互鉴、绿色低碳"。

结语

中国共产党小康理论创新的历史进程, 根据小康理论创新的内在逻辑 (解决的主要问题), 大体可以分成四个阶段: 形成 (1979—1992 年)、发展 (1992—2002 年)、成熟 (2002—2012 年)、终结 (2012—2020 年)。这四个阶段之间是继承与创新的关系, 具有深刻的内在关联性, 后一阶段的理论创新均以前一阶段为基础, 四个阶段之间具有前后呼应的关系, 是前后相继、密切联系的整体。四个阶段之间也具有相对独立性, 每个阶段的理论创新均在当时条件下提出了相应应该解决的重点问题, 第一阶段主要解决温饱问题, 为小康建设打下坚实基础。这一阶段的小康理论创新以树立小康目标、明确小康内涵、提出小康步骤、解决农民温饱问题等为重点。第二阶段主要解决"总体小康"问题, 并把"总体小康"推进到"全面小康"阶段。这一阶段的小康理论创新以确立社会主义市场经济体制、树立全面建设小康社会新目标、脱贫攻坚、西部大开发等为重点。第三阶段是解决"全面小康"问题的关键阶段, 把"全面建设小康社会"推进到"全面建成小康社会"的阶段, 要解决科学发展问题。这一阶段的小康理论创新以科学发展、全面布局、新农村建设、和谐社会建设、区域协调发展等为重点。第四阶段主要解决"决胜全面建成小康社会"的问题, 消除"全面小康"的突出短板, 彻底解决绝对贫困问题, 全面建成小康社会。这一阶段的小康理论创新以精准扶贫、乡村振兴、生态文明建设、国家治理体系与治理能力建设、人类命运共同体建设等为重点。

第四章　中国特色、一个中心：邓小平小康理论的开创性

小康理论的创立，是以邓小平为核心的中央领导集体的重大理论贡献。从理论上讲，是中国特色社会主义理论的重要组成部分，是马克思主义中国化的重大理论成果，是现代化理论的中国创新；从实践上看，为小康建设提供了强有力的指导，开辟一个小康建设的新时代，开辟了一个解决温饱、消灭绝对贫困的新时代，开启了一个让中国人民逐渐富裕起来的新时代。

一、目标调整：从"实现四化"到"建设小康"

以邓小平为核心的中央领导集体，相对于以毛泽东为核心的领导集体，在建设现代化目标方面实现了重大转变，主要表现在：20世纪末从"实现四个现代化"（赶超发达国家）修正为"建设小康社会"（中国式现代化），把基本实现现代化（达到中等发达国家水平）的时间推到2030—2050年，赶超发达国家的时间表则没有确定。1979年10月4日，邓小平对20世纪末中国现代化的目标做了新的表述，"我们开了大口，本世纪（20世纪）末实现四个现代化。后来改了口，叫中国式的现代化，就是把标准放低一点。特别是国民生产总值，按人口来说不会很高。"[①] 这个"中国式现代化"，后来邓小平称之为"小康"，并有明确的数字指标，那就是"从1981年开始到本世纪末，花20年的时间，

---

① 邓小平：《关于经济工作的几点意见》，载《邓小平文选》（第二卷），人民出版社，1994年版，第194页。

翻两番，达到小康水平，就是年国民生产总值人均800到1000美元"。① 邓小平把"小康"作为"四个现代化"的最低目标，即"中国式的四个现代化"，"我们提出四个现代化的最低目标，是到本世纪末达到小康水平"。② 人均国民生产总值为800~1000美元的"小康"目标，相对于以赶超发达国家为目标的"四个现代化"来说，确实降低了一大截，"总的来说，我们确定的目标不高"。③ 但即使降低了目标，如果不是一心一意现代化，"做起来可不容易"。④

根据小康目标，以邓小平为代表的中央领导集体确定中国在20世纪80年代有三大任务：加紧社会主义现代化建设（即加快小康建设）；争取实现包括台湾在内的祖国统一；反对霸权主义、维护世界和平（为小康建设提供良好的国际环境）。到20世纪末，要抓四件工作：其一，进行机构改革和经济体制改革，实现干部队伍的革命化、年轻化、知识化、专业化，为小康建设提供强大动力与人才保障；其二，建设社会主义精神文明，为小康建设提供精神保障与智力支持；其三，打击经济领域和其他领域内破坏社会主义的犯罪活动，为小康建设提供良好的社会环境；其四，在认真学习新党章的基础上，整顿党的作风和组织，为小康建设提供组织保障和政治引导。

为什么我们要把20世纪末达到的目标从"实现四化"调整为"建设小康"？

其一，中国的经济基础比较薄弱，要在20世纪末赶超发达国家实际上难以做到。"同发达国家相比较，经济上的差距不只是十年了，可能是二十年、三十年，有的方面甚至可能是五十年"。⑤

其二，中国农村还有大量的贫困人口，亟须解决温饱问题。"短期内要摆

---

① 邓小平：《社会主义必须摆脱贫穷》，载《邓小平文选》（第三卷），人民出版社，1993年版，第224页。

② 邓小平：《建设有中国特色的社会主义》，载《邓小平文选》（第三卷），人民出版社，1993年版，第64页。

③ 邓小平：《社会主义必须摆脱贫穷》，载《邓小平文选》（第三卷），人民出版社，1993年版，第224页。

④ 邓小平：《吸取历史经验，防止错误倾向》，载《邓小平文选》（第三卷），人民出版社，1993年版，第226页。

⑤ 邓小平：《实行开放政策，学习世界先进科学技术》，载《邓小平文选》（第二卷），人民出版社，1994年版，第132页。

脱贫困落后状态很不容易。必须一切从实际出发，不能把目标定得不切实际，也不能把时间定得太短。"①

其三，长期以来我们奉行急于求成的赶超战略，反而是"欲速则不达"。"新中国成立以来我们犯的几次错误，都是由于要求过急，目标过高，脱离了中国的实际，结果发展反而慢了。"② 长期急于求成，导致"我们的经济一直存在着比例严重失调的问题"，③ 因此，"不要勉强追求太高的发展速度"。④

其四，中国现代化的目标虽然早已确定，但受到"左"的干扰，并没有得到有效的实施。"四个现代化建设的方针和目标是毛泽东主席和周恩来总理生前提出的，由于'四人帮'的干扰，实际上没有真正做起来。"⑤

二、含义调整：从"全面现代化"到"中国式现代化"

以邓小平为核心的中央领导集体，在现代化的含义理解方面，也出现了重大的转变，从模仿型（学习苏联）、赶超型（赶英超美）现代化转变为创新型（自下而上与自上而下结合，即"摸着石头过河"与顶层设计相结合）、务实型现代化（实事求是、中国特色）。

"四个现代化"目标是改革开放之前确定的，"所谓四个现代化，就是要改变中国贫穷落后的面貌，不但使人民生活水平逐步有所提高，也要使中国在国际事务中能够恢复符合自己情况的地位，对人类作出比较多一点的贡献。"⑥但改革开放之前的"四个现代化"，定的目标是到 20 世纪 80 年代之前（到

---

① 邓小平：《社会主义必须摆脱贫穷》，载《邓小平文选》（第三卷），人民出版社，1993 年版，第 224 页。

② 邓小平：《加强四项基本原则教育，坚持改革开放政策》，载《邓小平文选》（第三卷），人民出版社，1993 年版，第 202 页。

③ 邓小平：《贯彻调整方针，保证安定团结》，载《邓小平文选》（第二卷），人民出版社，1994 年版，第 355 页。

④ 邓小平：《在改革中保持生产的较好发展》，载《邓小平文选》（第三卷），人民出版社，1993 年版，第 268 页。

⑤ 邓小平：《社会主义也可以搞市场经济》，载《邓小平文选》（第二卷），人民出版社，1994 年版，第 234 页。

⑥ 邓小平：《中国本世纪的目标是实现小康》，载《邓小平文选》（第二卷），人民出版社，1994 年版，第 237 页。

1980 年）建立独立自主的工业体系与国民经济体系，到 20 世纪末赶超发达国家（实现四个现代化，建设社会主义现代化强国）。目标定得比较高，要求比较急。这还是 20 世纪六七十年代定的目标。1958 年定得更高更急，当时修订的第二个五年计划，定的是五年左右"赶英超美"，1~2 年赶超英国，3~5 年赶超美国。

改革开放以来，我们把这种激进的、急速赶超型现代化的含义作了根本调整，以"小康"（中国式的现代化）取而代之。1979 年 12 月 6 日，邓小平在会见日本首相大平正芳时，提出了"小康"概念与目标，"我们要实现的四个现代化，是中国式的四个现代化。我们的四个现代化的概念，不是像你们那样的现代化的概念，而是'小康之家'。"①1983 年 3 月 2 日，邓小平在视察江苏、浙江、上海等地回到北京，以苏州小康为例，对工农总产值接近 800 美元的小康生活做了总结，大大拓展了小康的含义。其一，人民的吃穿用问题解决了，基本生活有了保障；其二，住房问题解决了，人均达到 20 平方米，小城镇和农村盖二三层楼房的已经不少；其三，就业问题解决了，城镇基本上没有待业劳动者了；其四，人不再外流了，农村的人总想往大城市跑的情况已经改变；其五，中小学教育普及了，教育、文化、体育和其他公共福利事业有能力自己安排了；其六，人民的精神面貌变化了，犯罪行为大大减少。②1984 年 3 月 25 日，邓小平在会见日本首相中曾根康弘时，以"翻两番""中国式的现代化"高度归纳了"小康社会"含义："翻两番，国民生产总值人均达到 800 美元，就是到本世纪末在中国建立一个小康社会。这个小康社会，叫作中国式的现代化。翻两番、小康社会、中国式的现代化，这些都是我们的新概念。"③

概括而言，以邓小平为核心的中央领导集体关于小康的丰富含义，内容大体有四：

其一，坚持走"中国式的现代化"道路。既不再模仿苏联，也不会去模仿西方，

---

① 邓小平：《中国本世纪的目标是实现小康》，载《邓小平文选》（第二卷），人民出版社，1994 年版，第 237 页。

② 邓小平：《视察江苏等地回北京后的谈话》，载《邓小平文选》（第三卷），人民出版社，1993 年版，第 24—25 页。

③ 邓小平：《发展中日关系要看得远些》，载《邓小平文选》（第三卷），人民出版社，1993 年版，第 54 页。

即不再简单模仿任何国家。"我们要实现的四个现代化,是中国式的四个现代化",不是"像你们(日本、欧美)那样的现代化的概念",[①] "我们搞的现代化,是中国式的现代化"。[②]

其二,高度重视人民物质生活水平的提高,2000 年人均国民生产总值要达到 800~1000 美元,达到第三世界中比较富裕一点的国家的水平。1979 年邓小平希望达到人均国民生产总值 1000 美元,后来调整为 800 美元。"所谓小康,从国民生产总值来说,就是年人均达到 800 美元。"[③] 但大体上,弹性在 800~1000 美元之间。

其三,不仅要解决人民的基本生活问题,还要解决人民的民主权利、就业、教育、住房等问题,大大改善人民的精神面貌。"所谓小康社会,就是虽不富裕,但日子好过。"[④] 在大力强调物质文明建设的同时,高度重视民主法制建设与精神文明建设,坚持"两手抓"。

其四,允许一部分人一部分地区先富起来,但强调坚持社会主义的分配原则,不搞两极分化,到 20 世纪末以后要重点解决共同富裕的问题。"如果按照资本主义的分配方法,绝大多数人还摆脱不了贫穷落后状态,按社会主义的分配原则,就可以使全国人民普遍过上小康生活","不坚持社会主义,中国的小康生活形成不了"。[⑤]

三、理念调整:"中国特色""初级阶段""市场经济"

以邓小平为核心的中央领导集体,在现代化建设的理念方面,实现了从"经

---

① 邓小平:《中国本世纪的目标是实现小康》,载《邓小平文选》(第二卷),人民出版社,1994 年版,第 237 页。

② 邓小平:《路子走对了,政策不会变》,载《邓小平文选》(第三卷),人民出版社,1993 年版,第 29 页。

③ 邓小平:《建设有中国特色的社会主义》,载《邓小平文选》(第三卷),人民出版社,1993 年版,第 64 页。

④ 邓小平:《争取整个中华民族的大团结》,载《邓小平文选》(第三卷),人民出版社,1993 年版,第 161 页。

⑤ 邓小平:《建设有中国特色的社会主义》,载《邓小平文选》(第三卷),人民出版社,1993 年版,第 64 页。

典社会主义"(苏联式社会主义)向"中国特色社会主义"的重大转变,提出了"中国特色社会主义""社会主义初级阶段""社会主义市场经济""社会主义本质""社会主义任务"等一系列新的发展理念。从根本上奠定了中国小康建设的理念基础,为小康建设提供了强有力的理论指导。

(一)"中国特色社会主义"

"中国特色社会主义"是以邓小平为核心的中央领导集体开创的,但也是在以毛泽东为核心的中央领导集体的社会主义建设探索基础上形成的。从毛泽东发表《论十大关系》开始,以毛泽东为核心的中央领导集体就已经开始探索中国特色的社会主义道路,遗憾的是,这个探索并不成功,但取得了丰富的探索经验,为以邓小平为核心的中央领导集体的成功探索开辟了道路。1979年3月30日,邓小平在党的理论务虚会上提出,"过去搞民主革命,要适合中国情况,走毛泽东同志开辟的农村包围城市的道路。现在搞建设,也要适合中国情况,走出一条中国式的现代化道路。"[1]1982年9月1日,邓小平在党的十二大开幕词中提出,"把马克思主义的普遍真理同我国的具体实际结合起来,走自己的道路,建设有中国特色的社会主义,这就是我们总结长期历史经验得出的基本结论。"[2]

以邓小平为核心的中央领导集体为什么坚持走中国特色社会主义道路?

其一,深刻总结国际共产主义运动的经验教训,反对一个模式。邓小平认为,"最根本的一条经验教训,就是要弄清什么叫社会主义和共产主义,怎样搞社会主义。"[3]邓小平从来不相信有所谓社会主义建设的固定模式,"固定的模式是没有的,也不可能够有"。[4]坚决反对模仿苏联模式,认为苏联模式在苏

---

① 邓小平:《坚持四项基本原则》,载《邓小平文选》(第二卷),人民出版社,1994年版,第163页。

② 邓小平:《中国共产党第十二次全国代表大会开幕词》,载《邓小平文选》(第三卷),人民出版社,1993年版,第3页。

③ 邓小平:《社会主义必须摆脱贫穷》,载《邓小平文选》(第三卷),人民出版社,1993年版,第223页。

④ 邓小平:《结束过去,开辟未来》,载《邓小平文选》(第三卷),人民出版社,1993年版,第292页。

联的效果其实也不怎么好，"搞社会主义必须根据本国的实际"。①

其二，深刻总结中国搞社会主义建设的经验教训，反对照搬照抄。邓小平认为"我们过去照搬苏联社会主义的模式，带来很多问题"，②"结果阻碍了生产力的发展，在思想上导致僵化，妨碍人民和基层积极性的发挥。"③

其三，大胆解放思想，坚决反对教条主义。实践是检验真理的唯一标准。邓小平向来主张完整地、准确地理解马列主义和毛泽东思想，不要去死扣教条，"在中国建设社会主义这样的事，马克思的本本上找不出来，列宁的本本上也找不出来"。④

其四，实事求是，走自己的路。邓小平认为马列主义和毛泽东思想的精髓是实事求是。必须"紧紧抓住合乎自己的实际情况这一条"，"每个国家都有自己的情况，各自的经历也不同"。⑤要使中国实现四个现代化，至少有两个重要特点是必须看到的：一个是底子薄，很贫穷。科技水平比先进国家落后二三十年。第二条是人口多，特别是农民多，耕地少。吃饭、教育、就业都成为严重的问题。"中国式的现代化，必须从中国的特点出发。"⑥

（二）"社会主义初级阶段"

"社会主义初级阶段"理论，是一个重要的发展理念，是中国特色社会主义理论体系的重要组成部分，是邓小平理论的核心构成。1987年8月29日，邓小平明确论断中国社会主义是"初级阶段的社会主义"，就是"不发达的阶段"，

---

① 邓小平：《社会主义必须摆脱贫穷》，载《邓小平文选》（第三卷），人民出版社，1993年版，第223页。

② 邓小平：《解放思想，独立思考》，载《邓小平文选》（第三卷），人民出版社，1993年版，第261页。

③ 邓小平：《改革的步子要加快》，载《邓小平文选》（第三卷），人民出版社，1993年版，第237页。

④ 邓小平：《解放思想，独立思考》，载《邓小平文选》（第三卷），人民出版社，1993年版，第260页。

⑤ 邓小平：《解放思想，独立思考》，载《邓小平文选》（第三卷），人民出版社，1993年版，第260、261页。

⑥ 邓小平：《坚持四项基本原则》，载《邓小平文选》（第二卷），人民出版社，1994年版，第164页。

而"社会主义本身是共产主义的初级阶段"，一切发展规划"都要从这个实际出发"。① 邓小平提出的"社会主义初级阶段"理论得到党的十三大报告的确认与系统阐释。1992 年初，邓小平在南方谈话中进一步指出，"我们搞社会主义才几十年，还处在初级阶段。巩固和发展社会主义制度，还需要一个很长的历史阶段，需要我们几代人、十几代人，甚至几十代人坚持不懈地努力奋斗，决不能掉以轻心。"②

社会主义初级阶段理论的基本内涵有四：其一，社会主义初级阶段不是泛指任何国家进入社会主义都会经历的起始阶段，而是特指我国在生产力落后、商品经济不发达条件下建设社会主义必然要经历的特定阶段。其二，我们已经是社会主义，只能坚持而不能离开社会主义。其三，我们还处于社会主义的初级阶段，这是一个长期的历史发展阶段，从 1956 年社会主义制度基本建立到 20 世纪中叶社会主义现代化基本实现，至少需要上百年的时间。其四，社会主义初级阶段是我们中国特色社会主义建设最大的国情、最大的实际，一切发展规划都要以这一基本国情为基础，小康建设当然也是建立在这一基础之上的。

社会主义初级阶段的基本特征是：其一，逐步摆脱贫穷落后；其二，从农业国变为工业国；其三，从自然经济半自然经济主导变为商品经济高度发达；其四，建立充满活力的社会主义经济、政治、文化体制；其五，实现中华民族伟大复兴。

以邓小平为核心的中央领导集体为什么要提出社会主义初级阶段理论？

其一，马克思设想的是在高度发达的资本主义基础上建立社会主义，而现实的社会主义却出现在相对贫穷落后的国家，如俄国、中国以及相对西欧更加落后的东欧、还有一些更加贫穷落后的亚洲、非洲、拉丁美洲国家。

其二，马克思、列宁对未来的社会主义建设并没有详细的发展规划。马克思生活的时代（1818—1883 年），历史上并不存在现实的社会主义国家，我们不能要求马克思为还不存在的社会主义建设做系统的规划。列宁生活的时代

---

① 邓小平：《一切从社会主义初级阶段的实际出发》，载《邓小平文选》（第三卷），人民出版社，1993 年版，第 252 页。

② 邓小平：《在武昌、深圳、珠海、上海等地的谈话要点》，载《邓小平文选》（第三卷），人民出版社，1993 年版，第 380 页。

（1870—1924年），虽然出现了历史上第一个社会主义国家（1917—1991年），但由于战时共产主义政策（1918—1921年）的失败，列宁开始系统规划并着手实施新经济政策（1921—1928年），此时列宁已经改变了对社会主义的认识，但到1924年列宁来不及进行更长时期的实践探索就已经过世了。

其三，苏联斯大林时期（1924—1953年）及其以后的社会主义实践（1953—1991年）对社会主义的发展阶段划分并不科学，主观性很强，追求进入共产主义的目标太急，社会主义的每个发展阶段时间划分过短，对自身所处社会主义发展阶段估计过高，因此，苏联创立的社会主义发展阶段理论并不适合中国。

其四，从1956年中国基本完成社会主义改造、进入社会主义建设时期以来，到1987年，中国社会主义建设已经有了30多年的实践历史，积累了对社会主义发展阶段正反两方面的经验教训，特别是吸取"跑步进入共产主义"的深刻教训。因此，参考其他社会主义国家的建设经验，主要基于自身社会主义发展的历史经验，特别是改革开放以来近十年中国特色社会主义的建设经验，到1987年提出社会主义初级阶段理论就正当其时了。

（三）"社会主义市场经济"

作为全国经济体制的"社会主义市场经济"，虽然出现在1992年党的十四大确认经济体制改革的目标之后，但作为农村经济体制的"社会主义市场经济"，却早已在20世纪80年代存在，而作为发展理念的"社会主义市场经济"则出现更早，早在改革开放以前，经济学家就已经探讨过"社会主义商品经济"问题，早在1979年，以邓小平为核心的中央领导集体就已经提出了"社会主义市场经济"理念。1979年11月26日，邓小平在会见加拿大麦吉尔大学东亚研究所主任林达光时，提出"社会主义市场经济"这一概念，提出"社会主义也可以搞市场经济"的论断，但也没有完全放弃"计划经济"的观念，"说市场经济只存在于资本主义社会；只有资本主义的市场经济，这肯定是不正确的。社会主义为什么不可以搞市场经济，这个不能说是资本主义。我们是以计划经济为主，也结合市场经济，但这是社会主义的市场经济。"[1]改革开放以来，经济体制改

---

[1] 邓小平：《社会主义也可以搞市场经济》，载《邓小平文选》（第二卷），人民出版社，1994年版，第236页。

革首先从农村开始，家庭联产承包责任制的实施，拉开了农村市场经济体制建设的序幕。1984年以后，改革的重心转到城市，但城市市场经济体制的建设并不顺畅。1991年初，邓小平在视察上海时，批评传统的社会主义（计划经济等同于社会主义）观念，"不要以为，一说到计划经济就是社会主义，一说市场经济就是资本主义，不是那么回事，两者都是手段，市场也可以为社会主义服务。"[1]1992年初，邓小平在南方谈话中完全破除了传统的社会主义本质观念（计划经济是社会主义的本质特征），指出："计划多一点还是市场多一点，不是社会主义与资本主义的本质区别。计划经济不等于社会主义，资本主义也有计划；市场经济不等于资本主义，社会主义也有市场。计划和市场都是经济手段。"[2]

这一时期，邓小平的"市场经济"理念随着改革开放实践的发展在不断创新，概括起来，有三个重要含义：其一，市场经济是发展经济的一种方法，与社会性质无关，封建社会（萌芽）、资本主义社会、社会主义都可以有市场经济。"计划和市场都是方法"。[3]其二，社会主义也可以搞市场经济，主要是利用其发展社会生产力。"社会主义与市场经济之间不存在根本矛盾"。[4]其三，社会主义市场经济与资本主义市场经济有所不同，社会主义市场经济以社会主义基本制度为基础。

中国为什么要建设社会主义市场经济体制？

其一，社会主义的根本任务是发展生产力，而市场经济是发展生产力的好办法。市场能对生产要素，诸如资本、劳力、技术、信息、知识、管理等进行最佳配置，市场能给个人与企业予以强大的压力和动力，市场对消费需求信息的反应比较灵敏，市场体制下个人与企业会积极主动地最大限度地参与社会财富的创造。健全的市场经济体制能够最大限度地推动科技创新、管理创新，进

---

① 邓小平：《视察上海时的谈话》，载《邓小平文选》（第三卷），人民出版社，1993年版，第367页。

② 邓小平：《在武昌、深圳、珠海、上海等地的谈话要点》，载《邓小平文选》（第三卷），人民出版社，1993年版，第373页。

③ 邓小平：《计划与市场都是发展生产力的方法》，载《邓小平文选》（第三卷），人民出版社，1993年版，第203页。

④ 邓小平：《社会主义和市场经济不存在根本矛盾》，载《邓小平文选》（第三卷），人民出版社，1993年版，第148页。

而强力推动经济发展。一言以蔽之，市场经济"能更有力地发展社会生产力"。①当然，市场经济也有与生俱来的弱点，那就是无法解决社会的两极分化问题、生产的相对过剩问题等等，需要政府加强宏观调控与社会保障体系建设。市场经济的健全也需要政府理顺国家与市场的关系，加强制度建设，切实履行监督职责。

其二，计划经济具有难以克服的弊端。中央计划集权，地方、企业、个人均无经营自主权，导致整个社会缺乏财富创造的积极性；经济信息庞大复杂，计划机关无法进行精准分析，导致信息的轻重强弱难分，导致判断偏差，甚至严重失误；计划机关对消费需求的反应不灵敏，对多样化、多层次的消费需求无法做出合理判断，无法进行合理计划，只能做出单一应对和最低应对，导致消费生产单一与长期维持最低生活水平，人民的生活质量得不到及时提高；由于消费需求经常变化，计划机关的判断也在不断变化，导致计划变动频繁，进退失据，进而导致下级无所适从，陷入无政府状态。

其三，吸取中国自己搞计划经济的经验教训。1953 年以后中国逐渐放弃新民主主义市场经济体制，逐步建立社会主义计划经济体制，1956 年社会主义计划经济体制基本建立。此后二十多年的计划经济实践表明，长期搞计划经济会严重束缚生产力的发展，压抑人民的生产积极性，人民的生活水平长期得不到改善。"多年的实践证明，在某种意义上，只搞计划经济会束缚生产力的发展。"②

（四）"社会主义本质"

改革开放以来，以邓小平为核心的中央领导集体反复追问"什么是社会主义"，明确提出在这个大是大非的根本问题上也要解放思想，不能僵化，不能搞教条主义，也不能简单模仿别人。"社会主义是什么，马克思主义是什么，过去我们并没有完全搞清楚。"③早在 1980 年 5 月 5 日，邓小平在会见几内亚

---

① 邓小平：《社会主义和市场经济不存在根本矛盾》，载《邓小平文选》（第三卷），人民出版社，1993 年版，第 148 页。

② 邓小平：《社会主义和市场经济不存在根本矛盾》，载《邓小平文选》（第三卷），人民出版社，1993 年版，第 148 页。

③ 邓小平：《改革是中国发展生产力的必由之路》，载《邓小平文选》（第三卷），人民出版社，1993 年版，第 137 页。

总统杜尔时就提出，"社会主义是一个很好的名词，但是如果搞不好，不能正确理解，不能采取正确的政策，那就体现不了社会主义的本质。"①1985 年 3 月 7 日，邓小平提出，"社会主义的目的就是要全国人民共同富裕，不是两极分化"，②"一个公有制占主体，一个共同富裕，这是我们所必须坚持的社会主义的根本原则。"③5 月 20 日，邓小平提出，"社会主义与资本主义不同的特点就是共同富裕，不搞两极分化。"④8 月 28 日，邓小平提出，"社会主义有两个非常重要的方面，一是以公有制为主体，二是不搞两极分化。"⑤1990 年 12 月 24 日，邓小平提出，"社会主义最大的优越性就是共同富裕，这是体现社会主义本质的一个东西。"⑥1992 年初，邓小平在南方谈话中系统地、明确地阐释了"社会主义的本质"，是"解放生产力，发展生产力，消灭剥削，消除两极分化，最终达到共同富裕"。⑦

　　概括而言，以邓小平为核心的中央领导集体，得出的探索结论是，社会主义的本质特征就是"共同富裕"。"解放生产力，发展生产力"为的是让人民最大限度地参与财富的创造，富裕起来，而"消灭剥削，消除两极分化"为的是让人民"共同富裕"起来，落脚点在"共同富裕"上。

　　"社会主义本质"理念的提出，意味着我们已经清楚地把握到"社会主义"这个概念的本质内涵，剔除了种种笼罩在"社会主义"这个概念之上的重重迷雾，

　　①　邓小平：《社会主义首先要发展生产力》，载《邓小平文选》（第二卷），人民出版社，1994 年版，第 313 页。

　　②　邓小平：《一靠理想二靠纪律才能团结起来》，载《邓小平文选》（第三卷），人民出版社，1993 年版，第 110—111 页。

　　③　邓小平：《一靠理想二靠纪律才能团结起来》，载《邓小平文选》（第三卷），人民出版社，1993 年版，第 111 页。

　　④　邓小平：《搞资产阶级自由化，就是走资本主义道路》，载《邓小平文选》（第三卷），人民出版社，1993 年版，第 123 页。

　　⑤　邓小平：《改革是中国发展生产力的必由之路》，载《邓小平文选》（第三卷），人民出版社，1993 年版，第 138 页。

　　⑥　邓小平：《善于利用时机，解决发展问题》，载《邓小平文选》（第三卷），人民出版社，1993 年版，第 364 页。

　　⑦　邓小平：《在武昌、深圳、珠海、上海等地的谈话要点》，载《邓小平文选》（第三卷），人民出版社，1993 年版，第 373 页。

深化了对"社会主义"的本质性认识，是社会主义理论的重大创新，对于中国建设成为社会主义现代化强国具有重大的指导意义。

以邓小平为核心的中央领导集体为什么要反复追问"社会主义本质"？

其一，由于马克思讲过"计划经济"，苏联搞过"计划经济"，于是，长期以来我们把"计划经济"理所当然地视为社会主义的本质特征。因此，以邓小平为核心的中央领导集体就不得不反复思考："计划经济"真的是"社会主义的本质特征"吗？邓小平强调："我们必须从理论上搞懂，资本主义与社会主义的区分不在于计划还是市场这样的问题。"①

其二，由于社会主义革命发生在贫穷落后的国家，社会主义制度首先在贫穷落后的国家建立，结果我们甚至把"贫穷"也视为社会主义的本质特征，把"富裕"则看作是资本主义的本质特征。"四人帮"说"宁肯要穷的社会主义，不要富的资本主义。其本质就是说，社会主义是穷的"。②邓小平强烈批评道："贫穷不是社会主义，发展太慢也不是社会主义"。③1958 年到 1978 年这二十年的经验告诉我们，"贫穷不是社会主义，社会主义要消灭贫穷。"④邓小平尖锐地指出，"什么叫社会主义"这个问题也要解放思想，"经济长期处于停滞状态总不能叫社会主义。人民生活长期停止在很低的水平总不能叫社会主义。"⑤马克思主义历来认为，社会主义的"生产发展速度应该高于资本主义"。⑥邓小平认为社会主义与资本主义的区别在于，社会主义的发展速度与发展水平均高于资本主义。

---

①　邓小平：《善于利用时机解决发展问题》，载《邓小平文选》（第三卷），人民出版社，1993 年版，第 364 页。

②　邓小平：《社会主义首先要发展生产力》，载《邓小平文选》（第二卷），人民出版社，1994 年版，第 312 页。

③　邓小平：《我们干的事业是全新的事业》，载《邓小平文选》（第三卷），人民出版社，1993 年版，第 255 页。

④　邓小平：《政治上发展民主，经济上实行改革》，载《邓小平文选》（第三卷），人民出版社，1993 年版，第 116 页。

⑤　邓小平：《社会主义首先要发展生产力》，载《邓小平文选》（第二卷），人民出版社，1994 年版，第 312 页。

⑥　邓小平：《社会主义首先要发展生产力》，载《邓小平文选》（第二卷），人民出版社，1994 年版，第 312 页。

其三，不追问"社会主义本质"，我们就不能解放思想，也就不能大胆创新，推进改革开放，不敢理直气壮走中国特色的社会主义现代化道路，不敢"吸收和借鉴当今世界各国包括资本主义发达国家的一切反映现代社会化生产规律的先进经营方式、管理方法"。①

其四，"社会主义本质"问题是中国特色社会主义理论的核心问题，最为基本的问题，不搞清这一问题，中国特色社会主义理论无从建立。

（五）"社会主义任务"

"本质"决定"任务"。搞清了"社会主义的本质"，我们才能明确"社会主义任务"。邓小平在不同时期不同场合对"社会主义任务"进行了丰富的表述。谈到了"社会主义的根本任务""社会主义阶段的最根本任务""社会主义时期的主要任务""社会主义的首要任务""社会主义的中心任务""社会主义的任务"等等。1984年6月30日，邓小平谈道："社会主义阶段的最根本任务就是发展生产力，社会主义的优越性归根到底要体现在它的生产力比资本主义发展得更快一些，更高一些，并且在发展生产力的基础上不断改善人民的物质文化生活水平。"②1985年4月15日，邓小平谈道："社会主义的首要任务是发展生产力，逐步提高人民的物质和文化生活水平。"③6月29日，邓小平谈道："搞社会主义，中心任务是发展社会生产力。"④1986年4月4日，邓小平谈道："社会主义的任务就是发展社会生产力，增强社会主义国家的力量，使人民的生活逐步得到改善，然后为将来进入共产主义准备基础。"⑤9月2日，邓小平谈道："社会主义时期的主要任务是发展生产力，使社会物质财富不断增长，人民生

①　邓小平：《在武昌、深圳、珠海、上海等地的谈话要点》，载《邓小平文选》（第三卷），人民出版社，1993年版，第373页。

②　邓小平：《建设有中国特色的社会主义》，载《邓小平文选》（第三卷），人民出版社，1993年版，第63页。

③　邓小平：《政治上发展民主，经济上实行改革》，载《邓小平文选》（第三卷），人民出版社，1993年版，第116页。

④　邓小平：《改革开放是很大的试验》，载《邓小平文选》（第三卷），人民出版社，1993年版，第130页。

⑤　邓小平：《坚持社会主义，坚持和平政策》，载《邓小平文选》（第三卷），人民出版社，1993年版，第157页。

活一天天好起来，为进入共产主义创造物质条件。"①1988年5月25日，邓小平谈道："社会主义的根本任务是发展生产力，逐步摆脱贫穷，使国家富强起来，使人民生活得到改善。"②

从邓小平关于"社会主义任务"的阐述中，可以看出，邓小平确立了两项主要任务，一是发展生产力，二是改善人民生活水平。其中发展生产力是基础（根本），改善人民生活水平的关键就在于发展生产力，由此可知邓小平树立了"生产力标准"，作为评判中国特色社会主义现代化建设、小康建设、改革开放政策与实践的是非得失成败的标准。1980年5月5日，邓小平提出评判"社会主义经济政策"是非的"生产力标准"（压倒一切的标准），"社会主义经济政策对不对，归根结底要看生产力是否发展，人民收入是否增加。这是压倒一切的标准。"③在此，"生产力发展""人民收入增加"成为判断中国经济体制改革是非得失的标准。1983年1月12日，邓小平提出评价"各项工作"的"三个有助于"标准（生产力是核心标准）："各项工作都要有助于建设有中国特色的社会主义，都要以是否有助于人民的富裕幸福，是否有助于国家的兴旺发达，作为衡量做得对或不对的标准。"④在此，"人民的富裕幸福"与"国家的兴旺发达"有赖于生产力的发达，"建设有中国特色的社会主义"也在于生产力比资本主义国家发展更快。1992年初，邓小平在南方谈话中提出了"三个有利于"标准（生产力是首要标准）："判断的标准，应该主要看是否有利于发展社会主义社会的生产力，是否有利于增强社会主义国家的综合国力，是否有利于提高人民的生活水平。"⑤在此，"生产力发展""综合国力增强""人

---

① 邓小平：《答美国记者迈克·华莱士问》，载《邓小平文选》（第三卷），人民出版社，1993年版，第171页。

② 邓小平：《思想更解放一些，改革的步子更快一些》，载《邓小平文选》（第三卷），人民出版社，1993年版，第264—265页。

③ 邓小平：《社会主义首先要发展生产力》，载《邓小平文选》（第二卷），人民出版社，1994年版，第314页。

④ 邓小平：《各项工作都要有助于建设有中国特色的社会主义》，载《邓小平文选》（第三卷），人民出版社，1993年版，第23页。

⑤ 邓小平：《在武昌、深圳、珠海、上海等地的谈话要点》，载《邓小平文选》（第二卷），人民出版社，1994年版，第372页。

民的生活水平提高"，成为评价改革开放得失的三项基本标准。

在"社会主义本质""社会主义任务"基础上建立"生产力标准"，是邓小平在马克思主义中国化方面的重大贡献，是邓小平作为"中国改革开放的总设计师"的伟大贡献。有了"生产力标准"，以经济建设为中心，发展是硬道理，发展是党治国理政的第一要务，党的基本路线，才能真正做到不动摇。

四、路径调整：从"两步走"到"三步走"

以邓小平为核心的中央领导集体，在现代化路径方面，主要是把改革开放以前的"全面现代化两步走"（到20世纪末）调整为"基本现代化三步走"（到20世纪中叶），其中，到20世纪末的发展路径，则调整为"小康两步走"。"基本现代化三步走"大体形成于1987年，由党的十三大正式确认，由"小康两步走"与"基本现代化两步走"合并而成。

1982年9月，党的十二大报告正式提出"小康两步走"，小康核心指标为工农业总产值翻两番，1981—1990年，打好基础，积蓄力量；1991—2000年，进入一个新的经济振兴时期，人民的物质文化生活达到小康水平。9月18日，邓小平与金日成谈话时，阐述了"小康两步走"，邓小平指出，党的十二大提出的奋斗目标，是工农业总产值20年翻两番。20年是从1981年算起，到20世纪末。大体上分两步走，前十年打好基础，后十年高速发展。[①]1984年3月25日，邓小平在会见日本首相中曾根康弘，进一步阐述了"小康两步走"，"翻两番，分成前十年和后十年，前十年主要是为后十年的更快发展做准备"。[②]

"基本现代化两步走"是对改革开放之前的"全面现代化两步走"的调整。"全面现代化两步走"，即"现代化强国两步走"，形成于20世纪60年代。第一步，到1980年，建立一个独立自主的工业体系和国民经济体系；第二步，到20世纪末，全面实现四个现代化，建设社会主义现代化强国。"基本现代化两步走"形成于20世纪80年代。第一步，到20世纪末，达到小康水平；第二步，到21世

---

① 邓小平：《一心一意搞建设》，载《邓小平文选》（第三卷），人民出版社，1993年版，第9页。

② 邓小平：《发展中日关系要看得远些》，载《邓小平文选》（第三卷），人民出版社，1993年版，第54页。

纪中叶，接近发达国家水平。"基本现代化两步走"相对于"全面现代化两步走"而言，现代化目标调低了，现代化时间拉长了。1982 年 8 月 21 日，邓小平在会见联合国秘书长德奎利亚尔时，阐述了"基本现代化（接近发达国家水平）两步走"：第一步是"在本世纪（20 世纪）末实现现代化的一个初步目标，这就是达到小康的水平"，第二步是"再花三十年到五十年时间（大体到 21 世纪中叶），接近发达国家的水平"。①1984 年 5 月 29 日，邓小平在会见巴西总统菲格雷多时，从数字目标方面阐述了"现代化两步走"，"现在中国还很穷，国民生产总值人均只有 300 美元。我们的目标是，到本世纪末人均达到 800 美元"，"再发展三十年到五十年，我们就可以接近发达国家的水平"。②1985 年 3 月 7 日，邓小平在全国科技工作会议上进一步阐述了"现代化两步走"的更丰富内涵。"第一步，本世纪末，达到小康水平，就是不穷不富，日子比较好过的水平。第二步，再用三五十年的时间，在经济上接近发达国家的水平，使人民生活比较富裕。"③

　　1987 年 3 月 8 日，邓小平在"小康两步走"与"基本现代化（接近发达国家水平）两步走"基础上，提出了"基本现代化（达到中等发达国家水平）三步走"：第一步，"第一个十年，1981 至 1990 年，国民生产总值翻一番估计不成问题，可以提前完成"；第二步，"第二个十年，即从 1991 年到本世纪末，再翻一番（人均国民生产总值 800~1000 美元，年国民生产总值将超过 10000 亿美元），从发展趋势看也是可靠的"；第三步，"有了这个基础，再争取达到中等发达国家的水平（4 月 16 日，邓小平明确人均国民生产总值为 4000 美元）是有希望的。"④4 月 30 日，邓小平在会见西班牙副首相格拉时，系统阐述了他的"现代化三步走"："第一步，在八十年代翻一番。以 1980 年为基数，当时国民生产总值人均只有 250 美元，翻一番，达到 500 美元"；"第二步是到本世纪（20

　　① 邓小平：《中国的对外政策》，载《邓小平文选》（第二卷），人民出版社，1994 年版，第 416—417 页。

　　② 邓小平：《维护世界和平，搞好国内建设》，载《邓小平文选》（第三卷），人民出版社，1993 年版，第 57 页。

　　③ 邓小平：《改革科技体制是为了解放生产力》，载《邓小平文选》（第三卷），人民出版社，1993 年版，第 109 页。

　　④ 邓小平：《有领导有秩序地进行社会主义建设》，载《邓小平文选》（第三卷），人民出版社，1993 年版，第 212 页。

世纪）末，再翻一番，人均达到 1000 美元。实现这个目标意味着我们进入小康社会，把贫困的中国变成小康的中国。那时国民生产总值超过 10000 亿美元，虽然人均数还很低，但是国家的力量有很大增加”；“第三步，在下世纪用 30 年到 50 年再翻两番，大体上（国民生产总值）达到人均 4000 美元。做到这一步，中国就达到中等发达国家的水平。这是我们的雄心壮志。”[①]8 月 29 日，邓小平在阐述“经济发展三步走”时，明确了温饱、小康、中等发达国家水平三个发展阶段的战略目标。[②] 在“基本现代化三步走”的关系问题上，邓小平认为，“三步走的关键在第二步，第二步为第三步打下基础。”[③]1987 年 10 月，党的十三大报告正式确认“基本现代化三步走”为我国“经济建设的战略部署”。第一步是，实现国民生产总值比 1980 年翻一番，解决人民的温饱问题。这个任务已经基本实现。第二步，到 20 世纪末，国民生产总值再增长一倍，人民生活达到小康水平。第三步，到 21 世纪中叶，人均国民生产总值达到中等发达国家水平，基本实现现代化。

从“全面现代化两步走”到“基本现代化三步走”，有四个重大转变：其一，现代化目标方面，从“赶超发达国家水平”，调整为“接近发达国家水平”，最后调整为“达到中等发达国家水平”。其二，现代化阶段方面，从建立独立自主的工业体系和国民经济体系（基本实现工业化）、全面实现四个现代化两个阶段，调整为温饱、小康、基本实现现代化三个阶段。其三，现代化时间方面，从 20 世纪末全面实现现代化，调整为 21 世纪中叶基本实现现代化。其四，现代化手段方面，从“重工业优先发展”“以阶级斗争为纲”“抓革命促生产”，调整为“产业结构合理化与现代化”“以经济建设为中心”“一心一意现代化”。

五、方法调整：从“以阶级斗争为纲”到“以经济建设为中心”

以邓小平为核心的中央领导集体，在现代化方法（小康方法）方面，实现

---

① 邓小平：《吸取历史经验，防止错误倾向》，载《邓小平文选》（第三卷），人民出版社，1993 年版，第 226 页。

② 邓小平：《一切从社会主义初级阶段的实际出发》，载《邓小平文选》（第三卷），人民出版社，1993 年版，第 251 页。

③ 邓小平：《改革开放政策稳定，中国大有希望》，载《邓小平文选》（第三卷），人民出版社，1993 年版，第 321 页。

了从"以阶级斗争为纲"向"以经济建设为中心"的根本转变，提出了"一个中心""两个开放""两个飞跃""两个文明建设"（"两手抓"）"两个大局""从先富到共富"高度重视科技与教育（"科技是生产力""科技是第一生产力"）"以政治体制改革推动经济体制改革"等新的发展方法。

（一）"一个中心"

以邓小平为核心的中央领导集体，把党和国家的工作重心"从以阶级斗争为纲转到以发展生产力为中心"。[①] 或者说，"从以阶级斗争为纲转到以四化建设为中心"。[②] "现代化建设""经济建设""发展生产力"成为当务之急，成为工作重点，成为小康建设的中心工作，成为整个社会主义初级阶段的中心工作。1979年3月30日，邓小平在党的理论工作务虚会上强调，"我们当前以及今后相当长一个历史时期的主要任务是什么？一句话，就是搞现代化建设。""搞现代化建设"与坚持"四项基本原则"是什么关系，邓小平强调，"在中国的现实条件下，搞好社会主义的四个现代化，就是坚持马克思主义，就是高举毛泽东思想的伟大旗帜。你不抓住四个现代化，不从这个实际出发，就是脱离马克思主义，就是空谈马克思主义。"[③] "搞现代化建设"有多重要，邓小平指出，"我们从（20世纪）八十年代的第一年开始，就必须一天也不耽误，专心致志地、聚精会神地搞四个现代化建设。"[④] "搞现代化建设"的中心工作是什么？邓小平指出，"现代化的任务是多方面的，各个方面需要综合平衡，不能单打一。但是说到最后，还是要把经济建设当作中心。"[⑤] 可见"经济建设"是"现代化

---

① 邓小平：《形势迫使我们进一步改革开放》，载《邓小平文选》（第三卷），人民出版社，1993年版，第269页。

② 邓小平：《以和平共处五项原则为准则建立国际新秩序》，载《邓小平文选》（第三卷），人民出版社，1993年版，第283页。

③ 邓小平：《坚持四项基本原则》，载《邓小平文选》（第二卷），人民出版社，1994年版，第162—163页。

④ 邓小平：《目前的形势和任务》，载《邓小平文选》（第二卷），人民出版社，1994年版，第241页。

⑤ 邓小平：《目前的形势和任务》，载《邓小平文选》（第二卷），人民出版社，1994年版，第250页。

建设"的中心工作，"四个现代化，集中起来讲就是经济建设。"① 经济决定政治，"现代化是最大的政治"，"经济工作是当前最大的政治，经济问题是压倒一切政治问题。"②

中国为什么必须以现代化建设为中心，而现代化建设又必须以经济建设为中心？

其一，现代化决定中华民族的命运，中华民族的伟大复兴有赖于中国现代化的实现。"能否实现四个现代化，决定着我们国家的命运、民族的命运。"③ 现代化是当代中国最大的政治，"代表着人民的最大的利益、最根本的利益"。④

其二，经济建设是社会主义建设的物质基础。"离开了经济建设这个中心，就有丧失物质基础的危险。其他一切任务都要服从这个中心，围绕这个中心，决不能干扰它，冲击它。"⑤

其三，吸收长期以阶级斗争为纲、没有重视经济建设的历史教训。"过去二十年（1958—1978 年），我们在这方面的教训太沉重了。"⑥ "从 1958 年到 1978 年整整二十年里，农民和工人的收入增加很少，生活水平很低，生产力没有多大发展。1978 年人均国民生产总值不到 250 美元。"⑦

其四，在这个"和平与发展"的时代，我们"要紧紧抓住经济建设这个中心，

① 邓小平：《目前的形势和任务》，载《邓小平文选》（第二卷），人民出版社，1994年版，第 240 页。

② 邓小平：《关于经济工作的几点意见》，载《邓小平文选》（第二卷），人民出版社，1994 年版，第 194 页。

③ 邓小平：《坚持四项基本原则》，载《邓小平文选》（第二卷），人民出版社，1994年版，第 162 页。

④ 邓小平：《坚持四项基本原则》，载《邓小平文选》（第二卷），人民出版社，1994年版，第 163 页。

⑤ 邓小平：《目前的形势和任务》，载《邓小平文选》（第二卷），人民出版社，1994年版，第 250 页。

⑥ 邓小平：《目前的形势和任务》，载《邓小平文选》（第二卷），人民出版社，1994年版，第 250 页。

⑦ 邓小平：《政治上发展民主，经济上实行改革》，载《邓小平文选》（第三卷），人民出版社，1993 年版，第 115 页。

不要丧失时机"。①20 世纪是个"极端的年代",殖民主义、帝国主义、霸权主义、强权政治主导着国际秩序,国际上发生了两次世界大战、一次"冷战",还有无数的殖民主义战争、帝国主义战争、民族解放运动、工人运动、社会主义运动等等,中国也发生了八国联军侵华战争、辛亥革命、二次革命、护国运动、护法运动、第二次护法运动、北洋军阀混战、国民革命、国民党新军阀混战、土地革命、日本侵华战争、解放战争、抗美援朝、抗美援越、中印边界战争、中俄边界冲突、"文化大革命"等等,真正可以用于和平建设的时间并不多,因此,以邓小平为核心的中央领导集体,要求我们格外珍惜有限的和平时间,抓紧一切时间发展自己,做大做强。

(二)"先农村后城市"与"两个飞跃"

中国改革为何要采取先农村后城市的策略?

其一,中国大部分人口生活在农村,因此,农村首先需要保持政治局势的稳定。"中国有 80% 的人口住在农村,中国稳定不稳定,首先看这 80% 稳定不稳定。城市搞得再漂亮,没有农村这一稳定的基础是不行的。"②邓小平强调,"农村不稳定,整个政治局势就不稳定。"③

其二,"贫穷不是社会主义"。中国是伟大的社会主义国家,必须摆脱绝对贫困,让人民生活日益好起来。中国农村是贫困人口最多的地方,大多数农民没有摆脱贫困。"在没有改革以前,大多数农民是处在非常贫困的状况,衣食住行都非常困难。"④不首先解决农民的贫困问题,中国一切发展无从谈起。"农民没有摆脱贫困,就是我国没有摆脱贫困。"⑤

---

① 邓小平:《形势迫使我们进一步改革开放》,载《邓小平文选》(第三卷),人民出版社,1993 年版,第 270 页。

② 邓小平:《建设有中国特色的社会主义》,载《邓小平文选》(第三卷),人民出版社,1993 年版,第 65 页。

③ 邓小平:《改革的步子要加快》,载《邓小平文选》(第三卷),人民出版社,1993 年版,第 237 页。

④ 邓小平:《改革的步子要加快》,载《邓小平文选》(第三卷),人民出版社,1993 年版,第 278 页。

⑤ 邓小平:《改革的步子要加快》,载《邓小平文选》(第三卷),人民出版社,1993 年版,第 237 页。

其三，农村改革的成功能够为城市改革提供信心和勇气。"农村见了成效，我们才有勇气进行城市的改革"。①城市改革的风险更大，需要农村改革的成功作有益的借鉴。"农村改革的经验，使我们相信城市改革能够搞好。"②

邓小平总结了农业改革与发展的基本经验，形成"两个飞跃"重要思想，成为中国解决"三农"问题的主要方法和重要指导思想。1990年3月3日，邓小平阐述了"两个飞跃"的重要思想，即："中国社会主义农业的改革和发展，从长远的观点看，要有两个飞跃。第一个飞跃，是废除人民公社，实行家庭联产承包为主的责任制。这是一个很大的前进，要长期坚持不变。第二个飞跃，是适应科学种田和生产社会化的需要，发展适度规模经营，发展集体经济。这是又一个很大的前进，当然这是很长的过程。"③"两个飞跃"的重要思想提出的第一个解决"三农"问题的重要方法，是建立家庭联产承包责任制。

为什么要建立家庭联产承包责任制？

其一，人民公社体制无法激励农民的生产积极性。人民公社体制是土地集体所有（公有制）、集体经营（计划经济）、集体劳动（"大呼隆"）、集体分配（"大锅饭"），农民缺乏经营自主权、劳动自主权、分配自主权，生产积极性降到最低，干活"磨洋工"，"上工像绵羊，休息像倒墙""出勤不出力"。邓小平批评人民公社体制"片面强调'一大二公'，吃大锅饭，带来大灾难"。④

其二，家庭联产承包责任制是中国农民自己的创造性发明。家庭联产承包责任制的实施是农民的自救行为。小岗村的"红手印"就是明证。从历史渊源看，家庭联产承包责任制是20世纪50年代和60年代"包产到户"的复活，是"自留地"（所谓"救命地"）的扩大版。实行家庭联产承包责任制是自下而上探索与自上而下指导的结合。"农村搞家庭联产承包，这个发明权是农民的。

---

① 邓小平：《改革开放是一个很大的试验》，载《邓小平文选》（第三卷），人民出版社，1993年版，第130页。

② 邓小平：《我们的宏伟目标和根本政策》，载《邓小平文选》（第三卷），人民出版社，1993年版，第78页。

③ 邓小平：《国际形势和经济问题》，载《邓小平文选》（第三卷），人民出版社，1993年版，第355页。

④ 邓小平：《政治上发展民主，经济上实行改革》，载《邓小平文选》（第三卷），人民出版社，1993年版，第115页。

农村改革中的好多东西，都是基层创造出来，我们把它拿来加工提炼作为全国的指导。"①

其三，家庭联产承包责任制给农民以土地的承包经营权和农业生产的经营自主权，能够最大限度地激活农民的农业生产积极性。家庭联产承包责任制也给了农民自由的劳动时间，使得农民可以开展多种经营，从事二、三产业。家庭联产承包责任制也给了农民自由的劳动空间，没有把农民束缚在土地上，农民可以自由进入乡镇企业做工，发展个体经济，创立各种合作经济组织，进而可以进入城市创业、服务与打工，甚至实现人口城镇化。

其四，家庭联产承包责任制符合中国的农业发展实际，农户经济（家庭经营）在中国还有强大的生命力。特别是在社会主义市场经济环境下，有了健全的社会化服务体系，有了成熟的市场经济体制（生产要素可以自由流动），家庭经营就可以在农业现代化进程中发挥最大的活力。"我国农业现代化，不能照抄西方国家或苏联一类国家的办法，要走出一条在社会主义制度下合乎中国情况的道路。"②

其五，家庭联产承包责任制也基本符合农业生产的规律。农业生产主要是生命再生产，与工业生产大不一样，规模不宜过大。家庭经营能够精耕细作，精心照顾，是农业生产比较适合的经营方式之一。在中国还处于社会主义初级阶段之际，家庭联产承包责任制要长期坚持。

由于人民公社体制的长期运行，人们的头脑中对"集体经营"（计划经济）属于社会主义已经根深蒂固，推进家庭联产承包责任制并不容易，进展并不顺利，尤其是很多干部的思想一时难以想通，他们的疑问是"家庭承包还算社会主义吗？嘴里不说，心里想不通，行动上就拖，有的顶了两年，我们等待"。③"开始的时候只有三分之一的省干起来，第二年超过三分之二，第三年差不多全部

---

① 邓小平：《在武昌、深圳、珠海、上海等地的谈话要点》，载《邓小平文选》（第三卷），人民出版社，1993 年版，第 382 页。

② 邓小平：《贯彻调整方针，保证安定团结》，载《邓小平文选》（第二卷），人民出版社，1994 年版，第 362 页。

③ 邓小平：《视察上海时的谈话》，载《邓小平文选》（第三卷），人民出版社，1993年版，第 367 页。

跟上"。①

家庭联产承包责任制的实施成效非常显著。农民迅速解决了温饱问题。"效果很好，变化很快"，"安徽肥西县绝大多数生产队搞了包产到户，增产幅度很大。'凤阳花鼓'中唱的那个凤阳县，绝大多数生产队搞了大包干，也是一年翻身，改变面貌。"②农业与乡镇企业获得大发展。"农作物大幅度增产，农民收入大幅度增加，乡镇企业异军突起。"③

邓小平所言"第二个飞跃"，指的是"适度规模经营"，解决"三农"问题为什么要有"适度规模经营"？

其一，适应农业现代化的需求。工业化、信息化、科技现代化、管理现代化推动着农业加速现代化，农业现代化需要吸收工业化、信息化、科技现代化、管理现代化的先进成果，具备了适度规模经营的条件。

其二，适应城镇化的需求。在现代化进程中，农业现代化与城镇化产生良性互动，随着大量农民持续进城，农村人口持续减少，土地与农业需要进行集约经营，发展适度规模经营有了必要性与迫切性。

其三，适应农业经营方式多样化的需求。农业经营方式应该且必须多样化。多样化的经营方式，才适合农业经营范围（农业经营范围很广，包括种植业、养殖业、畜牧业、渔业、林业等）复杂多变的特点。

其四，适应农村产业化发展的需求。"三农"的发展不仅需要农业发展，农村的二、三产业也需要大力发展，才能有效提升农村的发展水平和农民的生活质量。需要大力发展为农村发展与农民生活水平提高提供支撑的各种产业，包括教育产业、医疗卫生健康产业、养老产业、文化娱乐产业、乡村旅游产业等。

其五，适应农业社会化服务体系建设的需求。随着农业日益发展，农业社会化服务体系的建立健全显得越来越重要。需要大力发展为农业发展提供支撑服务的各种产业，包括农药服务、种子服务、肥料服务、农机服务、水利服务等。

---

① 邓小平：《在武昌、深圳、珠海、上海等地的谈话要点》，载《邓小平文选》（第三卷），人民出版社，1993 年版，第 374 页。

② 邓小平：《关于农村政策问题》，载《邓小平文选》（第二卷），人民出版社，1994年版，第 315 页。

③ 邓小平：《在武昌、深圳、珠海、上海等地的谈话要点》，载《邓小平文选》（第三卷），人民出版社，1993 年版，第 376 页。

其六，适宜全国统一的市场经济建设的需求。生产要素自由流动，是社会主义市场经济体制建设的目标，适度规模经营是生产要素自由流动的必然产物。

（三）"两个开放"

"两个开放"指的是"对外开放和对内开放"，[①]这是以邓小平为核心的中央领导集体在改革开放以来提出的重要思想，旨在推动中国经济大发展。"两个开放"其实就是"改革开放"，邓小平的解释是，"一个对外经济开放，一个对内经济搞活。改革就是搞活，对内搞活，也就是对内开放，实际上都叫开放政策。"[②]"对内开放"主要是改革计划经济体制，把市场经济体制建起来，让商品与生产要素在全国范围内可以自由流动。"对外开放"主要是"三个方面的开放"，即既对西方发达国家，也对苏联东欧国家，同时也对第三世界发展中国家开放。[③]"对外开放"顺应经济全球化的潮流，主要是对接国际市场、打通国际市场，让全球资源和国际生产要素可以流入中国，同时中国的资源与生产要素也可以流到国外。无论是"对内开放"，还是"对外开放"，都是一个长期的发展过程，不可能一步到位，需要循序渐进。"对内开放"与"对外开放"是相互推动的，"两个开放"的不断深化，共同推动着中国社会主义市场经济走向成熟。

中国为什么要实施对外开放政策？

其一，实施对外开放政策是国家发展的必然要求。"任何一个国家要发展，孤立起来，闭关自守是不可能的，不加强国际交往。不引进发达国家的先进经验、先进科学技术和资金，是不可能的。"[④]

其二，实施对外开放政策是中国小康建设的必然要求。"没有对外开放政

---

① 邓小平：《改革是中国的第二次革命》，载《邓小平文选》（第三卷），人民出版社，1993 年版，第 113 页。

② 邓小平：《军队要服从整个国家建设大局》，载《邓小平文选》（第三卷），人民出版社，1993 年版，第 98 页。

③ 邓小平：《军队要服从整个国家建设大局》，载《邓小平文选》（第三卷），人民出版社，1993 年版，第 99 页。

④ 邓小平：《政治上发展民主，经济上实行改革》，载《邓小平文选》（第三卷），人民出版社，1993 年版，第 117 页。

策这一着，翻两番困难，翻两番之后再前进更困难。"①

其三，实施对外开放政策是中国实现现代化（接近发达国家）的必然要求。"你不开放，再来个闭关自守，五十年要接近发达国家水平，肯定不可能。"②在整个中国现代化进程中都必须实行开放政策，"如果说在本世纪（20世纪）内需要实行开放政策，那么在下个世纪的前五十年内中国要接近发达国家的水平，也不能离开这个政策，离开了这个政策不行"。即使中国现代化实现了，开放政策还要继续下去，而且只会更加开放，"如果开放政策在下一世纪前五十年不变，那么到了后五十年，我们同国际上的经济交往更加频繁，更加相互依赖，更不可分，开放政策就更不会变了。"③

其四，吸取世界各国经济发展的经验，特别是西方国家经济发展的经验。"世界各国的经济发展都要搞开放，西方国家在资金和技术上就是互相融合、交流的。"④

其五，吸取中国长期"闭关自守"导致"贫穷落后""愚昧无知"的深刻教训。"从明朝中叶算起，到鸦片战争，有300多年的闭关自守，如果从康熙算起，也有近200年。长期闭关自守，把中国搞得贫穷落后，愚昧无知。"⑤

（四）"两个文明建设"（"两手抓"）

小康建设不仅是物质文明建设，也是精神文明建设，以邓小平为核心的中央领导集体提出"两个文明建设"两位一体的总体布局。"我们现在搞两个文

---

① 邓小平：《在中央顾问委员会第三次全体会议上的讲话》，载《邓小平文选》（第三卷），人民出版社，1993年版，第90页。

② 邓小平：《在中央顾问委员会第三次全体会议上的讲话》，载《邓小平文选》（第三卷），人民出版社，1993年版，第90页。

③ 邓小平：《中国是信守诺言的》，载《邓小平文选》（第三卷），人民出版社，1993年版，第102—103页。

④ 邓小平：《视察上海时的谈话》，载《邓小平文选》（第三卷），人民出版社，1993年版，第367页。

⑤ 邓小平：《在中央顾问委员会第三次全体会议上的讲话》，载《邓小平文选》（第三卷），人民出版社，1993年版，第90页。

明建设，一是物质文明，二是精神文明。"① 邓小平"特别注意"物质文明建设，也"狠狠地抓"精神文明建设，他指出，"过去很长一段时间，我们忽视了发展生产力，所以现在我们要特别注意建设物质文明。与此同时，还要建设社会主义的精神文明，最根本的是要使广大人民有共产主义的理想，有道德，有文化，守纪律。"②

邓小平所言精神文明"不但是指教育、科学、文化，而且是指共产主义的思想、理想、信念、道德、纪律，革命的立场和原则，人与人的同志式关系，等等"。③ 小康建设中，精神文明建设的重要性不亚于物质文明建设，没有精神文明建设，物质文明建设就会走向邪路，也会缺乏精神动力。"抓精神文明建设，抓党风、抓社会风气，必须狠狠地抓，一天也不放松，从具体事件抓起。"④

"两手抓"是邓小平"两个文明建设"的根本方法。"一手抓建设，一手抓法制"；⑤ "一手抓改革开放，一手抓打击各种犯罪活动"。⑥ 两只手都要硬，因为"风气如果坏下去，经济搞成功又有什么意义？会在另一方面变质，反过来影响整个经济变质，发展下去会形成贪污、盗窃、贿赂横行的世界"。⑦

（五）"两个大局"

1988 年 9 月 12 日，邓小平提出"两个大局"的重要思想，即改革开放之

① 邓小平：《拿事实来说话》，载《邓小平文选》（第三卷），人民出版社，1993 年版，第 156 页。

② 邓小平：《建设社会主义的物质文明和精神文明》，载《邓小平文选》（第三卷），人民出版社，1993 年版，第 28 页。

③ 邓小平：《贯彻调整方针，保证安定团结》，载《邓小平文选》（第二卷），人民出版社，1994 年版，第 367 页。

④ 邓小平：《在中央政治局常委会上的讲话》，载《邓小平文选》（第三卷），人民出版社，1993 年版，第 152 页。

⑤ 邓小平：《在中央政治局常委会上的讲话》，载《邓小平文选》（第三卷），人民出版社，1993 年版，第 154 页。

⑥ 邓小平：《在武昌、深圳、珠海、上海等地的谈话要点》，载《邓小平文选》（第三卷），人民出版社，1993 年版，第 378 页。

⑦ 邓小平：《在中央政治局常委会上的讲话》，载《邓小平文选》（第三卷），人民出版社，1993 年版，第 154 页。

初内地要顾全沿海地区先发展起来的大局，理解并支持沿海地区加快发展；改革开放发展到一定阶段，沿海地区也要顾全内地均衡发展的大局，积极主动地带动帮助内地快速发展。邓小平的表述是，"沿海地区要加快对外开放，使这个拥有两亿人口的广大地带较快地先发展起来，从而带动内地更好地发展，这是一个事关大局的问题。内地要顾全这个大局。反过来，发展到一定的时候，又要求沿海拿出更多力量来帮助内地发展，这也是个大局。那时沿海也要服从这个大局。"①

何时要解决"第二个大局"问题，邓小平的设想是，"在本世纪（20 世纪）末达到小康水平的时候，就要突出地提出和解决这个问题。到那个时候，发达地区要继续发展，并通过多交利税和技术转让等方式大力支持不发达地区。"②沿海如何帮助内地发展，邓小平设计的方法是，"可以由沿海一个省包内地一个省或两个省，也不要一下子负担太重，开始时可以做某些技术转让。"③

邓小平"两个大局"的重要思想得到了很好的落实。20 世纪 80 年代 90 年代"沿海率先"战略得到切实的贯彻落实，5 个经济特区（深圳、珠海、厦门、汕头、海南）、14 个沿海开放港口城市（大连、秦皇岛、天津、烟台、青岛、连云港、南通、上海、宁波、温州、福州、广州、湛江、北海）、4 个发达三角区域（珠江三角洲、闽南三角区、长江三角洲、环渤海湾地区），均出现在沿海，沿海地区在改革开放的大潮中率先发展起来了。20 世纪末，以江泽民为核心的中央领导集体提出了"西部大开发"战略与"八七脱贫攻坚计划"。21 世纪初，以胡锦涛为核心的中央领导集体继续实施"西部大开发"战略、"脱贫攻坚计划"，同时提出了"协调发展"（区域协调发展）、"区域总体发展"战略（在"沿海率先""西部开发"的基础上增加了"振兴东北""中部崛起"）。以习近平同志为核心的中央领导集体继续实施"西部大开发""协调发展""区域总体发展"战略，同时提出了"精准扶贫"战略，要打赢脱贫攻坚战，确保

---

① 邓小平：《中央要有权威》，载《邓小平文选》（第三卷），人民出版社，1993 年版，第 277—278 页。

② 邓小平：《在武昌、深圳、珠海、上海等地谈话要点》，载《邓小平文选》（第二卷），人民出版社，1994 年版，第 374 页。

③ 邓小平：《善于利用时机解决发展问题》，载《邓小平文选》（第三卷），人民出版社，1993 年版，第 364 页。

少数民族地区、西部地区、边疆地区、革命老区、深度贫困地区全面实现小康。

（六）走先富到共富之路

改革开放以前，我们长期吃"大锅饭"，批"利润挂帅"，批"物质刺激"，批"资产阶级法权"，"斗私批修"，分配中的平均主义现象严重，激励人们创造财富的动力机制严重缺乏，导致整个社会生产缺乏积极性。1978 年 12 月 13 日，邓小平在中共中央工作会议闭幕会上，做了著名的《解放思想，实事求是，团结一致向前看》的报告（实际上成为中共十一届三中全会的主题报告），提出："在经济政策上，我认为要允许一部分地区、一部分企业、一部分工人农民，由于辛勤劳动成绩大而收入先多一些，生活先好起来。一部分人生活先好起来，就必然产生极大的示范力量，影响左邻右舍，带动其他地区、其他单位的人们向他们学习。这样，就会使整个国民经济不断地波浪式地向前发展，使全国各族人民都能比较快地富裕起来。"① 在此，邓小平提出了"从先富到共富"的重要发展思想，此后"致富光荣"成为一个新的潮流。

为什么我们要走先富到共富之路？

其一，吸取计划经济体制下"吃大锅饭"的深刻教训，平均富裕、同步富裕是不可能的。"平均发展是不可能的。过去搞平均主义，吃'大锅饭'，实际上是共同落后，共同贫穷，我们就是吃了这个亏。"②

其二，先富的地区与个人可以发挥示范、激励和带动作用。"提倡一部分地区先富裕起来，是为了激励和带动其他地区也富裕起来，并且使先富裕起来的地区帮助落后的地区更好地发展。提倡人民中有一部分先富裕起来，也是同样的道理。"③

其三，在市场经济、机会均等的条件下，勤劳致富必定导致一部分人、一部分地区先富起来，这恰恰真正体现了按劳分配原则。"勤劳致富是正当的。

---

① 邓小平：《解放思想，实事求是，团结一致向前看》，载《邓小平文选》（第二卷），人民出版社，1994 年版，第 152 页。

② 邓小平：《拿事实来说话》，载《邓小平文选》（第三卷），人民出版社，1993 年版，第 155 页。

③ 邓小平：《一靠理想二靠纪律才能团结起来》，载《邓小平文选》（第三卷），人民出版社，1993 年版，第 111 页。

一部分人先富裕起来，一部分地区先富裕起来，是大家都拥护的新办法，新办法比老办法好。"①

（七）高度重视科技与教育

邓小平提出了"科学技术是生产力""科学技术是第一生产力"②的重要思想，对于我们以后制定"科教兴国"战略、"人才强国"战略、"创新驱动"战略具有重要的指导意义。早在1975年9月26日，邓小平在听取中国科学院负责人汇报工作时，就已经提出"科学技术叫生产力，科技人员就是劳动者"③的重要思想。1977年8月8日，邓小平在科教工作座谈会上提出，"赶上世界先进水平"，"要从科学和教育着手"。④后来，邓小平多次强调，实现小康，搞现代化建设，"搞好教育和科学工作，我看这是关键"。⑤教育与科研同等重要，"科研是靠教育输送人才的，一定要把教育办好。"⑥

改革开放以前，我们为什么忽视教育与科技？

其一，"以阶级斗争为纲"，主张"贫穷的社会主义"，而不是以经济建设为中心，"贫穷不是社会主义"，故忽视教育与科技，把热心于搞科技者视为"白专"。邓小平对这"耽误的二十年"痛心疾首，"我们已经耽误了二十年，影响了发展，还要再耽误二十年，后果不堪设想。"⑦

---

① 邓小平：《各项工作都要有助于建设有中国特色的社会主义》，载《邓小平文选》（第三卷），人民出版社，1993年版，第23页。

② 邓小平：《科学技术是第一生产力》，载《邓小平文选》（第三卷），人民出版社，1993年版，第274页。

③ 邓小平：《科研工作要走在前面》，载《邓小平文选》（第二卷），人民出版社，1994年版，第32页。

④ 邓小平：《关于科学和教育工作的几点意见》，载《邓小平文选》（第二卷），人民出版社，1994年版，第8页。

⑤ 邓小平：《一心一意搞建设》，载《邓小平文选》（第三卷），人民出版社，1993年版，第9页。

⑥ 邓小平：《关于科学和教育工作的几点意见》，载《邓小平文选》（第二卷），人民出版社，1994年版，第50页。

⑦ 邓小平：《科学技术是第一生产力》，载《邓小平文选》（第三卷），人民出版社，1993年版，第274—275页。

其二，对知识的性质认识不清，不尊重知识，不尊重脑力劳动，认为"知识越多越反动"，脑力劳动不是劳动，脑力劳动者不是劳动者。

其三，对知识分子的性质认识不清，不尊重知识分子，不尊重教师，把知识分子与教师视为"资产阶级""臭老九"，认为"高贵者最愚蠢"。邓小平指出，"从事脑力劳动的人也是劳动者。将来，脑力劳动和体力劳动更分不开来。"①

为什么我们要高度重视科技与教育？

其一，社会主义需要高度发达的生产力，需要高度发达的精神文明，"科学和教育对于社会主义"具有"极大重要性"，"没有科学和教育，就不可能建设社会主义"。②

其二，国际竞争是综合国力的竞争，根本上是经济竞争，经济竞争取决于人才，人才取决于教育。"国力的强弱，经济发展后劲的大小，越来越取决于劳动者的素质，取决于知识分子的数量和质量。"③创新是经济发展的强大动力，创新要靠科技与教育。"经济发展得更快一些，必须依靠科技和教育。"④

其三，历史经验表明了科技与教育的重要性。近代以来，科技与教育对经济发展的推动性越来越大，发达国家无不高度重视发展教育与科技，"日本人从明治维新就开始注重科技，注重教育，花了很大力量"，而"多年来我们放松了科学研究和教育，这方面损失是很大的"。⑤

其四，中国是一个人口大国，人口资源需要合理加以利用。"一个十亿人口的大国，教育搞上去了，人才资源的巨大优势是任何国家比不了的。"⑥中国

① 邓小平：《尊重知识，尊重人才》，载《邓小平文选》（第二卷），人民出版社，1994年版，第41页。

② 邓小平：《党和国家领导制度的改革》，载《邓小平文选》（第二卷），人民出版社，1994年版，第334页。

③ 邓小平：《把教育工作认真抓起来》，载《邓小平文选》（第三卷），人民出版社，1993年版，第120页。

④ 邓小平：《在武昌、深圳、珠海、上海等地的谈话要点》，载《邓小平文选》（第三卷），人民出版社，1993年版，第377页。

⑤ 邓小平：《社会主义也可以搞市场经济》，载《邓小平文选》（第二卷），人民出版社，1994年版，第233页。

⑥ 邓小平：《把教育工作认真抓起来》，载《邓小平文选》（第三卷），人民出版社，1993年版，第120页。

人口众多，资源的人均拥有量较低，要赶上世界先进水平，只有依靠科技与教育。

其五，中国要实现现代化，教育与科技是关键。"我们要实现现代化，关键是科学技术要能上去。发展科学技术，不抓教育不行。"① 邓小平极为忧虑教育的发展，"我们有个危机，可能发生在教育部门，把整个现代化水平拖住了。"②

（八）以政治体制改革推动经济体制改革

以政治体制改革推动经济体制改革，二者互相推动，才能最大限度地激活人民创造财富的积极性。以邓小平为核心的中央领导集体提出了政治体制改革的三大目标：其一，巩固社会主义制度；其二，发展社会主义生产力；其三，发扬社会主义民主，调动广大人民的积极性。三大目标中，"发展社会主义生产力"是一个中心目标，是"巩固社会主义制度"的基础，是"调动广大人民的积极性"的根本。政治体制改革主要有三项基本内容：其一，处理好党和政府的关系，党政分开，解决党如何善于领导的问题（此项是关键，邓小平把它放在第一位）；其二，处理好各级政府之间的关系，权力下放，解决中央政府和地方政府的关系以及地方各级政府之间的关系；其三，处理好法治和人治的关系，明确党和国家机构的职权和责任，精简机构。邓小平坚决反对"人治"，认为"民主"不是"人治"，否则"好人"也会干"坏事"，"必须使民主制度化、法律化，使这种制度和法律不因领导人的改变而改变，不因领导人看法和注意力的改变而改变"。③ 邓小平特别重视民主与法制建设，提出必须"从制度上保证党和国家政治生活的民主化、经济管理的民主化、整个社会生活的民主化"。④ 民主与法制同等重要，相互为用，"要加强民主就要加强法制。没有广泛的民

---

① 邓小平：《尊重知识，尊重人才》，载《邓小平文选》（第二卷），人民出版社，1994年版，第40页。

② 邓小平：《科研工作要走在前面》，载《邓小平文选》（第二卷），人民出版社，1994年版，第34页。

③ 邓小平：《解放思想，实事求是，团结一致向前看》，载《邓小平文选》（第二卷），人民出版社，1994年版，第146页。

④ 邓小平：《党和国家领导制度的改革》，载《邓小平文选》（第二卷），人民出版社，1994年版，第336页。

主是不行的，没有健全的法制也是不行的。"① 针对一些人对政治体制改革方向的怀疑，邓小平建立了评价政治体制改革优劣的三个标准。第一，看国家的政局是否稳定；第二，看能否增进人民的团结，改善人民的生活；第三，看生产力能否得到持续发展。② 其中"生产力标准"发挥了核心作用。"国家政局稳定""人民生活改善"要靠生产力持续发展。

为什么要进行政治体制改革，才能推动经济体制改革？

其一，我们原来的政治体制"是从苏联来的"，"这个模式在苏联也不是很成功"，更不符合"中国的实际情况"。③

其二，人民民主是社会主义政治制度的本质特征。"没有民主就没有社会主义，就没有社会主义的现代化。"④ 必须"充分发扬人民民主，保证全体人民真正享有通过各种有效形式管理国家、特别是管理基层地方政权和各项企业事业的权力，享有各项公民权利"。⑤ 当然，民主化和现代化一样，也要一步一步地前进。"社会主义愈发展，民主也愈发展。"⑥

其三，经济体制改革需要政治体制改革的配套。"经济体制改革每前进一步，都深深感到政治体制改革的必要性。不改革政治体制，就不能保障经济体制改革的成果，不能使经济体制改革继续前进，就会阻碍生产力的发展，阻碍四个现代化的实现。"⑦

---

① 邓小平：《民主与法制两手都不能削弱》，载《邓小平文选》（第二卷），人民出版社，1994 年版，第 189 页。

② 邓小平：《怎样评价一个国家的政治体制》，载《邓小平文选》（第三卷），人民出版社，1993 年版，第 213 页。

③ 邓小平：《关于政治体制改革问题》，载《邓小平文选》（第三卷），人民出版社，1993 年版，第 178 页。

④ 邓小平：《坚持四项基本原则》，载《邓小平文选》（第二卷），人民出版社，1994 年版，第 168 页。

⑤ 邓小平：《党和国家领导制度的改革》，载《邓小平文选》（第二卷），人民出版社，1994 年版，第 322 页。

⑥ 邓小平：《坚持四项基本原则》，载《邓小平文选》（第二卷），人民出版社，1994 年版，第 168 页。

⑦ 邓小平：《关于政治体制改革问题》，载《邓小平文选》（第三卷），人民出版社，1993 年版，第 176 页。

结语

以邓小平为核心的中央领导集体，调整了现代化的目标、内涵、理念、路径、方法，实现了"四个现代化"理论向"中国式的四个现代化"理论的转变，成功地开创了小康理论。现代化目标方面，20世纪末，从"实现四化"调整为"建设小康"，降低了现代化的目标；现代化含义方面，从模仿苏联、"赶英超美"（领先世界）、"渴望大同""全面现代化""高度现代化"调整为"中国式现代化""小康生活""基本现代化"（达到中等发达国家水平）；现代化理念方面，从"学习苏联""跑步进入共产主义""计划经济""走私批修""贫穷的社会主义"调整为"中国特色社会主义""社会主义初级阶段""社会主义市场经济""社会主义本质"（"共同富裕"）、"社会主义任务"（"发展生产力"）；现代化路径方面，从"工业化""全面现代化"两步走调整为"温饱""小康""基本现代化"三步走；现代化方法方面，从"以阶级斗争为纲""抓革命促生产""闭关自守"、人民公社体制、"吃大锅饭"、忽视科技与教育调整为"以经济建设为中心""两个开放""两个飞跃""两个文明建设"（"两手抓"）、"两个大局""从先富到共富"、高度重视科技与教育、"以政治体制改革推动经济体制改革"。以邓小平为核心的中央领导集体开创的小康理论，对于中国小康建设、实现现代化、实现中华民族伟大复兴具有重大指导意义。

第五章 市场经济、全面小康：江泽民小康理论的创新性

以江泽民为核心的中央领导集体，接过以邓小平为核心的中央领导集体的小康接力棒，在社会主义市场经济的平台上，通过科教兴国、可持续发展、加快改革开放力度、鼓励发展乡镇企业和民营企业，大力推进国有企业改革、西部大开发、扶贫攻坚等方法，顺利完成了总体小康的历史任务，并把小康社会建设从"总体小康"推进到"全面小康"的新阶段。

一、目标创新：从"总体小康"到"全面小康"

20世纪90年代的小康建设目标与任务在80年代就已经基本确定。1992年，党的十四大提出了20世纪90年代改革和建设的十大主要任务，也可以说是这一时期小康建设的十大目标。第一，围绕社会主义市场经济体制的建立，加快经济改革步伐。第二，进一步扩大对外开放，更多更好地利用国外资金、资源、技术和管理经验。第三，调整和优化产业结构，高度重视农业，加快发展基础工业、基础设施和第三产业。第四，加快科技进步，大力发展教育，充分发挥知识分子的作用。第五，充分发挥各地优势，加快地区经济发展，促进全国经济布局合理化。第六，积极推进政治体制改革，使社会主义民主和法制有一个较大的发展。第七，下决心进行行政管理体制和机构改革，切实做到转变职能、理顺关系、精兵简政、提高效率。第八，坚持两手抓，两手都要硬，把社会主义精神文明建设提高到新水平。第九，不断改善人民生活，严格控制人口增长，加强环境保护。第十，加强军队建设，增强国防实力，保障改革开放和经济建设顺利进行。

1997年，党的十五大在"十四大"确定的"十大任务"的基础上，高屋建瓴地提出了社会主义初级阶段的基本纲领（基本任务）。其中，经济建设任务是在社会主义条件下发展市场经济，不断解放和发展生产力；政治建设任务是在中国共产党的领导下，在人民当家作主的基础上，依法治国，发展社会主义民主政治；文化建设的任务是以马克思主义为指导，以培育有理想、有道德、有文化、有纪律的公民为目标，发展面向现代化、面向世界、面向未来，民族的、科学的、大众的社会主义文化。这个社会主义初级阶段的基本纲领完全覆盖到后来党的十六大确定的全面建设小康社会的目标，但更有纲领性与前瞻性。

2002年，党的十六大提出了全面建设小康社会的四大目标。

经济小康目标有四：

其一，在优化结构和提高效益的基础上，国内生产总值到2020年力争比2000年翻两番，综合国力和国际竞争力明显增强。

其二，基本实现工业化，建成完善的社会主义市场经济体制和更具活力、更加开放的经济体系。

其三，城镇人口比重较大幅度提高，工农差别、城乡差别和地区差别扩大的趋势逐步扭转。

其四，社会保障体系比较健全，社会就业比较充分，家庭财产普遍增加，人民过上更加富足的生活。

政治小康目标有二：

其一，社会主义民主更加完善，社会主义法制更加完备，依法治国基本方略得到全面落实，人民的政治、经济和文化权益得到切实尊重和保障。

其二，基层民主更加健全，社会秩序良好，人民安居乐业。

文化小康目标有三：

其一，各民族的思想道德素质、科学文化素质明显提高，形成比较完善的现代国民教育体系、科技和文化创新体系、全民健身和医疗卫生体系。

其二，人民享有接受良好教育的机会，基本普及高中阶段教育，消除文盲。

其三，形成全民学习、终身学习的学习型社会，促进人的全面发展。

生态小康目标是，可持续发展能力不断增强，生态环境得到改善，资源利用效率显著提高，促进人与自然的和谐，推动整个社会走上生产发展、生活富裕、生态良好的文明发展道路。

二、含义创新："四个明确""六个更加""三个特点"

党的"十四大""十五大"的小康含义，主要延续以邓小平为核心的中央领导集体设计的小康概念，专注于人民的物质生活水平的提高，同时也有一定的创新，主要是加入了建设社会主义市场经济与可持续发展的含义，对社会主义精神文明建设也比较重视。2002 年 1 月 14 日，江泽民在党的十六大文件起草组会议上，提出了"翻一番""基本完成工业化""四个明确""六个更加""三个特点"，对小康的含义，做了全面的、系统的、深入的新阐释。

"翻一番"指的是，2020 年国内生产总值比 2010 年翻一番，比 2000 年翻两番。

"基本完成工业化"指的是，到 2020 年基本实现工业化。有条件的地方可以发展得快一点，率先基本实现现代化。

"四个明确"指的是，其一，明确提出全面建设小康社会的目标，符合邓小平同志关于实现现代化的战略思想；其二，明确提出全面建设小康社会的目标，与党的"十五大"对新世纪的展望、党的十五届五中全会提出的我国进入新的发展阶段的要求相一致；其三，明确提出全面建设小康社会的目标，符合党心民意，也有利于我国进一步展示良好的国际形象；其四，明确提出全面建设小康社会的目标，符合我国国情和现代化建设的实际，同我国实现社会全面发展和共同富裕的目标也是吻合的。

"六个更加"指的是，"经济更加发展，民主更加健全，科教更加进步，文化更加繁荣，社会更加和谐，人民生活更加殷实"。

在这次会议上，江泽民特别指出了小康概念的"中国特色"与"丰富内涵"，高度概括了"全面建设小康社会"含义的三个特点：其一，全面性。经济、政治、文化全面发展，工业化、市场化、社会化、信息化四化统一。其二，充分性。全体人民更加充分地享受小康生活。其三，稳定性。全体人民更加稳定地享受小康生活。

这里的"全面建设小康社会"概念新阐释得到了党的十六大报告的正式确认。"十六大"报告再次强调了以下几点：其一，人民生活总体上已经达到小康水平，但目前达到的小康还是低水平、不全面、发展很不平衡的小康；其二，全面建设小康社会的总体目标是"六个更加"；其三，2020 年国内生产总值比

2000 年翻两番；其四，基本实现工业化；其五，经济、政治、文化全面发展；其六，符合我国国情和现代化建设实际，符合人民愿望；其七，有条件的地方可以发展更快一些，在全面建设小康社会的基础上，率先基本实现现代化。全面建设小康社会属于现代化进程的一部分，与加快推进现代化相统一。

三、理念创新："可持续发展""全面小康""三个代表"

以江泽民为核心的中央领导集体，在小康理念创新方面，主要是提出了"可持续发展""全面建设小康社会""三个代表"等新的重大发展理念。三大发展理念对此后的小康建设和现代化建设的影响深远。其中"可持续发展"理念后来成为科学发展观的主体组成部分，也成为生态文明建设、美丽中国目标、新发展理念的核心内涵；"全面建设小康社会"成为 2000—2020 年的中国特色社会主义现代化建设总体目标，成为"四个全面"战略布局的核心组成部分；"三个代表"则成为中国共产党和中国特色社会主义建设长期应该遵循的指导思想。

（一）"可持续发展"理念

"可持续发展"，即"永续发展"，就是说发展不能以牺牲子孙后代的资源福利为代价，也不能以环境污染而导致损害人的生命健康为代价，发展的目的是人类发展。资源必须是可循环利用，环境污染必须要消除，环境破坏必须要遏制。1996 年 7 月 16 日，江泽民总书记在第四次全国环境保护会议上，阐述了"可持续发展"这一理念的根本含义，"经济发展，必须与人口、资源、环境统筹考虑，不仅要安排好当前的发展，还要为子孙后代着想，为未来的发展创造更好的条件，决不能走浪费资源和先污染后治理的路子，更不能吃祖宗饭，断子孙路。"[①]

"可持续发展"理念源于 1972 年 6 月联合国人类环境会议提出的"只有一个地球"的环境保护思想。1980 年 3 月，联合国大会提出"可持续发展"理念。1987 年，世界环境与发展委员会提出《我们共同的未来》，系统阐述了"可持续发展"理念。1992 年 6 月，联合国环境与发展大会通过《21 世纪议程》，在

① 江泽民：《保护环境，实施可持续发展战略》，载《江泽民文选》（第一卷），人民出版社，2006 年版，第 532 页。

全球大力倡导"可持续发展"理念。受其影响，中国于 1993 年开始制定《中国 21 世纪议程》，并于 1994 年通过。1995 年 9 月，江泽民总书记在党的十四届五中全会上阐述了"在现代化建设中，必须把实现可持续发展作为一个重大战略"的思想。[①] 在"可持续发展"理念的影响下，实施可持续发展战略就有了重要的思想基础。

"可持续发展"理念在 20 世纪 90 年代中国的出现，不仅是受到联合国"可持续发展"理念的影响，也是中国 20 世纪 70 年代以来环境保护理念的内在发展，同时也是 20 世纪 80 年代中国环境保护国策的深入发展，与 20 世纪 90 年代中国经济高速发展带来的环境危机也有直接关联。

（二）"全面小康"理念

"全面小康"，即"全面建设小康社会"或"全面建成小康社会"。"全面小康"理念是在"总体小康"已经实现的背景下提出的，主要是针对"总体小康"的不足之处，是对"总体小康"的巩固与发展，进一步提高"总体小康"的规模与质量，扩大小康的覆盖人口，增加小康的覆盖领域，提升小康的品质。"全面小康"理念是以江泽民、胡锦涛、习近平为核心的中央领导集体先后接续倡导的，且不断创新性推进的，最终必须实现。

"小康"是"中国式现代化"的一种表达，源于"中国式四个现代化"。"四个现代化"是 20 世纪五六十年代以毛泽东为核心的中央领导集体确立的发展战略，以"计划经济""重工业优先""赶英超美""高速发展"为特征，且受到"以阶级斗争为纲"的严重冲击，实施效果很差。1979 年以邓小平为代表的中央领导集体把这个发展战略修正为"中国式的四个现代化"，并定名为"小康"。

"小康"理念与"四个现代化"的不同之处在于：其一，强调"中国式现代化"，不再机械照搬国外现存的现代化模式；其二，注重民生，优先解决温饱问题，然后再消除绝对贫困；其三，注重产业结构合理化与现代化，强调发展第三产业的极端的重要性；其四，注重科教发展的优先地位。

"全面小康"理念是 20 世纪八九十年代"小康"理念的继续，同时也是中

---

① 江泽民：《正确处理社会主义现代化建设中的若干重大关系》，载《江泽民文选》（第一卷），人民出版社，2006 年版，第 463 页。

国现代化理念的深化。"全面小康"理念相对于"小康"理念的创新之处在于，其一，强调小康的全面性，领域从"三位一体"（以江泽民为核心的中央领导集体提出并实施）扩展到"四位一体"（以胡锦涛为核心的中央领导集体提出并实施）、"五位一体"（以胡锦涛为核心的中央领导集体提出，以习近平同志为核心的中央领导集体实施），人口包括深度贫困地区与绝对贫困人口；其二，注重小康的人本性与高质量发展，满足人民对美好生活的需求，尤其是对和谐社会和美好环境的需求；其三，强调小康的均衡性，统筹城乡发展、统筹区域发展、统筹经济社会发展、统筹人与自然和谐发展，强调城乡一体化、区域一体化、城市群一体化；其四，强调"全面小康"与"基本现代化"的衔接性，作为 21 世纪上半叶基本现代化"三步走"（2000—2010 年；2011—2021 年；2021—2049 年）或现代化强国"三步走"（2000—2020 年；2020—2035 年；2035—2050 年）的第一步。

（三）"三个代表"理念

"三个代表"理念，是以江泽民为核心的中央领导集体在 21 世纪初提出的，党的十六大确立为党的指导思想，也成为中国特色社会主义现代化建设的指导思想。

2000 年 2 月 25 日，江泽民在广东考察时提出"我们党在革命、建设、改革的各个历史时期，总是代表着中国先进生产力的发展要求，代表着中国先进文化的前进方向，代表着中国最广大人民的根本利益"。[①] 这就是"三个代表"的准确含义。

"三个代表"理念的形成不是偶然的，有其深刻的历史背景：其一，中国已经进入加快改革开放，建立社会主义市场经济体制的时代，中国共产党面临的执政环境发生了重大变化，从计划经济转到市场经济，国家与社会走向相对分离，社会自主性凸显，新的社会阶层已经形成，中国共产党该如何应对；其二，经济全球化、信息化加速，区域集团化、一体化也在加速，中国面临的国际环境也发生了新的变化，中国该如何应对；其三，新中国成立以来，尤其是

---

① 江泽民：《在新的历史条件下更好地做到"三个代表"》，载《江泽民文选》（第三卷），人民出版社，2006 年版，第 2 页。

改革开放以来，中国共产党已经从革命党转化为长期执政的执政党，但 20 世纪 80 年代末 90 年代初社会主义事业处于低潮，西方发动的"颜色革命"此起彼伏，中国共产党该如何应对；其四，中国已经实现了"总体小康"，但这是不全面、不均衡、低水平的小康，小康建设向何处去，中国现代化向何处去，中国共产党该如何应对。

"三个代表"理念是一种重要的发展理念。把发展的中心、发展的方法与内容、发展的目的三者有机结合在一起。因为我们党代表先进生产力的发展要求，因此党领导发展的中心任务是，"党的一切方针政策都要最终促进生产力的不断发展，促进国家经济实力的不断增强"；因为我们党代表先进文化的前进方向，因此党领导发展的方法，也是发展的重要内容是，"以马克思主义为指导，努力继承和发扬中华民族的一切优秀文化传统，努力学习和吸收外国的一切优秀文化成果，从而不断创造和推进有中国特色社会主义文化，使社会主义物质文明和精神文明协调发展，使社会全面进步"；因为我们党代表最广大人民的根本利益，因此党领导发展的目的是，"实现好、维护好、发展好人民的利益"。①

如何贯彻落实"三个代表"理念？以江泽民为代表的中央领导集体，在"十六大"报告中指出，"关键在坚持与时俱进，核心在坚持党的先进性，本质在坚持执政为民"，②尤其强调要把"把发展作为党执政兴国的第一要务"，"坚持以经济建设为中心"，"一切妨碍发展的思想观念都要坚决冲破，一切束缚发展的做法都要坚决改变，一切影响发展的体制弊端都要坚决革除"，"聚精会神搞建设，一心一意谋发展"。③

"三个代表"理念，前承"邓小平理论"，后开"科学发展观"，是中国特色社会主义理论体系的重要组成部分，是中国特色发展理念的重要组成部分。

---

① 江泽民：《在新的历史条件下更好地做到"三个代表"》，载《江泽民文选》（第三卷），人民出版社，2006 年版，第 2—3 页。

② 江泽民：《全面建设小康社会，开创中国特色社会主义事业新局面》，载《江泽民文选》（第三卷），人民出版社，2006 年版，第 537 页。

③ 江泽民：《全面建设小康社会，开创中国特色社会主义事业新局面》，载《江泽民文选》（第三卷），人民出版社，2006 年版，第 539 页。

四、路径创新：从"三步走"到"小三步走"

党的十四大（1992年）、"十五大"（1997年）、"十六大"（2002年）均继承了党的十三大（1987年）制定的基本现代化"三步走"（温饱、小康、基本现代化）战略，其中，党的十四大重点阐释了第二步（小康）战略目标，党的十五大重点阐释了第三步（基本现代化）战略目标，提出新的"小三步走"（2000—2010年；2011—2021年；2021—2049年）战略，"十六大"则对"小三步走"战略做了进一步的科学表述，重点阐述了"小三步走"战略的第一步、第二步，二者被合为一体，合并为"全面建设小康社会"（2000—2020年）。

党的十四大重点阐释了第二步（1990—2000年）战略目标，即"人民生活由温饱进入小康"。[①]提出了20世纪90年代改革与建设的十大主要任务。"最根本的是坚持党的基本路线，加快改革开放，集中精力把经济建设搞上去。同时，要围绕经济建设这个中心，加强社会主义民主法治和精神文明建设，促进社会全面进步。"[②]

党的十五大重点阐释了第三步（2000—2050年）战略目标，提出新的"小三步走"战略。第一步，21世纪第一个10年（2000—2010年），实现国民生产总值比2000年翻一番，使人民的小康生活更加宽裕，形成比较完善的社会主义市场经济体制；第二步，到建党100年时（2011—2021年），使国民经济更加发展，各项制度更加完善；第三步，到建国100年（21世纪中叶）时（2021—2049年），基本实现现代化，建成富强、民主、文明的社会主义国家。

党的十六大对实现基本现代化第三步的"小三步走"做了进一步的阐述，重点阐述了"小三步走"的第一步、第二步，二者合为一体。"十六大"肯定我们已经实现了现代化建设的第一步、第二步目标，人民生活总体上达到小康水平，但还是低水平、不全面、发展很不平衡的小康，因此2000—2020年，还要花20年全面建设小康社会，这是实现现代化建设第三步战略目标必须经过的承上启下的发展阶段，是完善社会主义市场经济体制和扩大对外开放的关键阶段。

---

① 江泽民：《加快改革开放和现代化建设步伐，夺取有中国特色社会主义事业的更大胜利》，载《江泽民文选》（第一卷），人民出版社，2006年版，第225页。

② 江泽民：《加快改革开放和现代化建设步伐，夺取有中国特色社会主义事业的更大胜利》，载《江泽民文选》（第一卷），人民出版社，2006年版，第224页。

五、方法创新："市场经济""西部大开发""扶贫攻坚"

以江泽民为代表的中央领导集体，在小康建设道路上锐意进取、大胆创新，提出了许多重要的发展方法，大大加快了小康建设进程。这些重要的发展方法包括：建立社会主义市场经济体制，实施科教兴国战略，实施可持续发展战略，实施"引进来"和"走出去"相结合的开放战略（重点是实施"走出去"战略），提出西部大开发战略，走新型工业化道路，高度重视"三农"问题，深入推进农村改革，实施小城镇发展战略，走中国特色城镇化道路，实施"八七扶贫攻坚计划"，在社会主义市场经济基础上建立和完善社保体系等。重点是建立社会主义市场经济体制，实施"八七扶贫攻坚计划"。

（一）建立社会主义市场经济体制

20世纪90年代，中国进入全面建设社会主义市场经济体制的新阶段，建立社会主义市场经济体制是这一阶段的主要任务，而社会主义市场经济则是推进小康建设的强大动力，可以说，没有市场经济，就没有全民小康。

早在1979年邓小平就已经提出了"社会主义的市场经济"理念，认为"社会主义也可以搞市场经济"。[1]1985年邓小平提出"社会主义和市场经济不存在根本矛盾"。[2]1987年邓小平提出"计划与市场都是方法"。[3]但为什么要到20世纪90年代，建设社会主义市场经济体制的条件才趋于成熟。其历史背景是：其一，20世纪80年代的主要任务是解决农民的温饱问题，解决农村的贫困问题，因此主要是在农村进行市场经济体制建设，包括实施家庭联产承包责任制，鼓励农民多种经营，取消人民公社体制，取消统购统销体制，改革农村商品流通体制，鼓励发展乡镇企业，鼓励个体经济发展。城市改革虽然起步，但主要是放权让利和承包制的实施，国有企业主要还是根据计划经济体制运行。到了20世纪90年代，改革开放进入深水区，社会主义市场经济体制建设势在必行。其

① 邓小平：《社会主义也可以搞市场经济》，载《邓小平文选》（第二卷），人民出版社，1994年版，第236页。

② 邓小平：《社会主义和市场经济不存在根本矛盾》，载《邓小平文选》（第三卷），人民出版社，1993年版，第148页。

③ 邓小平：《计划和市场都是发展生产力的方法》，载《邓小平文选》（第三卷），人民出版社，1993年版，第203页。

二，1989—1991 年苏联东欧出现空前严重的社会主义危机，苏联式社会主义体制走向解体，社会主义计划经济体制由于不能带来物质财富的迅速增长和人民生活水平的快速改善，反而出现"贫穷的社会主义"，因此遭遇空前的质疑。邓小平在 1992 年发表著名的"南方谈话"，重新解读了社会主义的本质，大声疾呼要走市场经济道路，党的十四大接受了这个提议，因此，社会主义市场经济体制建设成为 20 世纪 90 年代中国改革与建设的新目标。其三，我们对市场的作用的认识，经历了一种从逐渐接受市场观念到不断深化对市场的认识的过程。20 世纪 80 年代，我们先后认识到"市场调节为辅"（"十二大"）、"计划与市场内在统一"（"十三大"）、"计划经济与市场调节相结合"（十三届四中全会以来），到了 20 世纪 90 年代，我们认识到"计划与市场都是经济手段"（"南方谈话"）、"市场在社会主义国家宏观调控下对资源配置起基础性作用"（"十四大"）。接受市场观念的过程，也是剥离计划经济体制与社会主义本质特征关联在一起的过程。

何谓社会主义市场经济体制？对这一体制的认识是逐渐深化的，以江泽民为核心的中央领导集体认为，这是一种能够让市场在资源配置中发挥基础性作用的经济体制。具有三个主要特征："一是在所有制结构上，坚持以公有制经济为主体，个体经济、私营经济和其他经济成分为补充，多种经济成分共同发展；二是在分配制度上，坚持以按劳分配为主体，其他分配方式为补充，允许和鼓励一部分地区、一部分人先富起来，逐步实现共同富裕，防止两极分化；三是在经济运行机制上，把市场经济和计划经济的长处有机结合起来，充分发挥各自的优势作用，促进资源优化配置，合理调节社会分配。"①

如何建立社会主义市场经济体制？其一，培育市场体系。大力发展商品生产，积极培育金融市场、技术市场、劳务市场、信息市场、房地产市场等要素市场，形成全国统一的开放的市场体系。其二，转变政府职能。理顺政府与市场的关系，更新计划观念，政府的职能主要是统筹规划，掌握政策，信息引导，组织协调，提供服务和监督检查。其三，建立面向市场经济的分配制度和社保制度。彻底打破平均主义的分配体制，建立以按劳分配为基础，按劳分配与按要素分

---

① 江泽民：《关于在我国建立社会主义市场经济体制》，载《江泽民文选》（第一卷），人民出版社，2006 年版，第 203 页。

配相结合的、多样化的分配制度。社会保障体制是确保市场经济体制正常运行的重要制度，社保体制保障每个人具有市场经济的"可行能力"，因此要积极建立失业、养老、医疗等社保体制。其四，转化国有企业经营机制。政企分开，建立现代企业制度，实行股份制，把企业推向市场，使企业成为自主经营、自负盈亏、自我发展、自我约束的法人实体和市场竞争的主体。其五，加强市场经济的基础设施建设。"硬件"如通讯、网络、银行、交通等，"软件"如会计、审计、统计、税收等。

（二）实施科教兴国战略

科教兴国战略是以江泽民为核心的中央领导集体确立的极为重要的治国战略，是对邓小平科技与教育理念的继承和创新。早在 1977 年邓小平就已经提出，"实现现代化，关键是科学技术要能上去。发展科学技术，不抓教育不行。"[1]1978年邓小平提出"科学技术是生产力""为社会主义服务的脑力劳动者是劳动人民的一部分"的思想。[2]1988 年，邓小平更是提出"科学技术是第一生产力"的思想。[3] 邓小平极为重视科技与教育，认为二者必须优先发展。

以江泽民为核心的中央领导集体继承邓小平科教思想，全面落实"科学技术是第一生产力"的思想，1995 年提出科教兴国战略。江泽民在全国科技大会上解释了"科教兴国"的含义是指："全面落实科学技术是第一生产力的思想，坚持教育为本，把科技和教育摆在经济社会发展的重要位置，增强国家的科技实力及向现实生产力转化的能力，提高全民族的科技文化素质，把经济建设转到依靠科技进步和提高劳动者素质的轨道上米，加速实现国家繁荣强盛。"[4]

为什么到了 20 世纪 90 年代，实施科教兴国战略的时机已经成熟？其一，

---

① 邓小平：《尊重知识，尊重人才》，载《邓小平文选》（第二卷），人民出版社，1994 年版，第 40 页。

② 邓小平：《在全国科学大会开幕式上的讲话》，载《邓小平文选》（第二卷），人民出版社，1994 年版，第 89 页。

③ 邓小平：《科学技术是第一生产力》，载《邓小平文选》（第三卷），人民出版社，1993 年版，

④ 江泽民：《实施科教兴国战略》，载《江泽民文选》（第一卷），载《江泽民文选》（第一卷），人民出版社，2006 年版，第 428 页。

改革开放以前,我们对脑力劳动属性和知识分子阶级属性的认识长期存在误区,不可能实施科教兴国战略;其二,改革开放以来,虽然我们开始纠正这一认识误区,认为脑力劳动与体力劳动一样都是劳动,劳动者都是人民,脑力劳动者也是工人阶级的一部分,但纠正这种长期的错误认识并不容易,有一个逐渐改变观念和心态的过程;其三,随着改革开放的推进和经济发展的加速,现实让我们越来越认识到科技与教育对经济发展的巨大作用。

如何贯彻落实科教兴国战略? 其一,科学技术与经济建设紧密结合。经济建设必须依靠科学技术,科学技术必须面向经济建设。经济建设要以科技进步为主要推动力,科技发展要围绕经济发展目标,为经济发展提供强有力的支撑和保障。其二,近期目标和长远目标结合。科学技术既要为解决经济社会发展中的热点、难点、重点问题做出贡献,又要超前于当前的经济社会发展,为未来的发展提供动力、储备后劲。其三,自主研究开发与引进国外先进科学技术相结合。学习和引进国外的科学技术固然重要,但创新才是一个民族进步的灵魂,才是一个国家兴旺发达的不竭动力。其四,市场机制与宏观管理相结合。同经济建设密切相关的技术开发、成果推广等活动,以市场机制为主。有关国家整体利益和长远利益的基础性研究、应用研究、高技术研究、社会公益性研究、重大科技攻关活动,要以政府投入为主。

（三）实施可持续发展战略

实施可持续发展战略,是小康建设的必然要求,是小康建设的重要内涵与发展方式。小康不仅是物质丰富、精神充实、政治文明,环境美好、身体健康同样重要。 "发展不仅要看经济增长指标,还要看人文指标、资源指标、环境指标。" [①]

实施可持续发展战略,也是经济发展的必然要求,是转换经济增长方式的内在需求。第一个五年计划实施以来,重工业优先发展长期实施。20世纪80年代,乡镇企业大发展。20世纪90年代,私营企业与三资企业大发展。长期的粗放式发展,导致越来越严重的资源枯竭与环境污染问题,实施可持续发展提上紧

---

① 江泽民:《实现经济社会和人口资源环境协调发展》,载《江泽民文选》(第三卷),人民出版社,2006年版,第462页。

急日程。

20世纪90年代初，中国在联合国《21世纪议程》的影响下，开始实施可持续发展战略。"实现可持续发展，核心的问题是实现经济社会和人口、资源、环境协调发展。"[①]人口问题，主要是稳定低生育水平，提高人口素质，高度重视人口就业、人口老龄化、人口流动、性别比等。资源问题，主要是建立政府管理和市场运作相结合的资源优化配置新体制，推进国土资源市场体系建设，加大资源保护和合理利用的执法力度，抓好矿产资源管理秩序的治理整顿，全面推进国土资源信息化和网络化建设，充分利用国际资源市场的调剂作用等。环境保护问题，主要是控制全国污染物排放总量，抓好重点地区和重点项目的污染治理，改善重点地区环境质量，大力调整产业结构，加强对新建项目的环境评价与管理，大力推进清洁生产，淘汰落后工艺与技术，加快城市污水和垃圾处理设施建设，推广清洁能源，加强农业和农村的污染治理，推广生态农业和有机农业，保障食品安全，加紧制定生态保护规划和生态功能区划，加强自然保护区的建设与管理，抓好生态省和生态示范区建设，建立环境安全防范体系，严格控制境外污染物和有害物种入侵等。

（四）实施"引进来"和"走出去"相结合的开放战略（重点实施"走出去"战略）

改革与开放，互为前提，相互推动，成为中国小康建设的强劲动力。可以说，没有开放，中国大规模的小康建设也难以实现。开放包括"引进来"和"走出去"，二者紧密联系，相互促进，缺一不可。但20世纪80年代，我们主要还是"引进来"，"走出去"还做得很不够。

20世纪90年代，中国在社会主义市场经济基础上更加扩大开放，国有企业开始面向市场，不仅面向国内市场，更要走向国际市场，积极参与激烈的国际经济竞争，充分利用国际资源与生产要素，做大做强。国家开始积极实施"走出去"战略，"积极引导和组织国内有实力的企业走出去，到国外去投资办厂，利用当地的市场和资源。视野要放开一些，既要看到欧美市场，也要看到广大

---

① 江泽民：《实现经济社会和人口资源环境协调发展》，载《江泽民文选》（第三卷），人民出版社，2006年版，第462页。

发展中国家的市场。"① 这是一个大战略，既是对外开放的重要战略，也是经济发展的重要战略。这个大战略既能够推动中国企业融入经济全球化的进程，从而推动经济全球化，也能够加速中国小康建设进程，推动中国的现代化。

（五）提出西部大开发战略

何谓"西部大开发"？ 1999 年 6 月 17 日，江泽民在西北地区国有企业改革和发展座谈会上说："我所以用'西部大开发'，就是说，不是小打小闹，而是在过去发展的基础上经过周密规划和精心组织，迈出更大的开发步伐，形成全国推进的新局面。"② 江泽民总书记的讲话强调了"西部大开发"是西部大发展。西部大发展的关键在于国家大兴西部地区的基础设施建设(交通、通讯、电力、水利、医院、学校等)、公共服务建设（教育、卫生健康、社保、文化等）与生态环境保护与建设（生态文明建设）。西部大开发立足于社会主义市场经济的基础上，发挥市场对资源配置的基础性作用，国家的主要功能是为西部地区的大发展提供条件、设施、服务、规划、引导与机遇，发展的主体还是西部地区的人民、企业、政府，企业是投资主体，他们要充分发挥自己的积极性、主动性、创新性，大力发展自己的优势产业与特色产业，大力吸引东部地区的企业、资本、技术与人才流向西部，大力推进改革开放，吸引周边国家和其他国家的企业、资本、技术与人才流向西部。

实施"西部大开发"战略的理论来源，是邓小平的"两个大局"的思想。1988 年 9 月 12 日，邓小平提出，"沿海地区要加快对外开放，使这个拥有两亿人口的广大地带较快地发展起来，从而带动内地更好地发展，这是一个事关大局的问题。内地要顾全这个大局。反过来，发展到一定的时候，又要求沿海拿出更多力量来帮助内地发展，这也是个大局。那时沿海也要服从这个大局。"③ "西部大开发"战略是对邓小平"两个大局"的重要思想的继承与创新。

---

① 江泽民：《实施"引进来"和"走出去"相结合的开放战略》，载《江泽民文选》（第二卷），人民出版社，2006 年版，第 92 页。

② 江泽民：《不失时机地实施西部大开发战略》，载《江泽民文选》（第二卷），人民出版社，2006 年版，第 342 页。

③ 邓小平：《中央要有权威》，载《邓小平文选》（第三卷），人民出版社，1993 年版，第 277—278 页。

到了 20 世纪和 21 世纪之交，我们实施"西部大开发"战略的时机已经成熟。其一，就全国而言，"总体小康"已经实现，沿海地区已经实现小康，国家和沿海地区已经有资本、技术、能力对西部地区进行重点支持了。其二，东部地区的进一步发展，越来越受到市场、资源、环境等各方面的制约，相当一部分资本、技术、人才资源需要寻找新的发展空间，西部刚好有这个需求。其三，小康建设一个地区、一个民族也不能少，21 世纪初中央提出"全面建设小康社会"重点之一就是针对西部地区，西部地区小康建设需要全面加速，解决绝对贫困问题，进而解决相对贫困问题，走上共同富裕之路。实施西部大开发战略，满足了西部小康建设的迫切需求。其四，西部地区自然资源丰富，但生态环境破坏严重，水资源严重短缺，水土流失严重，荒漠化不断加剧，生态环境越来越恶劣，人民的生存条件需要大力改善，因此需要大力进行生态环境保护与建设，这正是西部大开发的一个重点。其五，西部地区是少数民族聚居区，也是边疆地区、国防前线，西部地区的发展与稳定，对于国家安全非常重要。实施西部大开发战略有利于增强国家的稳定、发展与安全。

实施"西部大开发"战略具有重大的历史意义与现实意义。就其现实意义而言，"没有西部地区的稳定，就没有全国的稳定；没有西部地区的小康，就没有全国的小康，没有西部地区的现代化，就不能说实现了全国的现代化。"[①]就其历史意义而言，实施"西部大开发"战略，彻底解决西部的绝对贫困问题，根本解决西部的生态环境问题，是一件功在当代、利在千秋的重大历史事件，将在中国历史上写下浓墨重彩的一笔。

（六）走新型工业化道路

世纪之交，我们开始走新型工业化道路。2002 年党的十六大鲜明提倡"走新型工业化道路"。何谓"新型工业化道路"？"十六大"报告的解释是，"以信息化带动工业化，以工业化促进信息化"，"科技含量高、经济效益好、资源消耗低、环境污染少、人力资源优势得到充分发挥"。[②]从这个定义看，新

---

① 江泽民：《不失时机地实施西部大开发战略》，载《江泽民文选》（第二卷），人民出版社，2006 年版，第 344 页。

② 江泽民：《全面建设小康社会，开创中国特色社会主义事业新局面》，载《江泽民文选》（第二卷），人民出版社，2006 年版，第 545 页。

型工业化道路具有如下几个特点：其一，信息化是核心（以信息化带动工业化，以工业化促进信息化）；其二，市场化是基础（经济效益好）；其三，工业现代化与生态现代化（可持续发展）结合（资源消耗低、环境污染少）；其四，工业现代化与科技现代化结合（科技含量高）；其五，工业现代化与教育现代化（知识化）结合（人力资源优势得到充分发挥）。

为什么要走新型工业化道路？其一，新中国成立以来，我们就以工业化为国家建设的重点，以工业现代化为四个现代化的重点。一开始我们学习苏联的重工业优先发展的工业化道路，后来我们也开始探索自己的工业化道路。20世纪80年代，我们大力调整工业化结构，鼓励发展乡镇企业与第三产业。20世纪90年代，我们鼓励发展私营工业，也重点推进国有工业的制度创新。但是，长期以来，我们的工业发展是粗放型的，资源是高耗费的，污染是高排放的，这种工业发展是不可持续的，需要转型。其二，新的科技革命，特别是信息革命大潮涌动，使得信息化、智能化成为新的工业化潮流，中国需要紧紧抓住这次机会，及时提升自己的工业化质量，向高效益、高质量的工业化迈进，向拥有关键技术、前沿技术的工业化强国迈进。其三，20世纪90年代，中国开始实施科教兴国战略与可持续发展战略，为走新型工业化道路提供了战略支持。

如何走新型工业化道路？其一，优先发展信息产业，在经济社会领域广泛应用信息技术；其二，推进国家创新体系建设，加强基础研究和高科技研究，推进关键技术创新和系统集成，积极发展对经济增长有突破性重大带动作用的高新技术产业，用高新技术产业和先进适用技术改造传统产业，大力振兴装备制造业；其三，加快发展现代服务业，提高第三产业比重；其四，坚持可持续发展，搞好生态环保和建设，合理开发和节约使用各种自然资源；其五，在市场经济基础上，充分发挥企业的自主创新作用。

（七）高度重视解决"三农"问题

为什么要高度重视"三农"问题？"三农"无小事。农业在我国经济社会发展中具有基础地位和战略地位。1992年12月25日，江泽民在农业和农村工作座谈会上强调："没有农业的牢固基础，就不可能有我国的自立；没有农业的积累和支持，就不可能有我国工业的发展；没有农村的全面进步，就不可能有我国社会的全面进步；没有农村的稳定，就不可能有我国整个社会的稳定；

没有农民的小康，就不可能有全国人民的小康；没有农业的现代化，就不可有整个国民经济的现代化。"① 这"六个没有"充分解释了"三农"问题的重要性。

20 世纪 90 年代，"三农"领域存在如下现实问题，其一，粮食价格低，农民卖粮难，政府"打白条"现象严重；其二，给农民的优惠措施不到位、不落实，农民得到实惠少；其三，基层政府巧立名目，加重农民负担；其四，农业投入少，而大搞房地产、大搞开发区挤占农业资金，进一步影响农业投入；其五，在计划经济向市场经济转轨时期，工业与农业间的价格剪刀差进一步扩大。这些现象严重影响了农业发展、农民增收、农村建设。

以江泽民为核心的中央领导集体如何解决"三农"问题？其一，深化农村改革，放开农产品价格，放开农产品经营，深化农产品市场体系建设；其二，调整农业生产结构，推动农业根据市场需求安排，发展优质高效农业；其三，大力推动发展乡镇企业和农村第三产业，吸纳大量农村剩余劳动力；其四，形成多渠道、少环节、开放式、高效率的农产品流通网络；其五，健全国家对主要农产品的宏观调控体系，包括：建立主要农产品的储备制度，建立重要农产品的仓储运输体系，建立多层次的农产品市场体系，建立农产品风险基金或调节基金制度。

（八）走中国特色城镇化道路（重点实施发展小城镇战略）

经济现代化的核心是市场化、工业化、城市化。"走工业化、城市化的路子，把农村人口尽可能地转移出来。这是世界各国走向现代化的共同规律。"② 但是，各国的工业化、城市化道路并不完全相同。城市化道路更要立足本国实际，20 世纪 80 年代以来，中国开始重视小城镇发展。20 世纪 90 年代以来，国家提倡乡镇企业进一步向小城镇集中。2002 年党的十六大报告提出"走中国特色的城镇化道路"。所谓"中国特色城镇化道路"，强调"逐步提高城镇化水平，

---

① 江泽民：《高度重视农业、农村、农民问题》，载《江泽民文选》（第一卷），人民出版社，2006 年版，第 259 页。

② 江泽民：《逐步解决我国二元经济社会结构问题》，载《江泽民文选》（第三卷），人民出版社，2006 年版，第 407 页。

坚持大中小城市协调发展"。① 实施发展小城镇战略，是中国特色城镇化道路的重要组成部分。

"发展小城镇是一个大战略"。② 中国为什么要实施发展小城镇战略？其一，中国城乡差异大，农业人口过多，需要加快转移农村富余劳动力，解决农村发展中一系列深层次矛盾；其二，中国"三农"领域投入少，需要启动民间投资，带动最终消费，为21世纪国民经济发展提供广阔的市场空间和持续的增长动力；其三，中国国土辽阔，地区自然条件差异大，文化心理差异大，发展水平差异大，"根据我国国情，不能一下子就笼统地提城市化。城市化要推进，小城镇建设也要加强。如果简单地提城市化，可能使很多人期望值过高，实际上做不到。"③

中国如何实施小城镇发展战略？其一，把小城镇建设纳入经济社会发展规划，切实加以推动；其二，政府引导，主要运用市场机制，更多发挥民间投资的作用；其三，发展小城镇要同发展乡镇企业结合，引导乡镇企业聚集小城镇，发挥乡镇企业的辐射带动作用，"乡镇企业的发展，对促进国民经济增长和支持农业发展，对增加农民收入和吸纳农村富余劳动力，对壮大农村集体经济实力和支持农村社会事业，都发挥了不可替代的重要作用"；④ 其四，发展小城镇要同发展科技型农业结合，建设农业科技园，提升农业的科技化水平；其五，发展小城镇要同发展乡村第三产业结合在一起，大力发展乡村服务业；其六，发展小城镇要同乡村基础设施建设、政府公共服务能力建设结合在一起，大力提升基层政府公共服务水平，提高小康建设质量。

（九）实施"八七扶贫攻坚计划"（1994—2000年）

"八七扶贫攻坚计划"，是20世纪90年代实施的国家重大扶贫计划，是

---

① 江泽民：《全面建设小康社会，开创中国特色社会主义事业新局面》，载《江泽民文选》（第三卷），人民出版社，2006年版，第546页。

② 江泽民：《目前形势和经济工作》，载《江泽民文选》（第二卷），人民出版社，2006年版，第438页。

③ 江泽民：《逐步解决我国二元经济社会结构问题》，载《江泽民文选》（第三卷），人民出版社，2006年版，第409页。

④ 江泽民：《推动乡镇企业进一步发展》，载《江泽民文选》（第二卷），人民出版社，2006年版，第115页。

小康建设的攻坚计划。1994 年 4 月 15 日国务院印发《国家八七扶贫攻坚计划》。提出从 1994—2000 年，用 7 年时间，基本解决农村 8000 万贫困人口的温饱问题。

为什么要实施"八七扶贫攻坚计划"？从 1978 年到 1995 年，中国农村贫困人口从 25000 万人减少到 6500 万人，由占世界贫困人口的四分之一下降到二十分之一，这是一个巨大的历史性成就，但是，实现 20 世纪末基本解决贫困人口温饱问题的任务还十分艰巨，因为剩余下来的贫困人口主要集中在：深山区、石山区、荒漠区、高寒区、黄土高原区、地方病高发区、水库移民区，这些地区地域偏僻，交通闭塞、生态环境恶化，经济发展缓慢，而时间却非常紧迫，只有 7 年时间，扶贫工作与小康建设都已经进入最后的攻坚阶段。

实施"八七扶贫攻坚计划"的时机已经成熟。首先，经过十多年的改革开放，经济快速发展，国家实力增强，国家已经具备了扶贫攻坚的物力、财力。其次，经过十多年扶贫开发，贫困地区已经有了一定的自主发展能力，找到了一些行之有效、值得推广的好办法。最后，国家与社会有了扶贫开发、坚决打赢扶贫攻坚战、顺利建成小康社会的强烈意愿。

如何实施"八七扶贫攻坚计划"？其一，坚持开发式扶贫的方针，增强贫困地区自主发展的能力。把粮食生产摆在第一位，首先解决人民吃饭问题。积极发展多种经营，大力发展乡镇企业，增加农民收入。改变生产条件，改善生态环境。大搞农田水利建设，种树种草，治水改土。积极推广实用技术，指导农民科学经营。其二，广泛动员全社会力量参与扶贫。首先是党政机关带头扶贫，其次是发达地区对口支援贫困地区，同时动员社会各界积极开展多种形式的扶贫活动。其三，依靠贫困地区干部群众，坚持不懈苦干实干。其四，加强对扶贫开发工作的领导，层层实行责任制，压实各级领导的责任。

为什么一定要打赢这场扶贫攻坚战？其一，这是中国共产党的宗旨和社会主义的性质决定的。社会主义的本质特征是共同富裕。贫穷不是社会主义。其二，这是小康建设的根本任务。实现小康目标，不仅要看全国人民的人均收入，还要看是否基本上消灭了绝对贫困现象。其三，这是维护改革、发展、稳定的大局决定的。民族地区、边疆地区长期贫困，会严重影响民族团结、边疆巩固、社会稳定与国家安全。

经过长期的改革开放、社会主义市场经济发展和"八七扶贫攻坚"，贫困人口占农村人口比重已经从 1978 年的 30.7% 下降到 2000 年的 3% 左右，全国农村已经有 22000 万人解决了温饱问题。[①]

　　"八七扶贫攻坚计划"的成功实施，是社会主义制度优越性的一个重要体现，坚定了中国人民建设中国特色社会主义的信心；是中国人权事业的重大进步，中国人民的生存权和发展权得到了更好的保障；推动了民族地区、边疆地区经济社会发展，为民族团结、边疆安定、社会稳定做出了贡献；取得了扶贫开发的宝贵经验，为中国接下来开展的全面建设小康社会提供了方法支持，为发展中国家的发展提供了一定的可资借鉴的发展经验。

（十）在社会主义市场经济基础上重构社会保障制度

　　社会保障制度由一系列有助于经济社会公平发展的制度所构成，主要包括养老保险制度、医疗保险制度、失业保险制度、社会救济（社会救助）制度、社会福利制度、最低生活保障制度、住房保障制度、教育保障制度（义务教育制度）等。根据经济学家阿玛蒂亚·森的说法，社会保障制度是保障市场经济公平运行的重要制度安排，是培育每个人的社会行动能力的重要制度安排。计划经济体制下，每个人的经济社会活动均由国家计划安排，每个人的衣食住行与生老病死基本上也是国家包办，社会保障制度内置于计划经济体制之中，没有独立的社会保障制度。

　　社会保障制度是社会主义市场经济正常运行的重要支撑，是社会主义市场经济体制的重要组成部分。当中国提出建设社会主义市场经济体制之际，同时提出了在市场经济基础上重构社会保障制度的任务。1992 年党的十四大明确提出要"深化社会保障体制的改革"，"积极建立待业（失业）、养老、医疗等社会保障制度，努力推进城镇住房制度改革"。[②]1997 年党的十五大提出，实行社会统筹和个人账户相结合的养老、医疗保险制度，建立住房公积金制度。完善现有的失业保险和社会救济制度。2002 年党的十六大提出，完善现有的城镇职工基本养老保险制度、城镇职工基本医疗保险制度、城镇职工失业保险制度、城市居民最低生活保障制度、社会救济制度、社会福利制度。同时也提出，

---

　　① 江泽民：《扶贫开发是贯穿社会主义初级阶段全过程的历史任务》，载《江泽民文选》（第二卷），人民出版社，2006 年版，第 247 页。

　　② 江泽民：《加快改革开放和现代化建设步伐，夺取有中国特色社会主义事业的更大胜利》，载《江泽民文选》（第一卷），人民出版社，2006 年版，第 229 页。

有条件的地方，可以开始探索建立农村养老保险制度、农村医疗保险制度和农村最低生活保障制度。

以江泽民为核心的中央领导集体，在社会主义市场经济基础上，对社会保障制度进行了重构。初步建立了新型的社会保障制度。重点是配合国有企业的市场化改革，基本建立了城镇的社会保障制度。由于农民获得了土地的承包经营权，土地为农民提供了一定的社会保障，因此，对于农村的社会保障制度，这一时期，国家没有急于建构，而是鼓励各地自主探索。以胡锦涛为核心的中央领导集体的重点就是建立农村的各项社会保障制度和探索建立具有中国特色的农民工社会保障制度。

结语

以江泽民为核心的中央领导集体，适应从"温饱"到"小康"、从"总体小康"到"全面小康"的形势变化，与时俱进，在小康的目标、含义、理念、路径、方法方面，进行了大胆创新，推动了小康理论的创新性突破。其中，在小康的目标创新方面，实现了从"小康"到"全面小康"的突破；在小康的含义创新方面，加入了建设市场经济与可持续发展的新含义，对"全面小康"则做了系统的新阐释；在小康的理念创新方面，提出了"可持续发展""全面建设小康社会""三个代表"等具有深远影响的重大发展理念；在小康的路径创新方面，对基本实现现代化"三步走"战略的第二步、第三步做了新阐释，特别是在阐释第三步时，提出了"小三步走"战略；在小康的方法创新方面，提出了许多新的发展方法，包括建立社会主义市场经济体制，实施科教兴国战略，实施可持续发展战略，实施"走出去"战略，提出西部大开发战略，走新型工业化道路，高度重视"三农"问题，深入推进农村改革，实施发展小城镇战略，实施"八七扶贫攻坚计划"，在社会主义市场经济基础上重构社会保障制度等。重点是建立社会主义市场经济体制、实施"八七扶贫攻坚计划"。

第六章　科学发展、和谐社会：胡锦涛小康理论的创新性

以胡锦涛为核心的中央领导集体，在以江泽民为核心的中央领导集体的"全面小康"理论创新的基础上，继续推进小康理论创新，把"全面建设小康社会"进一步推进到"全面建成小康社会"阶段。这一时期的小康理论创新最重要的是提出了科学发展观、和谐社会论、生态文明论、新农村建设论等，形成了五位一体的"全面小康"总体布局。

一、含义创新：八大要义

2007年10月，以胡锦涛为核心的中央领导集体，在党的十七大报告中，对"全面建设小康社会"的含义，进行了新的表述，具体可以归纳为以下八个方面：

其一，小康的经济含义方面，工业化基本实现，综合国力显著增强，市场规模位居世界前列。

其二，小康的民生含义方面，人民富裕程度普遍提高，生活质量明显改善。

其三，小康的生态含义方面，生态环境良好。

其四，小康的政治含义方面，人民享有更加充分民主权利。

其五，小康的文化含义方面，人民具有更高文明素质和精神追求。

其六，小康的制度含义方面，各方面制度更加完善。

其七，小康的社会含义方面，社会更加充满活力而又安定团结。

其八，小康的外交含义方面，对外更加开放、更加具有亲和力、为人类文明做出更大贡献。

2012年11月，以胡锦涛为核心的中央领导集体，在党的十八大报告中，对"全

面建设小康社会"的含义主要是继承，但在小康的制度含义方面，又有了新的更加具体的内涵。整体内涵是：构建系统完备、科学规范、运行有效的制度体系，使各方面制度更加成熟、更加定型。具体体现在经济制度、政治制度、文化制度、社会制度、生态文明制度方面。

其一，经济制度方面，加快完善社会主义市场经济体制，完善公有制为主体、多种所有制经济共同发展的基本经济制度，完善按劳分配为主体、多种分配方式并存的分配制度，更大程度上更大范围内发挥市场在资源配置中的基础性作用，完善宏观调控体系，完善开放型经济体系，推动经济更有效率、更加公平、更可持续发展。

其二，政治制度方面，加快推进社会主义民主政治制度化、规范化、程序化，从各层次各领域扩大公民有序政治参与，实现国家各项工作法治化。

其三，文化制度方面，加快完善文化管理体制和文化生产经营机制，基本建立现代市场体系，健全国有文化资产管理体制，形成有利于创新创造的文化发展环境。

其四，社会制度方面，加快形成科学有效的社会管理体制，完善社会保障体系，健全基础公共服务和社会管理网络，建立确保社会既充满活力又和谐有序的体制机制。

其五，生态文明制度方面，加快建立生态文明制度，健全国土空间开发、资源节约、生态环境保护的体制机制，推动形成人与自然和谐发展的现代化建设新格局。

二、目标创新：五大目标

党的"十七大""十八大"都对小康目标有明确要求，"十七大"的小康目标更加具体全面，"十八大"的小康目标是对"十七大"的小康目标的继承和进一步补充。综合"十七大""十八大"的小康目标来看，"全面建成小康社会"的主要目标包括以下五个方面。

其一，经济小康目标方面，增强发展协调性，经济持续健康发展。

转变发展方式取得重大进展（"十七大""十八大"共同目标）。居民消费率稳步提高，形成消费、投资、出口协调拉动的增长格局（"十七大"目标）。进入创新型国家行列，科技进步对经济增长的贡献率大幅上升，自主创新能力显著增强（"十七大""十八大"共同目标）。

2020 年人均国内生产总值比 2000 年翻两番（"十七大"目标）；2020 年国内生产总值和城乡居民人均收入比 2010 年翻一番（"十八大"目标）。

区域协调发展机制基本形成（"十七大""十八大"共同目标）。城乡协调发展机制基本形成（"十七大"目标）。

新农村建设取得重大进展、成效显著（"十七大""十八大"共同目标），农业现代化成效显著（"十八大"目标）。

城镇人口比重明显增加（"十七大"目标），城镇化质量明显提高（"十八大"目标）。

工业化基本实现，信息化水平大幅提升（"十八大"目标）。

对外开放水平进一步提高，国际竞争力明显增强（"十八大"目标）。

主体功能区布局基本形成（"十七大"目标）。

社会主义市场经济体制更加完善（"十七大"目标）。

其二，政治小康目标方面，扩大社会主义民主，更好保障人民权益和社会公平正义。

公民政治参与有序扩大（"十七大"目标），人民民主不断扩大（"十八大"目标）。民主制度更加完善，民主形式更加丰富，人民积极性、主动性、创造性进一步发挥（"十八大"目标）。基层民主制度更加完善（"十七大"目标）。人权得到切实尊重和保障（"十八大"目标）。

依法治国基本方略深入落实、全面落实（"十七大""十八大"共同目标）。全社会法制观念进一步增强（"十七大"目标）。法治政府建设取得新成效（"十七大"目标），法治政府基本建成（"十八大"目标）。司法公信力不断提高（"十八大"目标）。

政府提供公共服务的能力显著增强（"十七大"目标）。

其三，文化小康目标方面，明显提高全民族文明素质，显著增强文化软实力。

社会主义核心价值体系深入人心（"十七大""十八大"共同目标）。良好思想道德风尚进一步弘扬（"十七大"目标）。公民文明素质和社会文明程度明显提高（"十八大"目标）。

覆盖全社会的公共文化服务体系基本建立（"十七大""十八大"共同目标）。

文化产业占国民经济比重明显提高（"十七大"目标），文化产业成为国民经济支柱型产业（"十八大"目标）。文化产业国际竞争力显著增强（"十七大"目标），中华文化走出去迈出更大步伐（"十八大"目标）。适应人民需要的文化产品更加丰富（"十七大""十八大"目标）。

社会主义文化强国建设基础更加坚实（"十八大"目标）。

其四，社会小康目标方面，人民生活水平全面提高，加快发展社会事业。

现代国民教育体系更加完善，终身教育体系基本形成（"十七大"目标）。全民受教育程度和创新人才培养水平明显提高（"十七大""十八大"共同目标）。进入人才强国和人力资源强国之列（"十八大"目标）。教育现代化基本实现（"十八大"目标）。

覆盖城乡的社会保障体系基本建立（"十七大""十八大"共同目标）。人人享有基本医疗卫生服务（"十八大"目标）。住房保障体系基本形成（"十八大"目标）。社会就业更加充分（"十七大""十八大"共同目标）。

合理有序的收入分配格局基本形成（"十七大"目标），收入分配差距缩小（"十八大"目标）。中等收入者占多数（"十七大"目标），中等收入群体持续扩大（"十八大"目标）。基本消除绝对贫困现象（"十七大"目标），扶贫对象大幅减少（"十八大"目标）。

社会管理体系更加健全（"十七大"目标）。社会和谐稳定（"十八大"目标）。

其五，生态文明小康目标方面，建设生态文明，资源节约型、环境友好型社会建设取得重大进展。

基本形成节约能源资源和保护生态环境的产业结构、增长方式、消费模式（"十七大"目标）。

主体功能区布局基本形成（"十八大"目标）。

循环经济形成较大规模（"十七大"目标），资源循环利用体系初步建立（"十八大"目标）。可再生能源比重显著上升（"十七大"目标）。

主要污染物排放得到有效控制（"十七大"目标），主要污染物排放总量显著减少（"十八大"目标）。单位国内生产总值能耗和二氧化碳排放大幅下降（"十八大"目标）。

森林覆盖率提高（"十八大"目标）。

生态环境质量明显改善（"十七大"目标），生态系统稳定性增强（"十八大"目标）。

人居环境明显改善（"十八大"目标）。

生态文明观念在全社会牢固树立（"十七大"目标）。

三、理念创新："科学发展""和谐社会""生态文明"

以胡锦涛为核心的中央领导集体，在小康理念创新方面，提出了"科学发展""和谐社会""生态文明"等重要发展理念。其中"科学发展观"发挥着引领作用。

（一）"科学发展观"

"科学发展观"，2003 年提出，2007 年在党的十七大报告中得到系统阐述，被确立为党的指导思想。

1. "科学发展观"提出的历史背景

为什么进入新世纪初，我们要提出科学发展观？科学发展观的提出有深刻的历史背景，经过新中国半个多世纪的发展，经过改革开放二十多年的发展，我们需要对自己的发展经验进行反思和总结，尤其是长期以来的粗放式发展，积累了大量的突出问题需要解决。"科学发展观总结了二十多年来我国改革开放和现代化建设的成功经验，吸取了世界上其他国家在发展进程中的经验教训，概括了战胜非典疫情给我们的重要启示，揭示了经济社会发展的客观规律，反映了我们党对发展问题的新认识。"①

（1）立足社会主义初级阶段的基本国情

中国正处于社会主义初级阶段，这是目前中国最大的国情，这个国情要求我们考虑发展的时候，既要考虑发展的基础，也要考虑发展的前景；既要考虑发展的速度，也要考虑发展的质量，既要考虑现实的民生问题，又要满足子孙后代的可持续发展，因此，我们的发展一定要做到科学发展。

（2）总结新中国成立以来，尤其是改革开放以来现代化建设的成功经验

新中国成立以来，我们提出"四个现代化"的发展目标，开始了对现代化建设的艰辛探索。但"以阶级斗争为纲"严重冲击了"四个现代化"的落实。

---

① 胡锦涛：《准确把握科学发展观的深刻内涵和基本要求》，载《胡锦涛文选》（第二卷），人民出版社，2016 年版，第 166 页。

改革开放以来，我们确定了"一心一意现代化"的中心任务，确立了"中国式现代化"的发展道路，小康建设取得重大成就，解决了"温饱问题"，"总体小康"得以实现。但长期以来经济发展方式是粗放式的、不协调的、不可持续的，因此，科学发展提上紧要日程。

（3）战胜"非典"疫情的重要启示

2003年，中国出现严重的"非典"疫情，在众志成城抗击"非典"的过程中，我们深刻地意识到必须转换经济增长方式，人与自然和谐共处，走科学发展之路。

（4）吸取世界上其他国家在发展进程中的经验教训

西方发达国家在发展过程中曾经走了一条对外殖民掠夺、自由市场经济、国内两极分化、经济危机频发、枯竭资源、污染环境的发展道路，后来西方国家在强大的民族解放运动、社会主义运动和绿色运动面前，在两次世界大战的惨重教训面前，不得不加以反思，最终走放弃殖民主义、加强社会保障、加强国家干预、加强环境保护的发展新路。苏联东欧社会主义国家曾经走长期压抑民生、重工业优先发展、高度计划经济的发展道路，最终引发社会崩溃、国家瓦解。一些拉美国家一开始走依附于西方资本主义世界体系，后来又走激进福利发展道路，最终导致国家长期停滞。一些资源型国家一开始走肆意开发资源的发展道路，后来终于意识到资源一旦枯竭的危害性，不得不走节约资源、循环经济发展新路。这些教训与经验都是值得中国吸取的。这是科学发展观提出的世界历史背景。

（5）推进全面建设小康社会的迫切要求

全面建设小康社会，需要解决几千年以来都没有解决的绝对贫困问题，需要解决大片的区域性贫困问题，特别是需要解决具有高难度的深度贫困地区的绝对贫困问题，这些问题完全不是拍脑袋、胡思乱想、盲目蛮干就能够解决的，需要科学研究、科学规划、科学发展，这就需要科学发展观的指导。

（6）适应新世纪新阶段的发展要求

新世纪新阶段中国经济实力显著增强，但自主创新能力还不强，粗放型增长方式尚未根本改变。

社会主义市场经济基本建立，但市场与政府的关系还没有理顺，市场与政府的作用都没有得到良好发挥。

人民生活总体上达到小康水平，但收入分配差距不断拉大的趋势尚未得到根本扭转，贫困人口与低收入人口还有相当数量。

协调发展取得显著成效，但城乡差距、区域差距、经济与社会发展差距的协调任务仍然艰巨，"三农"发展滞后、内地发展滞后、民族地区发展滞后、边疆地区发展滞后、社会发展滞后的局面尚未根本改变。

社会主义民主政治不断发展、依法治国基本方略扎实贯彻，但民主法治建设的进展与人民群众的需求、经济社会发展的要求还有差距。

社会主义文化更加繁荣，但人民群众的精神生活需求日益旺盛且多样化，对社会主义先进文化建设不断提出更高的要求。

社会活力显著增强，但社会结构、社会组织形式、社会利益格局深刻变化，对社会建设、社会管理、社会和谐提出更高要求。

对外开放不断扩大，但国际竞争日益激烈，国际风险日益增加，统筹国内发展与对外开放的难度不断加大。

2. "科学发展观"的内涵

（1）"科学发展观"的第一要义是发展

中国是世界上最大的发展中国家，中国还处于社会主义初级阶段，中国贫困问题的解决要靠发展，中国民生问题的解决要靠发展，全面建成小康社会要靠发展，中国富强问题的解决要靠发展，中华民族的伟大复兴要靠发展。发展是硬道理，发展是党执政兴国的第一要务，我们必须坚持以经济建设是中心，必须坚持聚精会神搞建设，一心一意谋发展。"实现全面建设小康社会奋斗目标，不断开创中国特色社会主义事业新局面，关键是要抓好发展这个党执政兴国的第一要务，聚精会神搞建设，一心一意谋发展，不断发展社会生产力和增强综合国力。"[①]

（2）"科学发展观"的核心是以人为本

任何发展最终是为了人的发展，科学发展观更是以人的发展为中心，以人的全面发展为目标，从人民群众的根本利益出发去谋发展，尊重人民的主体地位，发挥人民的首创精神，走共同富裕的发展道路，让发展的成果惠及全体人民。

（3）"科学发展观"的基本要求是全面、协调、可持续

---

① 胡锦涛：《在纪念毛泽东同志诞辰一百一十周年座谈会上的讲话》，载《胡锦涛文选》（第二卷），人民出版社，2016年版，第143页。

全面发展，就是以经济发展为中心，政治发展、经济发展、文化发展、社会发展、生态文明发展、人的发展同时迈进。

协调发展，就是城乡发展、区域发展、经济发展与社会发展、人类发展与自然环境、国内发展与对外开放、生产力与生产关系、经济基础与上层建筑、政治经济文化建设等，都要进行统筹协调。

可持续发展，就是人与自然要和谐发展，经济发展与人口资源环境要协调，人类要永续发展。"可持续发展，就是要促进人与自然的和谐，实现经济发展和人口、资源、环境相协调，坚持走生产发展、生活富裕、生态良好的文明发展道路，保证一代接一代永续发展。"①

（4）"科学发展观"的根本方法是统筹兼顾

统筹兼顾是《论十大关系》的根本方法，也是科学发展观的根本方法。相对于改革开放以前，科学发展观对统筹兼顾方法的认识更加深刻，因为我们已经有了半个多世纪的实践经验的检验。我们已经深刻地认识到："增长并不简单等同于发展，如果单纯扩大数量，单纯追求速度，而不重视质量和效益，不重视经济、政治、文化协调发展，不重视人与自然的和谐，就会出现增长失调、从而最终制约发展的局面。忽视社会主义民主法制建设，忽视社会主义精神文明建设，忽视各项社会事业发展，忽视资源环境保护，经济建设是难以搞上去的，即使一时搞上去了最终也可能要付出沉重的代价。"②

统筹兼顾是处理包括温饱、小康、全面小康、基本现代化、全面现代化在内的中国特色社会主义现代化事业的根本方法。在中国现代化进程中，我们要妥善处理一些重大关系：城乡关系、区域发展之间的关系、经济发展与社会发展的关系、人类发展与自然的关系、国内发展与对外开放的关系、中央与地方的关系、个人利益与集体利益的关系、局部利益与整体利益的关系、当前利益与长远利益的关系等等。这就需要我们统筹城乡发展、统筹区域发展、统筹经济社会发展、统筹人类发展与保护自然环境、统筹国内发展与对外开放、统筹

---

① 胡锦涛：《准确把握科学发展观的深刻内涵和基本要求》，载《胡锦涛文选》（第二卷），人民出版社，2016年版，第167页。

② 胡锦涛：《树立和落实科学发展观》，载《胡锦涛文选》（第二卷），人民出版社，2016年版，第105页。

中央与地方关系、统筹个人利益与集体利益、统筹局部利益与整体利益、统筹当前利益与长远利益，既总揽全局、统筹规划，又重点突破、有序推进。

3. "科学发展观"提出的意义

（1）科学发展观反映了中国共产党对发展问题的新认识，是对党的三代中央领导集体关于发展的重要思想的继承和发展

以毛泽东为核心的第一代中央领导集体，致力于建设独立自主的工业体系和国民经济体系、致力于实现工业现代化、农业现代化、国防现代化和科学技术现代化"四个现代化"，提出了"统筹兼顾"的根本方法，成功地建立了社会主义基本制度，成功地建立了独立自主的工业体系，但没有坚持以经济建设为中心，没有一心一意现代化，没有建设社会主义市场经济体制，这是一个重大失误。

以邓小平为核心的第二代中央领导集体，致力于解决温饱问题，致力于小康建设，致力于改革开放，提出了中国特色社会主义理论，提出了社会主义初级阶段理论，提出了"一个中心、两个基本点"的基本路线，成功地解决了温饱问题，成功地开辟了中国特色社会主义道路，成功地开创了改革开放的新征程。

以江泽民为核心的第三代中央领导集体，致力于解决小康问题，致力于建设社会主义市场经济体系，致力于推进改革开放伟大事业，树立邓小平理论为指导思想，提出了"三个代表"重要思想，提出了可持续发展战略，提出了西部大开发战略，提出了全面建设小康社会战略部署，成功地建立了社会主义市场经济体制的基本框架，成功地解决了"总体小康"问题，成功地把中国特色社会主义事业推向21世纪。

以胡锦涛为核心的中央领导集体，提出了科学发展观，反映了中国共产党对发展问题的新认识，是对三代中央领导集体关于发展的重要思想的继承和发展。就其继承性而言，科学发展观继承了以毛泽东为核心的第一代中央领导集体的现代化根本目标和统筹兼顾的根本方法，继承了以邓小平为核心的第二代中央领导集体的中国特色社会主义理论与党的基本路线，继承了以江泽民为核心的第三代中央领导集体的可持续发展战略、西部大开发战略、全面建设小康社会的战略部署。就其创新性而言，科学发展观强调以人为本、全面发展、协调发展、可持续发展。提出了转变经济发展方式、"四位一体"与"五位一体"总体布局、区域发展总体战略、新农村建设、建设创新型国家、建设政治文明、

建设和谐社会、建设生态文明、"四化同步"（工业化、信息化、城镇化、农业现代化）、推进"五化"（市场化、工业化、信息化、城镇化、国际化）等。

（2）科学发展观是马克思主义关于发展的世界观和方法论的集中体现

马克思主义发展观认为，发展是一个不断展开的历史过程，发展的根本目标是"每个人的自由而全面发展"，发展的核心是"人的发展"，强调发展是"真正的人"的发展，反对资本主义发展中"人的异化"。马克思主义发展观认为，发展不能以牺牲自然环境为代价，根据自然辩证法，发展要尊重自然、顺应自然、保护自然。科学发展观是马克思主义关于发展的世界观和方法论的集中体现。

（3）科学发展观揭示了经济社会发展的客观规律，是同马克思列宁主义、毛泽东思想、邓小平理论、"三个代表"主要思想既一脉相承又与时俱进的科学理论

科学发展观的核心是以人为本，以维护和发展人民群众的利益为根本目标，做到发展为了人民，发展依靠人民，发展成果由人民共享；基本要求是全面发展、协调发展、可持续发展，强调发展的全面性、协调性与可持续性；根本方法是统筹兼顾，统筹兼顾小康建设中的城乡关系、区域关系、经济社会关系、人与自然的关系、国内外关系、中央与地方关系、各种利益关系等，深刻揭示了经济社会发展的客观规律，是同马克思列宁主义、毛泽东思想、邓小平理论、"三个代表"主要思想既一脉相承又与时俱进的科学理论。

（4）科学发展观是中国经济社会发展、改革开放、小康建设、现代化建设的重要指导方针，是发展中国特色社会主义必须坚持和贯彻的重大战略思想

科学发展观，是马克思主义与中国特色社会主义实践、发展实践、改革开放实践、现代化建设实践相结合的产物，是"中国特色社会主义"理论、"中国化马克思主义"理论、"中国道路"发展理论、"中国式现代化"理论、"改革开放"理论的创新，是当代中国的马克思主义，是中国经济社会发展、改革开放、小康建设、现代化建设的重要指导方针，是发展中国特色社会主义必须坚持和贯彻的重大战略思想。"科学发展观对整个改革开放和现代化建设都具有重要的指导意义。"[1]

----

[1]　胡锦涛：《把科学发展观贯穿于发展的整个过程和各个方面》，载《胡锦涛文选》（第二卷），人民出版社，2016年版，第174页。

（二）"和谐社会"理念

从一般的意义上讲，实现社会和谐是人类自古以来追求的一种社会理想，但在社会主义社会建立之前，由于物质条件的限制和剥削制度的存在，任何社会都不可能解决社会和谐问题。历史上存在过的许多社会主义国家，由于解决不了共同富裕的问题，在"贫穷的社会主义"条件下，也解决不了社会和谐的问题。改革开放以来，中国实现了从站起来到富起来的历史性飞跃，解决共同富裕问题有了坚实的物质基础与迫切的现实要求，和谐社会建设提上日程。社会主义的本质特征是共同富裕，因此，"实现社会和谐，是中国特色社会主义的本质属性。"①

1.社会主义和谐社会理念提出的历史背景

（1）社会主义市场经济基础上出现社会分化。改革开放以来，鼓励一部分地区一部分人可以在合法经营、勤勉劳动的基础上先富起来，后来又鼓励劳动力、资本、科技、知识、管理、土地、信息等生产要素都可以参与财富分配，按要素贡献进行分配，这样，一批又一批的富裕者出现了，社会阶层开始从平均主义的固化形态走向具有流动性的社会分化形态，合理的社会分化是推动经济社会发展的动力，但社会两极分化却是阻碍经济社会发展的因素。因此，社会主义和谐社会建设的根本目标是在合理的社会分化基础上防止社会两极分化，建设覆盖全民的社会保障体系，保障共同富裕。

（2）社会主义市场经济基础上国家与社会出现分离。计划经济体制下国家与社会是高度一体的，国家包办了社会。但在市场经济体制下，国家与社会出现了适度的分离，各种社会自治组织、非公经济组织、社会服务组织，在严密的国家科层体系之外获得了自主性，国家治理体系之外，逐渐形成了一个新的社会治理体系。社会主义和谐社会建设的重要内容之一，就是创新社会管理，建立一个既充满活力又和谐有序的社会治理体系。

（3）社会主义市场经济基础上新的社会阶层出现。新的社会阶层主要是指非公经济组织中的投资与管理人员，这是人民内部矛盾出现的新情况，如何处理新的社会阶层，这是考验中国共产党的执政智慧，"三个代表"重要思想已

---

① 胡锦涛：《关于构建社会主义和谐社会的几个问题》，载《胡锦涛文选》（第二卷），人民出版社，2016年版，第425页。

经做出了回答，社会主义和谐社会理论在此基础上做了进一步的解答。

2. 建构社会主义和谐社会的历史条件

（1）物质保障是改革开放以来取得的经济发展成就。我们已经实现了"总体小康"，逐渐具备了实施覆盖全民的社会保障体系、发展社会事业的物质基础。

（2）最根本保障是中国共产党的领导与中国特色社会主义制度。中国共产党是全体中国人民利益的代表，中国特色社会主义制度是人民民主制度，社会主义的本质特征是共同富裕，中国特色社会主义的本质属性是和谐社会，全面建成小康社会，必须实现社会和谐。

（3）政治平等、走共同富裕道路决定了中国人民根本利益的一致性。人人可以参政议政，政治上人人平等，是社会主义民主政治的根本特征。解放生产力、发展生产力，消灭剥削，消除两极分化，最终达到共同富裕，是社会主义的本质特征。基于这两点，构建社会主义和谐社会有了共同的政治利益和经济利益基础。

（4）人民的思想道德和科学文化素质的提高提供了社会和谐的文化基础。改革开放以来，物质文明建设得到了高度重视的同时，精神文明建设也没有放松，教育、科学技术得到了优先发展。20世纪90年代以来社会主义先进文化建设得到加强，文化产业与文化事业的发展受到鼓励。进入21世纪，随着中国综合国力不断上升，中国人民越来越有了文化自信。构建社会主义和谐社会有了心理与文化的支持。

3. 社会主义和谐社会的含义

社会主义和谐社会的基本特征是民主法治、公平正义、诚信友爱、充满活力、安定有序、人与自然和谐共处。六个方面的特征是相互联系、相互作用的。"我们要建构的社会主义和谐社会，是在中国共产党领导下、在中国特色社会主义事业中、在全国人民根本利益一致基础上全体人民共同建设、共同享有的和谐社会，是为中国最广大人民谋幸福的和谐社会"；[①] "我们要构建的社会主义和谐社会，是经济建设、政治建设、文化建设、社会建设协调发展的社会，是人

---

① 胡锦涛：《关于构建社会主义和谐社会的几个问题》，载《胡锦涛文选》（第二卷），人民出版社，2016年版，第425页。

与人、人与社会、人与自然整体和谐的社会。"[①] 与全面建设小康社会的关系是，建设社会主义和谐社会是全面建设小康社会"五位一体"的一个方面，同时也是全面建设小康社会的基本内涵之一，是全面建设小康社会的现实要求，同时也是中国特色社会主义现代化的长远目标。

4. 构建社会主义和谐社会的路径

（1）构建社会主义和谐社会需要进一步提升物质基础。发展是硬道理，发展是党治国理政的第一要务，我们需要以科学发展观为指导，以经济建设为中心，一心一意发展经济，经济发展不仅要持续快速，还要协调健康，必须转变经济发展方式，推动经济高质量发展，调整经济结构，根本改变城乡二元结构，推动城乡一体化，切实解决好"三农"问题，消灭绝对贫困。

（2）构建社会主义和谐社会需要进一步扩大民主，建设法治国家、法治社会、法治政府。民主是社会主义政治制度的本质特征，政治体制改革的最终目标是建设成熟完善的社会主义民主政治，政治体制改革就是要推动社会主义民主扩大化、丰富化、完善化、制度化、规范化、程序化，以更好地发挥社会主义制度的特点和优势。构建社会主义和谐社会，必须健全社会主义法制，建立社会主义法治国家，充分发挥法治在促进、实现、保障社会和谐方面的重要作用。

（3）构建社会主义和谐社会需要加强思想道德素质建设。思想道德素质是社会和谐的前提和基础，必须切实加强社会主义先进文化建设，积极实施公民道德建设工程，广泛开展社会公德、职业道德、家庭美德教育，健全教育体系，推动教育现代化，建立学习型社会，促进全民族素质不断提高。

（4）构建社会主义和谐社会必须切实保障社会公平正义，妥善处理人民内部矛盾，激发社会创新活力，加强社会保障体系建设，建立良好运行的社会治理机制，有效维护社会稳定。

（5）构建社会主义和谐社会必须有效保护和治理生态环境。人与自然的和谐，是社会和谐的重要基础和重要组成部分。中国启动工业化以来，很长时间对环境污染不是很在意，以致到了 21 世纪初期，环境污染变得特别严重，环境污染问题成为小康建设的突出短板，也成为和谐社会建设的突出短板。增强环

---

① 胡锦涛：《社会和谐是中国特色社会主义的本质属性》，载《胡锦涛文选》（第二卷），人民出版社，2016 年版，第 523 页。

保意识，加强环境污染治理和生态文明建设，成为构建社会主义和谐社会的重要任务。

5.构建社会主义和谐社会的历史意义

（1）社会主义和谐社会理论，是对中国历史上和谐文化的继承和发展，是对马克思主义和谐社会理论的继承与创新，是对中国特色社会主义社会建设理论的丰富与发展，揭示了社会主义的本质属性。社会主义和谐社会理论，"既是对党执政经验的总结，也是对国外一些执政党执政经验教训的借鉴；既是对我国社会主义建设规律认识的深化，也是对共产党执政规律、社会主义建设规律、人类社会发展规律认识的深化；既是对中国特色社会主义理论的丰富和发展，也是对马克思主义关于社会主义社会建设理论的丰富和发展。"[1]

（2）构建社会主义和谐社会是小康建设"五位一体"总体布局的需要。全面建设小康社会关键在全面，重在高质量，和谐社会建设是全面建设小康社会的主体内容之一，也是全面建成小康社会的根本目标之一。"构建社会主义和谐社会，既是全面建设小康社会的现实要求，也是一个长远目标。"[2]

（3）构建社会主义和谐社会有助于巩固党的执政基础。中国共产党是代表广大人民群众根本利益的政党，为人民服务是党的根本宗旨，为人民谋幸福是党的初心和使命，构建社会主义和谐社会有助于夯实和扩大党的执政基础。

（三）"生态文明"理念

2007年10月党的十七大第一次提出生态文明发展战略。"党的十七大强调要建设生态文明，这是我们党第一次把它作为一项战略任务明确提出来。"[3]

1."生态文明"理念提出的历史背景

（1）发达国家几百年经历的现代化历程，在中国改革开放以来压缩到几十年，而环保科学技术的发展并没有跟上，人们的环境保护与生态文明理念又非

---

① 胡锦涛：《构建社会主义和谐社会》，载《胡锦涛文选》（第二卷），人民出版社，2016年版，第285页。

② 胡锦涛：《关于构建社会主义和谐社会的几个问题》，载《胡锦涛文选》（第二卷），人民出版社，2016年版，第424页。

③ 胡锦涛：《深入学习领会科学发展观》，载《胡锦涛文选》（第三卷），人民出版社，2016年版，第6页。

常淡漠，导致环境污染集中爆发。

（2）以高消耗、高污染、高排放为特征的传统发展方式虽然在推动经济发展方面功不可没，但却是不可持续的，导致资源迅速枯竭与环境严重污染，转变经济发展方式在 21 世纪初提上紧急日程。

（3）中国人口众多、资源短缺、环境容量有限、生态系统脆弱，在工业化基本实现之际，从黑色工业文明转入绿色生态文明正当其时。工业化需要与生态化结合，形成生态工业文明，即新生态文明，新生态文明是原始生态文明、农业文明、工业文明之后的新文明形态。

2.“生态文明”的含义

生态文明理念是尊重自然，顺应自然，保护自然，要牢固树立“以人为本”“节约资源”“保护环境”“人与自然相和谐”的观念，铭记“保护自然就是保护人类，建设自然就是造福人类”的观念；① 基本国策是节约资源，保护环境；建设方针是节约优先，保护优先，自然恢复为主；发展方式是绿色发展，低碳发展，循环发展；空间格局、产业结构、生产方式、生活方式是节约资源，保护环境。“建设生态文明，实质上就是要建设以资源环境承载力为基础、以自然规律为准则、以可持续发展为目标的资源节约型、环境友好型社会。”②

3. 生态文明建设的路径

（1）牢固树立生态文明理念。进行生态文明建设，首先要牢固树立生态文明理念，要让人人明白什么是生态文明，如何做才是生态文明建设，只有人人树立了生态文明理念，才能真正把生态文明建设搞好。

（2）把生态文明建设纳入中国特色社会主义事业总体布局。中国特色社会主义现代化事业、全面建设小康社会都要把生态文明建设纳入其中，并且融入经济建设、政治建设、文化建设、社会建设的各方面和全过程。“推进生态文明建设，是涉及生产方式和生活方式根本性变革的战略任务，必须把生态文明建设的理念、原则、目标等深刻融入和全面贯穿到我国经济、政治、文化、社

---

① 胡锦涛：《建设自然就是造福人类》，载《胡锦涛文选》（第二卷），人民出版社，2016 年版，第 170、171 页。

② 胡锦涛：《深入学习领会科学发展观》，载《胡锦涛文选》（第三卷），人民出版社，2016 年版，第 6 页。

会建设各方面和全过程。"①

（3）优化国土空间开发格局。加快实施主体功能区战略，推动各地区严格按照主体功能区定位发展，构建科学合理的城市化格局、农业发展格局、生态安全格局。

（4）建设资源节约型社会。推动能源革命与消费革命，发展新能源和可再生能源，推动资源利用方式根本转变，发展循环经济，发展节能低碳产业，提高能源资源使用效率。

（5）加强生态系统与环境保护力度。强化水、大气、土壤污染防治，实施重大生态修复工程，保护生物多样性，积极应对全球气候变化。

（6）强化生态文明制度建设。建立国土空间开发保护制度，建立最严格的耕地保护制度、水资源保护与管理制度、环境保护制度，建立资源有偿使用制度和生态补偿制度，建立环境保护责任追究制度、环境损害赔偿制度。

4.生态文明建设的意义

建设生态文明是关系中国人民福祉与中国未来发展的长久大计。建设生态文明是中国全面建成小康社会高质量发展的体现，是中国现代化进程中推进生态现代化的重要动力，是中华文明转型中推进生态文明的重要动力，是全面实现现代化与中华民族伟大复兴的核心主题。

四、方法创新：转变发展方式、区域发展总体战略、新农村建设

以胡锦涛为核心的中央领导集体，在"全面建设小康社会"的方法方面，进行了大力创新，提出了一系列新的方法，主要包括：提出从"四位一体"到"五位一体"的总体布局，加快转变经济发展方式，建设创新型国家，实施区域发展总体战略，实施"四化同步"战略，进行新农村建设，加快开发扶贫，加快推进社会保障体系建设。

---

① 胡锦涛：《把生态文明建设纳入中国特色社会主义事业总体布局》，载《胡锦涛文选》（第三卷），人民出版社，2016年版，第610页。

（一）从"四位一体"到"五位一体"的总体布局

全面小康与现代化建设总体布局经历了从"两手抓"到"三位一体"，从"三位一体"到"四位一体"，最终从"四位一体"到"五位一体"的发展历程。

以邓小平为核心的中央领导集体对民主政治建设、物质文明建设（民生建设）、精神文明建设（文化建设）高度重视，提出了"经济体制改革与政治体制改革相适应""物质文明建设与精神文明建设两手抓"的总体布局。

以江泽民为核心的中央领导集体，提出了"市场经济建设""民主政治建设""先进文化建设"（"精神文明建设"）的总体布局。1992年在党的十四大上提出"市场经济建设""民主政治建设""精神文明建设"总体布局。1997年在党的十五大上提出"中国特色社会主义经济建设"（在社会主义条件下发展市场经济）、"中国特色社会主义政治建设"（依法治国，发展社会主义民主政治）、"中国特色社会主义文化建设"（以马克思主义为指导，发展社会主义文化）总体布局。2002年党的十六大上提出"经济建设"（以经济建设为中心，完善社会主义市场经济体制）、"政治建设"（发展社会主义民主政治，建设社会主义政治文明）、"文化建设"（发展社会主义先进文化，建设社会主义精神文明）总体布局。同时也提出了"社会更加和谐"的全面小康目标。

以胡锦涛为核心的中央领导集体，2007年在党的十七大上把和谐社会建设纳入全面小康与现代化建设总体布局，形成了"四位一体"的总体布局，同时也提出了"生态文明建设"的全面小康目标。2012年在党的十八大上把生态文明建设纳入全面小康与现代化建设总体布局，最终形成了"五位一体"的总体布局。

全面小康与现代化建设事业总体布局为什么要从"三位一体"调整为"四位一体"（增加和谐社会建设），进而发展为"五位一体"（增加生态文明建设）？

其一，就历史背景而言，和谐社会建设与生态文明建设的提出应时而生。改革开放以来，中国开始启动了社会主义市场经济建设历程，先是农村市场经济体制的构建，后是城市市场经济体制的构建。市场经济的发展，使得国家与市场、国家与社会出现了相对分离，社会越来越具有自主性，国家不能再包办社会，过去计划经济时代的全能型国家治理已经不合时宜，需要进一步加强社会建设与社会治理，和谐社会建设应时而生。市场经济的发展，也使得国有企业、集体企业之外，合作企业、个体企业、乡镇企业、民营企业、三资企业获得了大发展，随着经济持续快速发展，传统粗放型经济发展方式的负面影响越来越大，资源环境问题得不到有效解决，资源枯竭、环境破坏、环境污染变得特别严重，生态文明建设应时而生。

其二，就理论创新而言，和谐社会论与生态文明论，是中国特色社会主义理论的创新。和谐社会是社会主义的理想追求，是社会主义的本质属性，是马克思主义和共产主义理论的核心内涵。增加和谐社会建设，体现了社会主义的本质要求。生态文明论是中国优秀传统文化关于"天人关系"的继承与发展，是中国特色社会主义关于人与自然关系的理论创新，是马克思主义自然辩证法的体现。增强生态文明建设，体现了社会主义对人与自然关系的探索。

其三，就经济与科技基础而言，经过改革开放经济与科技的快速发展，中国的综合国力大有上升，不仅解决了温饱问题，而且解决了"总体小康"问题，正在向"全面建设小康社会"迈进，给和谐社会建设和生态文明建设提供了所需要的物质与技术基础。和谐社会建设，需要加强社会保障体系建设，需要工业支持农业、城市反哺乡村，需要发达地区帮扶欠发达地区、贫困地区，需要缩小贫富差距，需要加强基础设施建设和公共服务体系建设，这一切都需要足够的经济实力支持，而到了 21 世纪初，这一条件逐渐具备了。生态文明建设，需要发达的环境科技支持，需要建立生态补偿制度，需要加大对环保设施的投资，需要实施重大生态修复工程，需要对西部地区、限制开发地区、禁止开发地区的生态环境进行大保护，这一切都需要大量的投资，没有越来越雄厚的经济基础支持是不行的，经过新中国六十多年的发展，经过改革开放三十多年的发展，这一经济条件逐渐具备了。

（二）转变经济发展方式

2007 年 10 月，党的十七大提出了加快转变经济发展方式的战略任务。

1.转变经济发展方式的历史背景

（1）国际金融危机对中国经济发展方式的冲击。从本质上看，国际金融危机"是对过度负债消费和过度依赖资源消耗的经济增长模式的冲击，是对不适应经济形势变化的现行金融监管模式的冲击，也是对自由放任和缺乏制约的发展理念的冲击"。① 国际金融危机凸显了中国经济发展方式存在的问题。中国经济发展方式属于数量型、过于粗放型、外延扩张型，高度依赖国际市场，外贸依存度高，外贸顺差偏大，投资率偏高，消费率偏低，城乡二元结构依然存在，农村发展严重落后于城市，城镇化水平不高，区域生产力布局不合理，生产要素流动不畅，产业结构不合理，第一产业不稳，第二产业不强，第三产业不足，经济发展技术含量不高，企业技术创新能力不强，大量低水平产业生产方式粗放，一些领域产能严重过剩，大量消耗资源，大量温室气体排放，严重污染环境，产品质量不高。国际金融危机形成的倒逼机制客观上为中国经济发展方式转型提供了难得机遇。

（2）吸取世界经济发展方式的教训。发展中国家的资源消耗型（过于粗放，主要生产初级产品，生态环境恶化）经济发展方式是不可持续的，发达国家的过度消费型（经济结构虚拟化，长期负债，过度消耗）经济发展方式也是不可持续的。我们必须在走中国特色自主创新之路的基础上加快转变经济发展方式。

2. 为什么要转变经济发展方式？

（1）适应全球需求结构重大变化，增强中国经济抵御国际市场风险的能力。不能长期高度依赖外需，要大力开拓国内市场。

（2）提高可持续发展能力。高消耗、高排放、高污染的经济发展方式是不可持续的，为了提高可持续发展能力，必须大大降低资源能源的消耗，走资源节约、循环经济之路；必须大大降低碳排放和各种污染物的排放，走清洁生产、生态经济之路。

（3）在激烈的国际经济竞争中抢占制高点，争创新优势。必须把新能源、新材料、生物制药、节能环保、低碳技术、绿色经济等作为新一轮产业发展的重点，抢占世界经济新的制高点。

（4）实现国民收入分配合理化，促进社会和谐稳定。长期以来，随着经济持续快速增长，国民收入分配结构不合理问题日益凸显，主要表现为：居民收入在国民收入分配中的比重偏低，劳动报酬在初次分配中的比重偏低，城乡居民收入差距不断扩大，不同社会群体的收入差距也呈现扩大的趋势，中等收入

---

① 胡锦涛：《论加快经济发展方式转变》，载《胡锦涛文选》（第三卷），人民出版社，2016 年版，第 334 页。

者比重偏低的状况没有得到明显改善。国民收入分配不合理，导致扩大内需受到严重制约，引发大量社会矛盾，不利于社会的和谐稳定。

（5）推动全面建设小康社会，满足人民群众对美好生活的期待。全面建设小康社会对生活质量有很高的要求，人民群众对美好生活的期待更是包括优美的环境、健康的身体在内的全面的幸福生活。只有加快转变经济发展方式，实现高质量的发展，才符合全面建成小康社会的质量要求。

3.转变经济发展方式的方法

转变经济发展方式，最重要的是要把握好方向和原则。"要坚持走科技含量高、经济效益好、资源消耗低、环境污染少、人力资源优势得到充分发挥的新型工业化道路，着眼于增强经济发展的稳定性、协调性、平衡性、可持续性，大力促进经济增长由主要依靠投资、出口拉动向依靠消费、投资、出口协调拉动转变，由主要依靠第二产业带动向依靠第一、第二、第三产业协同带动转变，由主要依靠增加物质资源消耗向依靠科技进步、劳动者素质提高、管理创新转变。"①

（1）经济结构调整。调整国民分配结构，建立职工工资正常增长机制，提高最低工资标准和平均工资水平，提高低收入者的收入水平，增加居民财产性收入，提高居民收入在国民收入分配中的比重，提高劳动报酬在初次分配中的比重，努力提高最终消费率。

调整城乡结构，破除城乡二元结构，统筹城乡发展，推进城乡一体化（城乡规划一体化、产业布局一体化、基础设施建设一体化、公共服务一体化），建立以工促农、以城带乡的长效发展机制。

调整城镇结构，推进城镇化，走中国特色城镇化道路，解决农民工问题，加强城镇基础设施建设，提高城镇公共服务能力，提高城镇综合承载能力。

调整区域经济结构，核心是基本公共服务均等化，关键是建立体现区域特色和比较优势的产业体系，保障是建立区域经济优势互补、良性互动的区域发展机制。

调整国土开发空间结构，推动主体功能区建设，提高区域资源配置效率和

---

① 胡锦涛：《加快经济发展方式转变和经济结构调整》，载《胡锦涛文选》（第三卷），人民出版社，2016年版，276页。

可持续发展能力，建立主体功能区定位清晰、经济、人口、资源、环境相协调的国土空间开发格局。

（2）产业结构调整。改造和提升传统产业。鼓励企业使用新技术、新工艺、新材料、新设备，加快产业信息化建设，推广集成制造、柔性制造、敏捷制造、精密制造等先进创造。

重点是发展战略性新兴产业（新能源、新材料、新医药、新能源汽车、节能环保、生物育种、信息网络、空间、海洋等），培育新的经济增长点。

突破口是发展服务业。发展面向民生、面向生产、面向农村的服务业，促进服务业拓宽领域，增强功能，优化结构，提高能力，构建充满活力、特色突出、优势互补的服务业发展格局。

（3）推进自主创新。提高自主创新能力，走中国特色自主创新之路。坚持自主创新、重点跨越、支撑发展、引领未来的方针，全面实施国家中长期科学和技术发展规划纲要，加强基础研究和战略高新技术研究，深入实施知识创新和技术创新工程，推进原始创新、集成创新、引进消化吸收再创新，确保2020年进入创新型国家行列。

坚持科技为经济社会服务的发展方向，加快科技成果向现实生产力转化，促进科技语言经济更加密切结合，加快产业共性技术的研发推广使用，抓紧建设一批特色产业基地，培育一批战略性新兴产业。

加快科技体制改革，推进国家创新体系建设，建立以企业为主体、市场为导向、产学研结合的技术创新体系，使技术创新体系、知识创新体系、国防科技创新体系、区域创新体系、科技中介服务体系协调统一。

实施人才强国战略，全面贯彻落实尊重劳动、尊重知识、尊重人才、尊重创造的方针，加快建设创新型人才队伍。

（4）推进农业发展方式转变。建设粮食安全保障体系，推进国家粮食核心产区和后备产区建设，建立供给稳定、储备充足、调控有力、运转高效的粮食安全保障体系。

建设现代农业产业体系，形成优势突出和特色鲜明的农业产业带，培育与生态保护、休闲观光、文化传承等密切相关的循环农业、特色农业、乡村旅游业、农村二、三产业。

推进农业科技创新，促进农业技术集成化，劳动过程机械化、生产经营信息化，以节地、节水、节肥、节药、节能、节种、资源综合循环利用、农业生态环境保护为重点，推动农业可持续发展。

在坚持基本经营体制不动摇的前提下，推进农业经营体制创新，推动家庭经营向采用先进科技和生产手段的方向转变，推动统一经营向合作化、多元化、多层次、多形式经营服务体系的方向转变，加快建设覆盖全程、综合配套、便捷高效的农业社会化服务体系。

（5）推进生态文明建设。推进节能减排，严格实施排放总量控制、排污许可和环境影响评价制度，全面推进清洁生产和节能技术，强制淘汰消耗高、污染重、技术落后的工艺、设备和产品制度。

全面治理工业污染、生活垃圾和污水污染、农业面源污染、重点控制工业污染，加强防治水污染、大气污染、固体废物污染，加强重点流域、重点区域、重点城市环境治理，加强环境基础设施建设，完善环境监管体系。

建立资源节约型技术体系和生产体系，发展循环经济、绿色经济、低碳经济。

实施生态保护与修复工程，加强自然保护区、重要生态功能区、海岸带的生态环境保护，强化对自然资源的保护，推进荒漠化和石漠化治理、湿地保护、水土流失治理、退耕还林、退耕还牧等重大生态修复工程。

（6）推进经济社会协调发展。提高教育现代化水平，全面推进素质教育，创新教育培养模式，促进义务教育均衡发展，普及高中教育，扩大职业教育规模，提高高等教育质量，增强教育对经济社会发展的适应性和人的全面发展的适应性。

实施积极的就业政策，扩大就业规模，优化就业结构，创新就业模式，强化公共就业服务，健全职业技能培训制度。

建立覆盖城乡居民的社保体系，加强医保体系和住房保障制度建设，加大财政对社保的投入力度，稳步提高社保水平，有序提升社保统筹层次。

发展面向民生的公益性社会服务（养老、体育、健身、文化、娱乐、心理疏导、法律咨询、救助、赈灾），增加针对特定人群（老年人、青少年、残疾人、贫困者）的公益性社会服务项目。

建立覆盖城乡的公共卫生服务体系、医疗服务体系、药品供应保障体系。

（7）发展文化产业。构建覆盖全社会的公共文化服务体系，建设基本文化设施，发展公益性文化事业，提高基层公共文化服务供给能力。

加快发展经营性文化产业，加快文化产业基地和区域性特色文化产业群建设，打造有自主知识产权、有市场影响的文化品牌，构建传输快捷、覆盖广泛的文化传播体系。

加快开拓文化市场，建立门类齐全的文化产品市场与文化要素市场，培育大众性文化消费市场，拓展国际文化市场。

（8）推进对外经济发展方式转变。调整出口贸易结构，从规模速度型向质量效益型转变，优化出口产品结构，推动市场多元化。

调整进口贸易结构，优化进口产品结构，推动进口市场多元化，增强我国巨大规模市场吸引力。

提高利用外资的质量与水平，创新利用外资方式，鼓励外资投资现代农业、高新技术产业、先进制造业、清洁能源、节能环保产业、现代服务业。

加快实施"走出去"战略，培育和发展我国跨国公司，建立国际经营网络，在国际市场上打出品牌。

积极推动自由贸易区建设，促进贸易和投资自由化便利化。

4. 转变经济发展方式的意义

转变经济发展方式，是中国经济领域深刻的变革，关系到改革开放、全面小康与现代化建设全局。

（三）建设创新型国家

转变经济发展方式、解决经济发展的根本动力问题，要靠创新驱动，包括理论创新、制度创新、管理创新、文化创新、科技创新，要"最大限度解放和发展科技第一生产力"，建设创新型国家，增强自主创新能力，"必须把创新驱动发展作为面向未来的一项重大战略"。[①]

1. 为什么要建设创新型国家

国家发展的第一动力在于创新驱动，创新是经济发展与社会进步的根本动力。经过半个多世纪的发展，中国到了需要根本改变粗放型经济发展方式的时候了，只有创新才能根本改变这种发展方式，舍此无别途。"促进人的全面发

---

① 胡锦涛：《建设国家创新体系》，载《胡锦涛文选》（第三卷），人民出版社，2016年版，第598、599页。

展也好，促进经济发展和社会全面进步也好，优化经济结构也好，做到'五个统筹'也好，实现经济发展和人口、资源、环境相协调也好，都离不开科技进步和创新。"[1] 创新的关键在于科技创新。"科学技术已成为经济社会发展的决定性力量，而自主创新能力又是国家竞争力的核心。"[2]

2. 建设创新型国家的目标

到 2020 年，中国自主创新能力显著增强，科技促进经济社会发展和保障国家安全能力显著增强，基础科学和前沿技术研究综合实力显著增强，取得一批在世界具有重大影响的科学技术成果，进入创新型国家行列。

3. 建设创新型国家的含义

建设创新型国家的核心，就是把增强自主创新能力，作为发展科学技术的战略基点，走中国特色自主创新道路，推动科学技术跨越式发展；就是把增强自主创新能力，作为调整产业结构、转变经济增长方式的中心环节，建设资源节约型、环境友好型社会，推动国民经济又快又好发展；就是把增强自主创新能力，作为国家战略，贯穿到现代化建设各方面，激发全民族创新精神，形成有利于自主创新的体制机制，大力推进理论创新、制度创新、科技创新。

4. 建设创新型国家的方法

（1）走中国特色自主创新道路。核心是坚持自主创新、重点跨越、支撑发展、引领未来的指导方针。加强原始创新、集成创新、引进消化吸收再创新。坚持有所为有所不为，选择具有一定基础和优势、关系国计民生和国家安全的关键领域，集中力量，重点突破，实现跨越式发展。突破重大关键技术和共性技术，支持经济社会持续协调发展。着眼长远，超前部署前沿技术与基础研究，创造新的市场需求，培育战略性新兴产业，引领未来经济社会发展。

（2）提高科技自主创新能力。紧紧扭住经济社会发展这一中心任务，把发展能源、水资源、环境保护技术放在优先位置，下决心解决制约经济社会发展的重大瓶颈问题。抓住信息科技更新换代和新材料科技迅猛发展的难得机遇，

[1]　胡锦涛：《依靠科技创新，实现全面协调可持续发展》，载《胡锦涛文选》（第二卷），人民出版社，2016 年版，第 189 页。

[2]　胡锦涛：《我国经济社会发展的阶段性特征和需要抓紧解决的重大问题》，载《胡锦涛文选》（第二卷），人民出版社，2016 年版，第 369 页。

把掌握装备制造业和信息产业核心技术自主知识产权作为提高我国产业竞争力的突破口。把生物科技作为未来我国高科技产业迎头赶上的重点，加强生物科技在农业、工业、人口、健康等领域的应用。加快发展航天和海洋科技，和平利用太空和海洋资源。加强基础科学和前沿技术研究，特别是交叉学科的研究，加强我国科技创新的基础和后劲。

（3）推进国家创新体系建设。推进科技体制改革，充分发挥政府主导作用，充分发挥市场在科技资源配置中的基础性作用，充分发挥企业在技术创新中的主体作用，充分发挥国家科研机构的骨干和引领作用，充分发挥大学的基础和生力军作用，形成科技创新整体合力。建设以企业为主体、市场为导向、产学研相结合的技术创新体系。建设科学研究和高等教育有机结合的知识创新体系。建设军民结合、寓军于民的国防科技创新体系。建设各具特色和优势的区域创新体系。建设社会化和网络化的科技中介服务体系。

（4）培育有利于创新的社会环境。"小康大业，人才为本。"坚持贯彻尊重劳动、尊重知识、尊重人才、尊重创造的方针，全面实施人才强国战略，牢固树立人才资源是第一资源的观念。"人才是一种可持续开发的资源，人才优势是最需培育、最有潜力、最可依靠的优势。"[1]人才强国战略是创新驱动战略的内在要求，"既是全面建设小康社会的重要内容，又是全面建设小康社会的重要保证。"[2]我们要依托国家重大人才培养计划、重大科研项目、重大工程项目、重点学科、重点科研基地、国际学术交流合作项目，积极推进创新团队建设。努力营造鼓励人才干事业、支持人才干成事业、帮助人才干好事业的社会环境。加大引进人才力度，积极引进海外高层次人才，吸引留学人员回国创业。

（5）培育创新精神，发展创新文化。大力发扬中华优秀创新文化传统，[3]弘扬以爱国主义为核心的民族创新精神，增强民族自信心和自豪感。大力发扬以改革创新为核心的时代精神，培育全社会的创新意识。大力繁荣发展哲学社会科学，促进哲学社会科学与自然科学相互渗透，为建设创新型国家提供更好

---

① 胡锦涛：《实现人力资源大国向人才强国转变》，载《胡锦涛文选》（第三卷），人民出版社，2016年版，第391页。

② 胡锦涛：《实施人才强国战略》，载《胡锦涛文选》（第二卷），人民出版社，2016年版，第125页。

③ 《大学》第三章云：汤之《盘铭》曰："苟日新，日日新，又日新。"

的理论指导。

5．建设创新型国家的意义

为全面建成小康社会提供强有力的支持，是事关中国特色社会主义现代化建设全局的重大战略决策。"转变经济发展方式、调整经济结构、实现国家发展战略目标，最根本的是要靠科技的力量，最关键的是要把增强自主创新能力作为战略基点。"①

（四）进行新农村建设

20世纪30年代中国开始搞乡村建设，取得了一定的效果，但由于没有深入了解"三农"问题，效果并不理想，后来也被抗日战争中断。新中国成立以来也有过两次新农村建设：一次是20世纪50年代以来，一次是20世纪80年代以来。由于城乡二元体制的阻隔，也由于当时中国的经济发展水平低下，新农村建设的效果也不理想。

1.新农村建设的背景

经过新中国五十多年的经济建设，特别是改革开放以来三十多年的快速发展，中国经济实力不断增强，农村生产力持续得到较快发展，以家庭联产承包责任制为基础的农村基本经营制度不断完善，农民已经基本解决了温饱问题，也基本解决了"总体小康"问题，正在向全面小康进军，同时城镇化速度加快，农民大规模向城镇流动，生产要素在城乡之间较为自由流动的渠道已经被逐渐打通，城乡二元体制逐步走向瓦解，城乡一体化体制正在建构之中。

2.为什么要进行新农村建设？

（1）具备了广泛的群众基础和社会条件。"广大农民群众迫切要求改变农村面貌，解决好'三农'问题越来越成为全党全国的共识，全社会关心农业、关注农村、关爱农民的良好氛围已经形成。"②

（2）具备了重要的物质技术基础。改革开放以来，第二、第三产业的发展取得了长足进步，城镇化也获得了快速发展，已经具备了工业反哺农业、城市

---

① 胡锦涛：《建设国家创新体系》，载《胡锦涛文选》（第三卷），人民出版社，2016年版，第599页。

② 胡锦涛：《关于工农城乡关系的两个趋向》，载《胡锦涛文选》（第二卷），人民出版社，2016年版，第248页。

支持农村的能力。

（3）具备了良好的外部条件。国家已经有了足够财力可以加大对农村与农业基础设施与公共服务的投入。市场经济体制的深化，城乡一体化的推进，农村基本经营制度的进一步改革，使得发达地区与城市的生产要素可以流入农村。

3. 新农村建设的目标

这次新农村建设有五大目标，分别是：生产发展，生活宽裕，乡风文明，村容整洁，管理民主。根本目的是，实现农民收入持续较快增长，提高农民生活水平和质量。中心任务是促进农民增收。

4. 新农村建设的思路

贯彻科学发展观，坚持党对农村工作的领导，坚持农业基础地位，保障农民权益，坚持市场经济取向，转变农业发展方式，统筹城乡发展，推动城乡一体化，推动农村全面小康建设进程。

5. 新农村建设的方式

加大国家投入，实行工业反哺农业，城市支持乡村，动员全社会广泛参与。"推动公共资源在城乡之间均衡配置，生产要素在城乡之间自由流动"，"切实把国家基础设施建设和社会事业发展的重点放在农村"。[①]

（1）发展农村生产力，促进农村经济繁荣。"解放和发展农村生产力，是建设社会主义新农村的根本任务。"[②]加强粮食综合生产能力建设，坚决落实最严格的耕地保护制度，加快推广先进适用的农业生产技术和优良品质，加快农业科技进步，加快农业技术推广体系建设，深入实施农业科技入户工程，加强农村基础设施建设，切实抓好农民最急需的饮水、道路、能源、电力、环境卫生等基础设施建设，健全农业社会化服务体系，加快转变农业增长方式，发展高产、优质、高效、生态、安全的农业，发展节地、节水、节肥、节药、节种的节约型农业。

（2）着力促进农民增收，提高农民生活水平。"实现农民收入持续较快增

---

① 胡锦涛：《三十年农村改革发展的成功经验》，载《胡锦涛文选》（第三卷），人民出版社，2016年版，第91页。

② 胡锦涛：《建设社会主义新农村》，载《胡锦涛文选》（第三卷），人民出版社，2016年版，第413页。

长，提高农民生活水平和质量，是建设社会主义新农村的根本目的。"[①] 挖掘农业内部增收潜力，积极推进农业结构调整，积极发展优势农产品，发展农业产业化经营，建设高效农业产业化体系，提高农产品附加值，开辟农村富余劳动力就近就地转移就业的途径，拓展农村富余劳动力进城务工经商的渠道，完善和强化对农民的直接补贴制度，加大对种粮农民的补贴力度，加大对农民的扶贫开发力度，因地制宜实施整村推进的扶贫开发方式。

（3）加强民主法制建设，保障农民民主权利。健全农村民主选举、民主决策、民主管理、民主监督的制度，引导农民群众增强民主意识，搞好村民自治，保障农民群众知情权，健全村务公开制度，广泛开展普法教育，引导农民群众以理性合法的方式表达利益诉求，逐步形成政府主导、社区参与、农民群众自主维权相结合的农民权益保护机制。

（4）加强精神文明建设，培养创造新型农民。加快发展农村教育事业，重点发展农村义务教育和职业技能培训，加强农村公共文化设施建设，构建农村公共文化服务体系，鼓励农民兴办文化产业，实施公民道德建设工程，积极推动群众精神文明创建活动，积极培育有文化、懂技术、会经营的新型农民。

（5）推进和谐社会建设，保持农村社会稳定。保障农村困难群众基本生活，加大公共财政对农村社保制度建设的投入，探索建立农村社会养老保险制度、农村最低生活保障制度、农村新型合作医疗制度，发展农村卫生事业，加强农村卫生基础设施建设，健全农村三级医疗卫生服务体系和医疗救助体系，正确处理新形势下的人民内部矛盾，健全农村正确处理人民内部矛盾的工作机制，加强农村社会建设和管理，积极开展和谐家庭、和谐村组、和谐村镇创建活动。

（6）全面深化农村改革，增强农村发展活力。稳定和完善以家庭联产承包责任制为基础的基本经营体制，切实保障农民对土地承包经营的各项权利，建立健全土地承包经营权流转机制，发展多种形式的适度规模经营，推进农村综合改革，全面取消农业税，切实转变乡镇政府职能，加快农村义务教育管理体制改革和县乡财政管理体制改革，建立精干高效的农村基础行政管理体制和覆盖城乡的公共财政制度，统筹推进农村金融体制改革、粮食流通体制改革、征

---

① 胡锦涛：《建设社会主义新农村》，载《胡锦涛文选》（第三卷），人民出版社，2016年版，第415页。

地制度改革，推进农村发展现代流通业，加快农村现代经营体系建设，充分调动广大农民的生产积极性和创造性。

6.新农村建设的意义

这次新农村建设的理论创新与战略规划是中国共产党长期以来特别是改革开放以来重视"三农"问题的战略思想的继承和发展，是新形势下加强"三农"工作、更好推进全面建设小康社会进程和现代化建设的战略举措。这次新农村建设，将为接下来的"乡村振兴"打下坚实的基础。

（五）实施区域发展总体战略

1.实施区域发展总体战略的原因

中国幅员辽阔，人口众多，地区自然禀赋差异明显，长期形成的发展基础也不一样，结果是目前的区域经济社会发展差距过大，这不仅是现实，也是我们要长期面对的基本国情，因此，有效遏制城乡区域间基本公共服务、人均收入、生活水平差距扩大的趋势，进而逐步缩小区域发展差距，是我们必须长期抓好的重大任务。"促进区域协调发展，是改革开放和社会主义现代化建设的战略任务，也是全面建设小康社会、构建社会主义和谐社会的必然要求。"[①]

2.区域发展总体战略的含义

继续推进西部大开发，振兴东北地区等老工业基地，促进中部地区崛起，鼓励东部地区率先发展（支持东部沿海地区加快对外开放），形成合理的区域发展格局。

3.区域发展总体战略的目标

形成主体功能定位清晰、东部地区中部地区西部地区良性互动、基本公共服务和人民生活水平差距趋向缩小的区域协调发展格局。

4.实施区域发展总体战略的方法

（1）坚持统筹城乡发展与区域发展，积极推进新农村建设，积极稳妥推进城镇化，充分发挥城市对农村、中心城市对区域发展的带动作用。

（2）加快形成四类主体功能区（优化开发区域、重点开发区域、限制开发

---

① 胡锦涛：《实施区域发展总体战略》，载《胡锦涛文选》（第三卷），人民出版社，2016年版，第570页。

区域、禁止开发区域），明确不同区域的功能定位，优化生产力空间布局，形成合理的空间开发格局。支持优化开发区域继续成为带动全国发展的龙头区域和参与经济全球化的主体区域，支持重点开发区域成为支撑全国经济发展和人口集聚的重要承载区域，支持限制开发区域成为全国或区域性重要生态功能区，支持禁止开发区域严禁不符合功能定位的开发建设活动。

（3）建立健全区域发展互动机制。打破行政区域限制，加快建立统一开放的国内市场，促进生产要素在全国范围内自由流动，引导产业转移。鼓励和支持区域之间进行经济、技术和人才合作，形成以东带西、东部中部西部共同发展的格局。加大国家对欠发达地区支持力度，引导发达地区帮扶欠发达地区，引导东部地区帮扶中部西部地区发展。

（4）完善分类管理的区域发展政策。提高区域发展政策的针对性和有效性。重点支持限制开发区域、禁止开发区域公共服务设施建设和生态环境保护，支持重点开发区域基础设施建设。引导优化开发区域提升产业结构层次，引导重点开发区域加强产业配套能力建设，引导限制开发区域发展特色产业。

5.实施区域发展总体战略的意义

实施区域发展总体战略，有利于区域协调发展，是确保全面建成小康社会、进而实现基本现代化与全面现代化的重大举措，是发挥中国特色社会主义制度优越性、促进社会和谐稳定的重大举措，是保证全国各族人民共享改革发展成果、逐步实现共同富裕的重大举措。"实现我国区域协调发展，是一个长期历史过程和一个巨大系统工程，需要持之以恒进行努力。"①

（六）实施"四化同步"战略

"四化同步"指的是，工业化、城镇化、信息化与农业现代化要同步发展。信息化与工业化深度融合，工业化与城镇化良性互动，城镇化与农业现代化互相协调。农业现代化是"四化同步"的短腿，农业现代化要努力与工业化、城镇化、信息化融合在一起发展。

2012年11月，以胡锦涛为核心的中央领导集体，在党的十七大报告中提

---

① 胡锦涛：《实施区域发展总体战略》，载《胡锦涛文选》（第三卷），人民出版社，2016年版，第574页。

出"四化同步"，即坚持走中国特色新型工业化、信息化、城镇化、农业现代化道路，促进工业化、信息化、城镇化、农业现代化同步发展。

新中国成立以来，工业化一马当先，重工业获得优先发展，轻工业与服务业滞后，城镇化滞后。改革开放以来，乡镇企业与第三产业获得大发展，城镇化不断加速，工业化与城镇化走向融合。进入 21 世纪以来，信息化提速，信息化与工业化走向融合，传统工业化向新型工业化转化。新农村建设启动以来，农业现代化加速，农业现代化与城镇化、工业化、信息化走向融合，"四化同步"局面开始出现。到其后的"乡村振兴"时期，"四化同步"进一步加速进行。

农业现代化要与工业化结合。农业现代化所需要的科学技术、生产工具、大量资本需要工业化提供。工业化需要解决的劳动力、原料、市场、资本也需要农业现代化提供，二者相互为用、相得益彰。

农业现代化要与城镇化结合。农业现代化进程中的剩余劳动力需要城镇化来消化，城镇化则需要吸收农村的剩余劳动力，农业现代化与城镇化互相推动。

农业现代化要与信息化结合。农业现代化需要信息化的新环境与新平台，"互联网＋"农业、智能农业、观光农业、乡村旅游、乡村物流等，都需要农业现代化与信息化融合，信息化是农业现代化的应有之义。

（七）加快社保体系建设

1. 社保体系建设的意义

社保体系建设与人民幸福安康息息相关，关系到改革开放、全面小康、社会主义现代化建设事业全局。

2. 社保体系存在的问题

社保体系很不完善，社保覆盖率不高，保障水平较低，区域之间、各类社保制度之间的衔接还不顺畅，城镇个体劳动者、灵活就业人员、农民工、被征地农民、农村务农人员的社保问题突出，养老保险、医疗保险等社保基金承载着巨大的支付压力。

3. 社保体系建设的目标

使全体人民学有所教、劳有所得、病有所医、老有所养、住有所居，不断促进社会和谐，把人人享有基本生活保障作为优先目标。

4. 社保体系建设的方针

广覆盖、保基本、多层次、可持续。效率与公平、统一性与灵活性相结合。

5. 社保体系建设的方法

社会保障体系建设，既是一项事关国计民生的社会基础工程，又是一项重大而复杂的系统工程。[①] 社会保障体系建设，要立足当前，着眼长远，统筹城乡，整体设计，分步实施，配套推进，积极而为，量力而行，逐步扩大社保覆盖范围，坚持应保尽保。以社会保险、社会福利、社会救助为基础，以基本养老、基本医疗、最低生活保障制度为重点，以慈善事业、商业保险为补充。

6. 社保体系建设的重点

（1）建立健全社保制度体系。对已有社保制度进一步完善，扩大覆盖面。开展农村养老保险制度试点；制定适合农民工流动性强、收入低特点的养老保险办法；推进城镇非公有制经济组织从业人员与灵活就业人员参加养老保险；解决关闭破产企业、困难企业职工和退休人员医疗保障问题；落实被征地农民社保政策；扩大最低生活保障制度、医疗救助制度保障范围；完善失业保险制度；完善城乡社会救助制度；促进社会福利事业、慈善事业、残疾人事业发展；建立住房保障制度，健全廉租房制度，增加保障性住房供给，解决城市低收入者的住房困难问题。

（2）加强社保统筹。推进各类社保制度整合，制定全国统一的社保转续办法，完善社保公共服务管理平台，实现社保全国一卡通。

（3）提高社保水平。加大公共财政对社保的投入，提高企业退休人员基本养老金水平，建立基本养老金正常调整机制，增加对城镇居民基本医疗保险、新型农村合作医疗保险的财政补助，提高失业保险、工伤保险、最低生活保障的水平，建立社保基金预算决算制度，加强社保基金监管与运营水平，完善社保体系可持续发展的体制机制。

（4）推进社保法制建设。加快社保立法，重点推进《社会保险法》立法，完善失业、工伤、生育等社保条例，加快研究制定养老、医疗、职业年金、社保基金监管的配套法规。

---

① 胡锦涛：《加快建立覆盖城乡的居民的社会保障体系》，载《胡锦涛文选》（第三卷），人民出版社，2016年版，第214页。

（八）推进开发扶贫

1. 开发扶贫的目标

总体目标：稳定实现扶贫对象不愁吃，不愁穿，保障其义务教育、基本医疗、住房（即"两不愁，三保障"）；贫困地区农民人均纯收入增长幅度高于全国平均水平；贫困地区基本公共服务主要领域指标接近全国平均水平。首要任务是稳定解决扶贫对象的温饱问题，尽快实现脱贫致富。

五个具体目标：其一，生产条件大改变。贫困地区农业基础设施明显改善，保障人均基本口粮田，落实特色增收项目，特色优势产业快速发展，特色支柱产业体系初步形成。其二，生活条件大改善。贫困地区饮水、用电、住房、道路显著改善。其三，社会事业大发展。贫困地区基本普及学前教育、义务教育、高中教育，新型农村合作医疗参加率稳定在90%以上，三级医疗卫生服务网络基本健全，建立健全广播影视文化公共服务体系。其四，社保水平大提高。新型养老保险制度全覆盖，进一步完善最低生活保障制度、五保户供养制度、临时救助制度。其五，生态环境大改观。提高森林覆盖率，加强生态文明建设，促进人与自然和谐发展。

2. 开发扶贫的方法

（1）坚持开发式扶贫的方针，实行开发扶贫与农村最低生活保障制度有效衔接，把扶贫开发作为脱贫致富的主要途径，把社会保障作为解决温饱问题的基本手段，扶贫开发与推进城镇化、新农村建设相结合，扶贫开发与环境保护相结合，促进经济社会发展与人口资源环境相协调。

（2）政府主导、分级负责。政府投入在开发扶贫中发挥主导和主体作用，开发扶贫管理体制是：中央统筹，省负总责，县抓落实；开发扶贫工作责任制是：各级党政一把手负总责；开发扶贫工作机制是：片为重点，工作到村，扶贫到户；实行开发扶贫目标责任制和考核评价制度。

（3）突出重点，分类指导。重点支持革命老区、民族地区、边疆地区，集中连片特困地区。中西部地区开发扶贫的主要任务是：巩固温饱成果，加快脱贫致富；东部有条件地区的主要任务是：提高开发扶贫水平，探索减少相对贫困、实现共同富裕的有效途径；因贫困原因不同而采取有针对性的扶贫措施。

（4）全社会参与，合力推进。各地区政府与部门通力协作、密切配合。充分发挥社会力量在开发扶贫中的重要作用，广泛动员社会各界参与开发扶贫。

（5）尊重扶贫对象的主体地位，激发贫困地区内在活力。充分发挥贫困地区和扶贫对象的积极性、主动性和创造性，积极推进参与式扶贫，提高扶贫对象的自我管理和自我发展能力。

3.开发扶贫的重点区域与重点工作

开发扶贫的重点区域（主战场）是 11 个集中连片特困地区（六盘山区、秦岭大巴山区、武陵山区、乌蒙山区、滇桂黔石漠化地区、滇西边境山区、大兴安岭南麓山区、燕山—太行山区、吕梁山区、大别山区、罗霄山区）、西藏、四省（四川、云南、青海、甘肃）藏区、新疆南疆三地州（喀什、和田、克致勒苏）。

为什么把这些地区作为重点？因为这些地区生态环境脆弱，生存条件恶劣，自然灾害频发，基础设施和社会事业发展明显滞后，贫困程度深。

重点区域开发扶贫的主要措施是：强化基础设施建设，加强生态环境保护，促进基本公共服务均等化，培育壮大特色优势产业，完善开发扶贫的政策保障体系。

开发扶贫的格局是专项扶贫、行业扶贫、社会扶贫的大扶贫格局。专项扶贫的重点工作是：异地搬迁扶贫、整村推进、以工代赈、产业扶贫、就业促进、扶贫试点、革命老区建设等。行业扶贫的重点工作是：把改善贫困地区发展的环境与条件作为本行业发展规划的重要内容，在资金和项目方面向贫困地区倾斜。社会扶贫的重点工作是：加强定点扶贫，推进东西部扶贫协作，发挥军队和武警部队的作用，动员企业和社会各界参与扶贫，加强扶贫开发的国际合作。

结语

以胡锦涛为核心的中央领导集体，立足现实，着眼小康，放眼未来，既继承以邓小平为核心的中央领导集体关于"以经济建设为中心""一心一意现代化""中国式现代化""发展是硬道理"等发展理念、以江泽民为核心的中央领导集体关于"可持续发展""全面建设小康社会"等发展理念，又根据国内外形势变化，在小康的含义、目标、理念、方法方面大胆创新，与时俱进推动小康理论不断向前发展。含义创新方面，在小康的经济含义、民生含义、生态含义、政治含义、文化含义、制度含义、社会含义、外交含义等方面进行了创新。

目标创新方面，在经济、政治、文化、社会、生态五个目标方面均进行了创新。理念创新方面，提出了"科学发展""和谐社会""生态文明"新的发展理念。方法创新方面，实施从"四位一体"到"五位一体"的总体布局，加快转变经济发展方式，推动创新型国家建设，实施区域发展总体战略，实施"四化同步"战略，进行新农村建设，推进开发扶贫，加快社会保障体系建设。以胡锦涛为核心的中央领导集体的小康理论创新，对小康建设具有重大指导意义，大大推进了全面建设小康社会的进程，推动了中国特色社会主义现代化的加速进行。

第七章 精准扶贫、乡村振兴：习近平小康理论的创新性

小康理论是中国特色社会主义理论体系的重要组成部分。小康理论的创新是一个历史过程。1979年邓小平提出小康概念，取代当时的"四个现代化"概念，小康为"中国式的四个现代化"，简称为"中国式现代化"。1987年党的十三大正式确定小康为中国现代化三阶段（温饱、小康、基本现代化）的第二阶段。2002年党的十六大提出"全面建设小康社会"的新目标。2017年党的十九大确定"决胜全面建成小康社会"为未来的基本现代化、全面现代化的新起点。在邓小平、江泽民、胡锦涛为核心的中央领导集体的小康理论基础上，以习近平同志为核心的中央领导集体，结合中国新的发展基础与形势，对小康理论进行了创新性发展。

一、含义创新：全面、高质量、群众满意

小康理论创新首先要搞清楚何谓"小康"。在小康的含义创新方面，以习近平同志为核心的中央领导集体，强调了小康的全面性、高质量性和群众满意性，明确地回答了"全面小康是什么"，"全面小康不是什么"的根本问题。

（一）小康的全面性

1.覆盖的领域要全面

全面小康是"五位一体"的小康，涵盖民主政治建设、市场经济建设、先进文化建设、和谐社会建设、生态文明建设。"全面小康社会要求经济更加发展、民主更加健全、科教更加进步、文化更加繁荣、社会更加和谐、人民生活更加殷实。要在坚持以经济建设为中心的同时，全面推进经济建设、政治建设、文化建设、

社会建设、生态文明建设，促进现代化建设各个环节、各个方面协调发展，不能长的很长、短的很短。"①目前，生态文明建设是全面建成小康社会的突出短板。习近平总书记提出"绿水青山就是金山银山""人与自然和谐共生""人与自然是生命共同体"的生态文明新理念新思路，要求坚决打赢污染防治攻坚战，坚决打赢蓝天、碧水、净土三大保卫战，建设美丽中国。"要坚持保护优先、自然恢复为主，实施山水林田湖生态保护和修复工程，加大环境治理力度，改革环境治理基础制度，全面提升自然生态系统稳定性和生态服务功能，筑牢生态安全屏障。"②

2. 覆盖的人口要全面

全面小康是全体中国人民的小康，一个民族、一个地区、一个家庭、一个人也不能少。"小康不小康，关键看老乡"，没有农民的小康，就没有全面小康，必须解决农村贫困人口的脱贫问题这个最突出的短板。"虽然全面小康不是人人同样的小康，但如果现有的7000多万农村贫困人口生活水平没有明显提高，全面小康也不能令人信服。"③

3. 覆盖的区域要全面

全面小康是城乡区域的小康，是全国所有地区的小康，革命老区、乡村地区、民族地区、边疆地区、游牧地区、山林地区、沙漠地区、荒漠化地区、贫困地区，包括深度贫困地区，都要实现小康。由于区域的主体功能（优化开发区、重点开发区、限制开发区、禁止开发区）是不一样的，因此，每个区域的小康目标是有差别的，"对一些中西部地区，对一些革命老区、民族地区、边疆地区、贫困地区，特别是农产品主产区、重点生态功能区，主要目标是保障国家粮食安全、保障国家生态安全的主体功能要得到加强，各项事业有明显进步，

---

① 习近平：《下大力气破解制约如期全面建成小康社会的重点难点问题》，载《习近平谈治国理政》（第二卷），外文出版社，2017年版，第78—79页。

② 习近平：《下大力气破解制约如期全面建成小康社会的重点难点问题》，载《习近平谈治国理政》（第二卷），外文出版社，2017年版，第79页。

③ 习近平：《下大力气破解制约如期全面建成小康社会的重点难点问题》，载《习近平谈治国理政》（第二卷），外文出版社，2017年版，第79—80页。

特别是人民生活、公共服务水平有明显提高。"[①] 对于青藏高原这样的重点生态功能区，"生态产品和服务的价值极大。如果盲目开发造成破坏，今后花多少钱也补不回来"。要以禁止开发为主，重点进行生态保护与生态文明建设，发展生态产业与文化产业。对于缩小城乡发展差距要正确理解，"不能仅仅看作是缩小国内生产总值总量和增长速度的差距，而应该是缩小居民收入水平、基础设施通达水平、基本公共服务均等化水平、人民生活水平等方面的差距。"[②] 对于缩小城乡居民收入水平差距也要正确理解，由于城乡居民的生活成本大不相同，城乡居民收入水平的差距并不能准确反映城乡居民生活质量的差距。深度贫困地区的脱贫致富主要是解决绝对贫困问题，在基础设施与公共服务方面与发达地区缩小差距，基础设施方面尽量接近发达地区，全国基础设施要互联互通。

（二）小康的高质量性

全面小康不是发展方式粗放、经济结构失衡、区域发展差距过大、城乡二元、社会日益分化的小康，而是发展方式可持续、经济结构平衡、区域发展协调、城乡一体化、中等收入阶层不断壮大的小康。"总体上我们产能很大，但其中一部分是无效供给，而高质量、高水平的有效供给又不足。我国是制造大国和出口大国，但主要是低端产品和技术，科技含量高、质量高、附加值高的产品并不多。"[③] 要实现全面小康，必须转变经济发展方式，进行供给侧结构性改革，推动区域协调发展和城乡一体化进程，全面建设社会保障体系。

（三）小康的人民满意性

全面小康，不是虚假小康，不是数字小康，不是文字小康，必须让人民群众满意，必须是实实在在的小康，因此必须关切人民群众的最现实、最关心、

---

① 习近平：《深刻认识全面建成小康社会决胜阶段的形势》，载《习近平谈治国理政》（第二卷），外文出版社，2017年版，第73页。

② 习近平：《下大力气破解制约如期全面建成小康社会的重点难点问题》，载《习近平谈治国理政》（第二卷），外文出版社，2017年版，第81页。

③ 习近平：《下大力气破解制约如期全面建成小康社会的重点难点问题》，载《习近平谈治国理政》（第二卷），外文出版社，2017年版，第76页。

最根本、最直接的利益，必须做到"幼有所育，学有所教，劳有所得，病有所医，老有所养，住有所居，弱有所扶"。人民对美好生活的期盼，就是我们的奋斗目标："期盼有更好的教育、更稳定的工作、更满意的收入，更可靠的社会保障、更高水平的医疗卫生服务、更舒适的居住条件、更优美的环境，期盼孩子们能成长得更好、工作得更好、生活得更好。"[①]

但全面小康不是全国同时达到同一水平的小康，更不是人人同样的小康，全面小康允许合理的差距，反对平均主义的小康，主张共同发展的小康，全面小康的底线任务、根本指标是解决绝对贫困问题，而相对贫困问题将长期存在。

二、理念创新："以人民为中心""新发展理念""人类命运共同体"

以习近平同志为核心的中央领导集体，勇于解放思想、更新观念，既继承前人合理的发展理念，也进一步创新发展理念，形成了"以人民为中心的发展思想""创新、协调、绿色、开放、共享"的"新发展理念""人类命运共同体"理念，这些新的发展理念既是对改革开放以来发展理念的继承，也是面对新的发展形势的理念更新。发展理念的创新，为全面建设小康社会提供了新的理论指导。

（一）"以人民为中心的发展思想"

"以人民为中心的发展思想"，是社会主义的根本发展理念，体现了人民是推动发展的根本力量的唯物史观，体现了党的全心全意为人民服务的根本宗旨。"以人民为中心的发展思想"，是在科学发展观"以人为本"的基础上提出的，强调"发展为了人民，发展依靠人民，发展成果由人民共享"。

"以人民为中心的发展思想"，是 2015 年 10 月党的十八届五中全会首次提出来的思想，是中华民族优秀文化传统"民本""富民""均平"理念的传承与发展，是新中国成立以来"共同富裕"思想（马克思主义的一个基本目标）的传承与发展，是改革开放以来"社会主义本质"观念的传承与发展。

---

① 习近平：《人民对美好生活的向往，就是我们的奋斗目标》，载《习近平谈治国理政》，外文出版社，2014 年版，第 4 页。

"新发展理念"中的"共享理念","实质就是坚持以人民为中心的发展思想,体现的是逐步实现共同富裕的要求"。①"共享理念"有四个方面的内涵:其一,就共享的覆盖面而言,全民共享(人人享有,各得其所);其二,就共享的内容而言,全面共享(共享国家的经济、政治、文化、社会、生态各方面的建设成果);其三,就共享的实现途径而言,共建共享(人人参与,人人尽力,人人都有成就感,人人都有获得感);其四,就共享的推进进程而言,渐进共享(从低级到高级,从不均衡到均衡)。

"以人民为中心的发展思想",落实在全面建设小康社会上,就是必须聚焦人民群众最关心、最直接的利益,让人民群众有获得感、幸福感与安全感,为此,国家要大力从事普惠性、基础性、兜底性的民生建设,解决好"行路难、吃水难、用电难、通讯难、上学难、就医难、住房难"等一系列群众最为关切的现实性难题。

(二)"创新、协调、绿色、开放、共享"的新发展理念

"创新、协调、绿色、开放、共享"的新发展理念,是在科学发展观"以人为本、全面、协调、可持续"的基础上形成的,保留了"协调","可持续"为"绿色"取代,"以人为本"为"共享"取代,增加了"创新、开放"。

"创新、协调、绿色、开放、共享"的新发展理念的提出是一个历史过程,"创新发展"源于以邓小平为核心的中央领导集体提出的"科学技术是生产力"的理念,"协调发展"源于以邓小平为核心的中央领导集体提出的"两个大局"的发展理念,"绿色发展"源于以江泽民为核心的中央领导集体提出的"可持续发展"的理念,"开放发展"源于以邓小平为核心的中央领导集体提出的"两个开放"的发展理念,"共享发展"源于以邓小平为核心的中央领导集体提出的"共同富裕"的发展理念。

为什么要提出"创新、协调、绿色、开放、共享"的新发展理念?其一,发展的方向如何,需要发展理念的引领。发展的方向决不能搞错,否则会犯颠覆性错误,因此,发展理念的创新至关重要。"发展理念是战略性、纲领性、引领性的东西,是发展思路、发展方向、发展着力点的集中体现。发展理念搞

① 习近平:《深入理解新发展理念》,载《习近平谈治国理政》(第二卷),外文出版社,2017年版,第214页。

对了，目标任务就好定了，政策举措跟着也就好定了。"① 其二，中国进入增长方式与发展方式转轨的关键时期，需要解决发展的动力问题、发展的不平衡性问题、人与自然的和谐问题、发展的内外环境联动的问题、社会的公平正义问题，只有提出系统性的新发展理念，才能有望解决这些根本难题。

五大发展理念具有内在联系，是一个整体，相互贯通，相互促进，共同构成了的新发展话语体系，不能顾此失彼。创新是发展的动力，协调是发展的结构，绿色是发展的质量，开放是发展的环境，共享是发展的目的。

就发展的动力而言，创新是引领发展的第一动力（根本动力），一部人类发展史就是一部人类创新史。工业革命以来，创新对发展的意义越来越大，创新推进发展呈不断加速的趋势。第三次科技革命以来，科技创新与经济发展已经融为一体。改革开放以来，理论创新、制度创新、道路创新、文化创新，是中国特色社会主义成功的关键。在全面建设小康社会的收官阶段，决胜全面建成小康社会有赖于我们的扶贫创新（精准扶贫）。"坚持创新发展，是我们分析近代以来世界发展历程特别是总结我国改革开放成功实践得出的结论，是我们应对发展环境变化、增强发展动力、把握发展主动权，更好引领新常态的根本之策。"②

就发展的结构而言，区域发展结构（东部、中部、西部、东北）、城乡发展结构（乡村、小城镇、小城市、中等城市、大城市、特大城市、巨型城市）、文明发展结构（物质文明、精神文明、政治文明、生态文明）、国家发展结构（经济建设与国防建设）都要协调发展，要着力增强发展的整体性协调性，强调协调发展不是搞平均发展，而是更注重发展的机会公平、更注重资源配置均衡。"从当前我国发展中不平衡、不协调、不可持续的突出问题出发，我们要着力推动区域协调发展、城乡协调发展、物质文明与精神文明协调发展，推动经济建设和国防建设融合发展。"③

---

① 习近平：《以新的发展理念引领发展》，载《习近平谈治国理政》（第二卷），外文出版社，2017 年版，第 197 页。

② 习近平：《深入理解新发展理念》，载《习近平谈治国理政》（第二卷），外文出版社，2017 年版，第 201 页。

③ 习近平：《深入理解新发展理念》，载《习近平谈治国理政》（第二卷），外文出版社，2017 年版，第 206 页。

就发展的质量而言，绿色发展既是发展的手段，也是发展的目标，是工业文明发展到生态文明的表现，是新发展的根本方向。生态环境没有替代品，用之不觉，失之难存。"环境就是民生，青山就是美丽，蓝天也是幸福，绿水青山就是金山银山；保护环境就是保护生产力，改善环境就是发展生产力。"①

就发展的环境而言，开放是发展的条件，也是发展的动力。历史告诉我们，国家开放则富强，国家封闭则落后。15世纪以来，世界历史在开放中大踏步前进。鸦片战争以来，中国被迫打开了国门。改革开放以来，我们自己主动打开国门，稳步推进全方位对外开放，取得了伟大的发展成就，成为"世界上推动贸易和投资自由化便利化的最大旗手"。"只要主动顺应世界发展潮流，不但能发展壮大自己，而且可以引领世界发展潮流。"②

就发展的目的而言，共享发展既是发展机会的平等，也是发展成就的共享。因此，我们既要举全民之力在机会均等的基础上做大做强发展的"蛋糕"，又要把做大做强的"蛋糕"分好，坚决抑制两极分化，逐渐缩小贫富差距。"让人民群众有更多获得感。要扩大中等收入阶层，逐步形成橄榄型分配格局。"③

"创新、协调、绿色、开放、共享"的新发展理念，是对改革开放以来发展经验的总结，同时也是对全面建设小康社会和现代化建设的引领，是"关系我国发展全局的一场深刻变革"。④

"创新、协调、绿色、开放、共享"的新发展理念，落实在全面建设小康社会上，"创新"是全面建设小康社会的根本动力，"开放"是营造全面建设小康社会的良好国际环境，"协调、绿色、共享"是全面建设小康社会的根本内涵，体现小康的全面性、高质量性和人民满意性。

---

① 习近平：《深入理解新发展理念》，载《习近平谈治国理政》（第二卷），外文出版社，2017年版，第209页。

② 习近平：《深入理解新发展理念》，载《习近平谈治国理政》（第二卷），外文出版社，2017年版，第212页。

③ 习近平：《深入理解新发展理念》，载《习近平谈治国理政》（第二卷），外文出版社，2017年版，第216页。

④ 习近平：《以新的发展理念引领发展》，载《习近平谈治国理政》（第二卷），外文出版社，2017年版，第200页。

（三）"人类命运共同体"理念

"人类命运共同体"理念，是对改革开放以来"和平与发展"理念的继承，是在世界多极化、经济全球化、社会信息化、文化多元化的新形势下国际关系与国际发展理念的创新。

为什么要倡导"人类命运共同体"理念？其一，"和平与发展"是世界人民的心愿。15世纪以来，殖民主义、帝国主义、法西斯主义、恐怖主义、两次世界大战、冷战，战争连绵不绝，特别是科技革命带来全新的毁灭性武器，给人类带来了空前的、深重的灾难，渴望和平是世界人民长久以来的心愿。20世纪60年代以来，随着世界殖民主义体系的解体，新兴的民族独立国家渴望摆脱贫困走向繁荣，渴望发展也是世界人民的心愿。

其二，当今世界，"和平、发展、合作、共赢"已经成为时代潮流。人类正处于大发展、大变革、大调整时期，世界多极化、经济全球化、社会信息化、文化多样化持续发展，新一轮科技革命与产业革命早在孕育成长，各国相互联系、相互依存、命运与共、休戚相关。

其三，困扰当今世界的若干重大难题（重大传染性疾病、恐怖主义、难民危机、气候变化等）亟须国际合作解决。"世界经济增长乏力，金融危机阴云不散，发展鸿沟日益突出，兵戎相见时有发生，冷战思维和强权政治阴魂不散，恐怖主义、难民危机、重大传染性疾病、气候变化等非传统安全威胁持续蔓延。"①

"人类命运共同体理念"，立足于"你中有我，我中有你"的全球利益共同体的坚实基础上，倡导"互通有无、优势互补、资源共享、平等合作、互利共赢、共同发展"，建立"相互依存、守望相助、休戚相关、同舟共济、命运与共"的人类命运共同体。

国际社会应该如何建构"人类命运共同体"？

2017年1月18日，习近平在联合国日内瓦总部提出了五个方面的基本思路：其一，就伙伴关系而言，要坚持对话协商，建设一个持久和平的世界；其二，就安全格局而言，要坚持共建共享，建设一个普遍安全的世界；其三，就经济发展而言，要坚持合作共赢，建设一个共同繁荣的世界；其四，就文明交流而

---

① 习近平：《共同构建人类命运共同体》，载《习近平谈治国理政》（第二卷），外文出版社，2017年版，第538页。

言，要坚持交流互鉴，建设一个包容开放的世界；其五，就生态文明建设而言，要坚持绿色低碳，建设一个清洁美丽的世界。这五个方面的基本思路包括目标与方法，"持久和平、普遍安全、共同繁荣、包容开放、清洁美丽"是目标，"对话协商、共建共享、合作共赢、交流互鉴、绿色低碳"是方法，五个方面是一个统一的整体，构成"人类命运共同体"倡议的基本内涵。

"人类命运共同体"理念，落实到全面建设小康社会上，就是在谋求本国发展中促进全球共同发展，在推动全球共同发展中加速本国发展，反对零和博弈论，发展不能以邻为壑，在追求本国发展利益时兼顾他国发展利益，中国发展要走共同富裕之路，全球发展也要走共同富裕之路，没有全球共同发展，一国单独的发展终究是有限的，解决不了资本、劳动力、科技、知识、管理、人才、大数据等生产要素的全球合理配置问题，解决不了全球环境灾难与污染问题、全球传染病等公共卫生问题。

三、目标创新：解决区域性贫困、绝对贫困问题

以习近平同志为核心的中央领导集体既不好高骛远，也不懈怠松劲，而是合理确定全面建设小康社会的奋斗目标，立足于既有的现实基础，立足于改革开放以来的发展成就，着眼于解决区域性、绝对性贫困问题，把农村贫困人口的脱贫作为全面建成小康社会的底线任务和标志性目标，把解决深度贫困地区的脱贫作为打赢脱贫攻坚战的关键性战役。

（一）解决"两不愁三保障"问题

解决"两不愁三保障"问题，是全面建设小康社会的首要任务和基本任务，是在 20 世纪 80 年代基本解决温饱问题、20 世纪 90 年代解决总体小康问题基础上彻底解决温饱问题的继续。"两不愁"是不愁吃，不愁穿。"三保障"是义务教育有保障，基本医疗有保障，住房有保障。"对贫困人口而言，要实现'两不愁、三保障'，收入达到脱贫标准。不是说各地人均国内生产总值、人均收入等都要达到全国平均水平才是实现了小康。"[①]"民以食为天"，"饱汉不

---

① 习近平：《深刻认识全面建成小康社会决胜阶段的形势》，载《习近平谈治国理政》（第二卷），外文出版社，2017 年版，第 73 页。

知饿汉饥"，解决了"两不愁三保障"问题，就彻底根除了中国有史以来长期困扰国家发展与社会和谐的老大难问题。

（二）贫困县全部摘帽，解决区域性贫困问题

改革开放之初，中国农村普遍处于贫困状态，贫困县的分布一开始很分散，但随着 20 世纪 80 年代中期以来开发扶贫的推进，特别是 20 世纪 90 年代以来大规模的脱贫攻坚的作战，贫困县的分布越来越集中在集中连片的深度贫困地区，因此，到 2012—2020 年，深度贫困地区的脱贫，是全面建设小康社会和打赢脱贫攻坚战的主战场。

只有解决了深度贫困地区的脱贫问题，才能算是解决了区域性贫困问题。只要解决了区域性贫困问题，困扰全面小康的人口覆盖面问题才算是得到了真正解决。

（三）现行标准下农村贫困人口全部脱贫，解决绝对贫困问题

绝对贫困问题不仅仅是一个温饱问题，也是一个生活质量的问题，是可以进行国际比较的问题。绝对贫困的标准（年人均纯收入）是一个动态的比较概念，国际贫困线标准先后有 1 美元、1.25 美元、1.9 美元的变化。中国的国家贫困线标准在不同的历史时期也是不一样的，1985 年 200 元，1986 年 206 元，2000 年 865 元（低收入线），2007 年 785 元（绝对贫困线）、1067 元（低收入线），2008 年 1067 元（绝对贫困线与低收入线合并），2009 年 1196 元，2010 年 1274 元，2011 年 2300 元，2016 年 3000 元，2020 年约为 4000 元。

只有解决了绝对贫困问题，中国走向共同富裕、实现社会结构现代化（从"金字塔型"从"橄榄型"社会结构过渡）就有了坚实的基础。

（四）贫困地区农民人均可支配收入增长幅度高于全国平均水平

全面小康不能仅仅看 GDP 的总值和增长速度，也不能仅仅看人均 GDP，更应该看居民收入的增长幅度和生活质量的提高水平。居民收入增长缓慢，生活设施缺乏，生活质量不高，不能说实现了全面小康，全面小康必须要给予人民群众实实在在的获得感、幸福感。

当然，对城乡区域收入差距也要全面认识，因为各地的风俗习惯、思想观念、生活成本并不一样，特别是城乡生活成本、东西部生活成本差距大，光看人均

可支配收入未必能准确反应小康实际，这一点也必须认识到。

（五）基本公共服务主要领域指标接近国家平均水平

全面小康不仅要看人民的收入水平，还要看当地的基础设施建设和基本公共服务水平，这是关系到人民的生活质量的关键指标。

基础设施建设问题，主要是看当地是否解决了"出行难（道路交通设施）、用电难（供电设施）、通讯难（通信设施）、上学难（学校与教学设施）、饮水难（供水排水设施）、看病难（医疗卫生保健设施）、养老难（养老设施）、环保难（垃圾污水处理设施）"等需要政府通过公共开支进行的基本建设。

基本公共服务问题，就是在建设基础设施的基础上，需要政府进一步提供教育、住房、养老、安全、医疗卫生健康、环境、就业、低保、社会救助、扶贫开发、市场监管、文化娱乐、体育等系列服务。"统筹城乡义务教育均衡配置，整合城乡居民基本养老保险制度、基本医疗保险制度，推进城乡最低生活保障制度统筹发展，稳步推进城镇基本公共服务常住人口全覆盖，把进城落户农民完全纳入城镇住房和社会保障体系。"[①]

基础设施建设的质量和基本公共服务的水平，关系到全面建成小康社会的质量和人民群众的满意度。

四、路径创新：新三阶段论

以邓小平为核心的中央领导集体，虽然规划了1980—2050年的中国发展，但主要是规划"温饱"（1980—1990年）和"小康"（1990—2000年）两个阶段的发展，第三阶段的50年都笼统地称之为"基本实现现代化"（2000—2050年）。以江泽民为核心的中央领导集体则把第三阶段的50年划分为两个阶段：全面建设小康社会（2000—2020年）和基本实现现代化（2020—2050年）两个阶段。以习近平同志为核心的中央领导集体则进一步把全面建成小康社会之后的30年再细分为两个阶段：基本实现现代化（2020—2035年）和全面实现现代化（2035—2050年）两个阶段。

---

① 习近平：《关于〈中共中央关于全面深化改革若干重大问题的决定〉的说明》，载《习近平谈治国理政》，外文出版社，2014年版，第81—82页。

（一）全面建成小康社会（2000—2020年）

"全面建设小康社会"（2000—2020年），是以江泽民为核心的中央领导集体在党的十六大上提出的，目的是对不协调、不全面、不平衡的"总体小康"进行反思和深化，让小康经得起历史的检验，经得起人民的评价，经得起国际社会的裁量。以胡锦涛为核心的中央领导集体把"全面建设小康社会"推进到"全面建成小康社会"阶段，而以习近平为核心的中央领导集体，则把"全面建成小康社会"推进到"决胜全面建成小康社会"阶段，经过三代中央领导集体的不懈努力，小康建设终于可以在2020年收官。延长小康建设的时间，是基于小康建设的难度和速度做出的理性抉择。当然，"全面建设小康社会"，既是小康建设的一部分，也是现代化建设的一部分。

（二）基本实现现代化（2020—2035年）

"基本实现现代化"（2020—2050年），是以邓小平为核心的中央领导集体做出的长期规划。以江泽民为核心的中央领导集体从中划出了一个"全面建设小康社会"阶段（2000—2020年），把"基本实现现代化"的时间修改为2020—2050年。以胡锦涛为核心的中央领导集体继承了这一规划。以习近平同志为核心的中央领导集体，则把这一阶段的时间修改为2020—2035年。缩短"基本实现现代化"的时间，是基于"中国式现代化"——小康建设的进展和中国现代化的实际进度做出的理性判断。

（三）全面实现现代化（2035—2050年）

"全面实现现代化"（2035—2050年），即"全面建成富强、民主、文明、和谐、美丽的社会主义现代化强国"，这是以习近平同志为核心的中央领导集体在党的十九大上提出的新的发展规划。这个发展规划曾经在1964—1978年的"现代化两阶段"规划（基本实现工业化与全面实现四个现代化）中出现过，这个"现代化两阶段"规划，由于当时的国内外条件的影响，未得到真正落实，后来被以邓小平为核心的中央领导集体修改为"现代化三阶段"规划，但这个"现代化三阶段"规划很谨慎地只规划到"基本实现现代化"阶段，未涉及"全面实现现代化"阶段，直到全面建成小康社会之际，规划"全面实现现代化"的历史时机才趋于成熟。

五、方法创新：四个全面、精准扶贫、乡村振兴

以习近平同志为核心的中央领导集体，在实现全面小康的方法方面进行了大胆创新，主要提出了"五位一体""四个全面""四个自信""精准扶贫""乡村振兴"等一系列的方法，其中"精准扶贫"是专门针对农村贫困人口脱贫致富的最直接最有效的方法，"乡村振兴"则不仅着眼于解决农村的相对贫困，而且进一步瞄准"三农"现代化。

（一）"五位一体"

"五位一体"指的是，在小康建设总体布局中民主政治建设、市场经济建设、先进文化建设、和谐社会建设、生态文明建设缺一不可，相得益彰，构成一个具有内在关联的整体。

2012 年党的十八大提出"五位一体"的总体布局，在原来"四位一体"（民主政治建设、市场经济建设、先进文化建设、和谐社会建设）的基础上增加了"生态文明建设"。

以邓小平为核心的中央领导集体，在小康建设中提出了物质文明建设（经济建设）与精神文明建设（文化建设）"两个文明"一起抓的总体布局。

以江泽民为核心的中央领导集体，在小康建设中提出了民主政治建设、市场经济建设、先进文化建设"三位一体"的总体布局。

以胡锦涛为核心的中央领导集体，在全面建设小康社会中提出了民主政治建设、市场经济建设、先进文化建设、和谐社会建设"四位一体"的总体布局，增加了"和谐社会建设"，并进一步在"十八大"提出了"五位一体"总体布局，增加了"生态文明建设"。

以习近平同志为核心的中央领导集体，在全面建设小康社会中全面落实民主政治建设、市场经济建设、先进文化建设、和谐社会建设、生态文明建设"五位一体"的总体布局。

"五位一体"总体布局的一个突出特点是，增加了生态文明建设，凸显了生态文明建设在全面建成小康社会中的重要意义。因为生态文明是全面建设小康社会的突出短板，也是中国社会主义现代化建设的突出短板。以习近平同志为核心的中央领导集体在生态文明建设中特别突出了"尊重自然、顺应自然、

保护自然"、① "绿水青山就是金山银山"、② "保护生态环境就是保护生产力，改善生态环境就是发展生产力"、③ "像保护眼睛一样保护生态环境，像对待生命一样对待生态环境"、④ "走向生态文明新时代，建设美丽中国"⑤ 等新的生态文明理念，更加自觉地推动绿色发展、循环发展、低碳发展。

"五位一体"总体布局的另一个突出特点是，市场在资源配置中的"基础性作用"修改为"决定性作用"，把市场经济建设向前大大推进了一步，标志着我国社会主义市场经济体制走向成熟。这一修改是在 2013 年 11 月召开的党的十八届三中全会上完成的，当时通过了《中共中央关于全面深化改革若干重大问题的决定》。以习近平同志为核心的中央领导集体充分认识到市场经济的本质就是"市场决定资源配置的经济"，"市场配置资源是最有效率的形式"。但也认识到"市场在资源配置中起决定性作用，并不是起全部作用"。因此还要更好地发挥政府作用，强调政府的职责和作用主要是"保持宏观经济稳定，加强和优化公共服务，保障公平竞争，加强市场监管，维护市场秩序，推动可持续发展，促进共同富裕，弥补市场失灵"。⑥ 提出使市场在资源配置中起决定性作用，"是我们党对中国特色社会主义建设规律认识的一个新突破，是马克思主义中国化的一个新的成果，标志着社会主义市场经济进入了一个新阶段。"⑦

"五位一体"强调民主政治建设、市场经济建设、先进文化建设、和谐社

---

① 习近平：《努力走向社会主义生态文明新时代》，载《习近平谈治国理政》，外文出版社，2014 年版，第 209 页。

② 习近平：《树立"绿水青山就是金山银山"的强烈意识》，载《习近平谈治国理政》，外文出版社，2014 年版，第 393 页。

③ 习近平：《努力走向社会主义生态文明新时代》，载《习近平谈治国理政》，外文出版社，2014 年版，第 209 页。

④ 习近平：《推动形成绿色发展方式和生活方式》，载《习近平谈治国理政》（第二卷），外文出版社，2017 年版，第 395 页。

⑤ 习近平：《为子孙后代留下天蓝、地绿、水清的生产生活环境》，载《习近平谈治国理政》，外文出版社，2014 年版，第 211 页。

⑥ 习近平：《关于〈中共中央关于全面深化改革若干重大问题的决定〉的说明》，载《习近平谈治国理政》，外文出版社，2014 年版，第 77 页。

⑦ 习近平：《"看不见的手"和"看得见的手"都要用好》，载《习近平谈治国理政》，外文出版社，2014 年版，第 116 页。

会建设、生态文明建设要全面推进、协调推进。"全面推进"，说的是五者缺一不可，密切配合，是体现小康建设"全面性"的表现。"协调推进"，说的是五者相得益彰，具有内在关联，是一个整体，是体现小康建设"有机性"的表现。

（二）"四个全面"

"四个全面"指的是"全面深化改革、全面依法治国、全面从严治党、全面建成小康社会"，是全面建设小康社会的战略布局，是引领全面建成小康社会的指针。

"四个全面"的提出是一个历史过程。2012 年 11 月，党的十八大提出"全面建成小康社会"。2013 年 11 月，党的十八届三中全会提出"全面深化改革"。2014 年 10 月，党的十八届四中全会提出"全面依法治国"。2014 年 10 月，党的群众路线教育实践活动总结大会上提出"全面从严治党"。2014 年 12 月，习近平在江苏考察时提出"四个全面"。

"四个全面"协调推进、相辅相成、相互促进、相得益彰。全面深化改革、全面依法治国、全面从严治党，是三大战略举措，对实现全面建成小康社会的战略目标一个也不能缺。全面深化改革是推进全面建成小康社会的动力，是小康社会的活力。全面依法治国，是全面建成小康社会的重要保障，对于全面建成小康社会具有十分重大的意义。全面从严治党，是发挥我们党在全面建成小康社会中的领导核心与战斗堡垒作用的关键。"不全面深化改革，发展就缺乏动力，社会就没有活力。不全面依法治国，国家生活和社会生活就不能有序运行，就难以实现社会和谐稳定。不全面从严治党，党就做不到'打铁还需自身硬'，也就难以发挥好领导核心作用。"①

（三）"四个自信"

"四个自信"，指的是"道路自信、理论自信、制度自信、文化自信"。"四个自信"，是对改革开放以来中国发展经验的总结，对于全面建成小康社会与其后的基本现代化建设、现代化强国建设极其重要。

2012 年 11 月，党的十八大倡导"三个自信"（道路自信、理论自信、制度自信）。

---

① 习近平：《协调推进"四个全面"战略布局》，载《习近平谈治国理政》（第二卷），外文出版社，2017 年版，第 23—24 页。

2016 年 5 月，习近平在哲学社会科学座谈会上进一步倡导"四个自信"。在"三个自信"基础上增加了"文化自信"，认为"四个自信"中，文化自信是更基本、更深沉、更持久的力量。"要坚定中国特色社会主义道路自信、理论自信、制度自信，说到底是要坚定文化自信。文化自信是更基本、更深沉、更持久的力量。历史和现实都表明，一个抛弃了或者背叛了自己历史文化的民族，不仅不可能发展起来，而且很可能上演一场历史悲剧。"①

为什么要牢固树立"四个自信"？

其一，道路决定命运。中国特色社会主义道路，是全面建成小康社会的实现途径，是小康社会的必由之路和道路创新。中国特色社会主义道路，是实现我国社会主义现代化的必由之路，是创造人民美好生活的必由之路。中国特色社会主义道路，是改革开放中"杀开一条血路"干出来的，是"摸着石头过河"与顶层设计的结合，是中国人民独创的发展道路，"不是简单延续我国历史文化的母版，不是简单套用马克思主义经典作家设想的模板，不是其他国家社会主义实践的再版，也不是国外现代化发展的翻版。"②改革开放的历史已经证明中国特色社会主义道路不仅走得通，而且推动了"近代以来久经磨难的中华民族实现了从站起来、富起来到强起来的历史性飞跃"。③

其二，理论引领行动。中国特色社会主义理论体系，是全面建成小康社会的行动指南，是小康社会的理论内涵和理论创新。中国特色社会主义理论体系，是中国特色社会主义实践经验的总结，是中国化的马克思主义，包括邓小平理论、"三个代表"重要思想、科学发展观、习近平新时代中国特色社会主义思想，是一个开放的、不断创新的理论体系，不仅是小康建设的理论指导，也是中国特色社会主义现代化建设的理论指导。在当代中国，坚持中国特色社会主义理论体系，就是真正坚持马克思主义。

其三，制度保障环境。中国特色社会主义制度，是全面建成小康社会的根

---

① 习近平：《加快构建中国特色哲学社会科学》，载《习近平谈治国理政》（第二卷），外文出版社，2017 年版，第 339 页。

② 习近平：《加快构建中国特色哲学社会科学》，载《习近平谈治国理政》（第二卷），外文出版社，2017 年版，第 344 页。

③ 习近平：《高举中国特色社会主义伟大旗帜，为决胜全面小康社会实现中国梦而奋斗》，载《习近平谈治国理政》（第二卷），外文出版社，2017 年版，第 62 页。

本保障，是小康社会的制度要义和制度创新。中国特色社会主义制度，立足于中国的制度实践，扎根于中国的制度传统，吸收中国的制度经验，借鉴国外制度的优秀元素，"坚持把根本政治制度、基本政治制度同基本经济制度以及各方面体制机制等具体制度有机结合起来，坚持把国家层面制度同基层民主制度有机结合起来，坚持把党的领导、人民当家作主、依法治国有机结合起来，符合我国国情，集中体现了中国特色社会主义的特点和优势，是中国发展进步的根本制度保障。"[1]

其四，文化凝聚人心。文化是人类精神创造的产物，中国特色社会主义文化，是全面建成小康社会的精神动力，是小康社会的精神标识和文化创新。"坚定文化自信，是事关国运兴衰、事关文化安全、事关民族精神独立性的大问题。"[2]中华优秀传统文化，是中华民族长期发展中的智慧结晶，是中华民族的精神标识与精神命脉，是涵养社会主义核心价值观的重要源泉，是中华民族在世界文明中站稳脚跟的坚实基础，是小康建设的文化源头和精神动力。"优秀传统文化是一个国家、一个民族传承和发展的根本，如果丢掉了，就割断了精神命脉。"[3]

（四）"精准扶贫"

"精准扶贫"，是以习近平为核心的中央领导集体在全面建成小康社会收官阶段提出的针对脱贫攻坚的有效方法。2013年，习近平总书记在湖南湘西十八洞村考察时提出，要实施"精准扶贫"。

为什么要提出精准扶贫、精准脱贫？其一，全面小康的时间表已经临近，脱贫攻坚已经到了啃硬骨头、攻坚拔寨的冲刺阶段，"必须以更大的决心、更明确的思路、更精准的举措、超常规的力度，众志成城实现脱贫攻坚目标，决不能落下一个贫困地区、一个贫困群众"；其二，提高脱贫攻坚成效。"找准路子、构建好的体制机制，在精准施策上出实招、在精准推进上下实功、在精

---

① 习近平：《紧紧围绕坚持和发展中国特色社会主义学习宣传贯彻党的十八大精神》，载《习近平谈治国理政》，外文出版社，2014年版，第9—10页。

② 习近平：《要有高度的文化自信》，载《习近平谈治国理政》（第二卷），外文出版社，2017年版，第349页。

③ 习近平：《努力实现传统文化创造性转化、创新性发展》，载《习近平谈治国理政》（第二卷），外文出版社，2017年版，第313页。

准落地上见实效。"①

"精准扶贫"，围绕着"谁贫困、谁来扶、怎么扶、如何退、成效如何"的问题，提出扶贫对象精准、扶贫方式精准（因人因户精准施策，因地精准施策、因贫困原因精准施策、因贫困类型精准施策）、项目安排精准、资金使用精准、措施到户精准、因村派人（第一书记）精准、扶贫产业精准、扶贫成效精准。

"扶贫方式精准"，是"精准扶贫"的核心要义，提出产业扶贫为主导，根据各地具体情况，精准综合采用特产扶贫、教育扶贫、社保兜底扶贫、异地搬迁扶贫、生态补偿扶贫、就业扶贫、资产收益扶贫、基础设施扶贫（道路交通扶贫、水利扶贫、能源光伏扶贫、通信网络扶贫等）、金融扶贫、电商扶贫、科技扶贫、旅游扶贫、项目扶贫等丰富多样的扶贫方式。

"扶贫力量精准"，精准动员国家扶贫力量、对口扶贫力量、社会扶贫力量、国际扶贫力量等多种扶贫力量。

对于深度贫困地区的精准扶贫、精准脱贫是工作重点。基本方法是：合理确定脱贫目标（与全国小康目标相同）；加大投入支持力度（政府为投入主体，政府发挥主导作用，发挥金融资金的引导和协同作用）；集中优势兵力打攻坚战（公共服务、基础设施、基本医疗保障为三大重点领域）；区域发展围绕精准扶贫发力（重点发展贫困人口能够收益的产业，如特色农业、劳动密集型加工业、服务业）；加大各方帮扶力度（东部地区、中央单位、社会力量）；加大内生动力培育力度（扶贫与扶志、扶智结合）；加大组织领导力度（人员到位，责任到位，工作到位，效果到位，驻村第一书记与驻村干部是重点）；加强检查督查（实施最严格的考核评估制度，决不能搞数字脱贫、虚假脱贫）。

对于陷入深度贫困的特殊人群要有特殊政策，"对居住在自然条件特别恶劣地区的群众加大易地扶贫搬迁力度，对生态环境脆弱的禁止开发区和限制开发区群众增加护林员等公益岗位，对因病致贫群众加大医疗救助、临时救助、慈善救助等帮扶力度，对无法依靠产业扶持和就业帮助脱贫的家庭实行政策性保障兜底。"②

---

① 习近平：《坚持精准扶贫、精准脱贫，坚决打赢脱贫攻坚战》，载《习近平谈治国理政》（第二卷），外文出版社，2017年版，第84页。

② 习近平：《加大力度推进深度贫困地区脱贫攻坚》，载《习近平谈治国理政》（第二卷），外文出版社，2017年版，第89页。

"精准扶贫"，最终要落实在"扶贫成效精准"方面，从 2012 年到 2019 年，贫困人口从 9899 万人减到 551 万人，贫困发生率从 10.2% 降低到 0.6%，连续七年每年减贫 1000 万人以上，可以说是效果精准。

"精准扶贫"方法论的提出及其实践成效，意味着中国几千年来难以解决的贫困问题终于有了解决办法，这既是长期以来以经济建设为中心以市场经济为基础的结果，但也是"精准扶贫"的结果。

（五）"乡村振兴"

"乡村振兴"战略是打赢脱贫攻坚战、决胜全面建成小康社会、解决"三农"问题、推进城乡一体化和"三农"现代化的乡村重大发展战略，是新时代"三农"工作的总抓手。2017 年 10 月，以习近平同志为核心的中央领导集体在党的十九大报告中提出这一战略。

"乡村振兴"战略，是新中国成立以来"四个现代化"战略中的"农业现代化"战略、改革开放以来农业发展的"两个飞跃"重要思想、21 世纪以来的"新农村建设"战略的继承与创新。

乡村振兴的总要求是产业兴旺、生态宜居、乡风文明、治理有效、生活富裕。其中，产业兴旺是解决农村一切问题的前提，生态宜居是乡村振兴的内在要求，乡风文明是乡村振兴的紧迫任务，治理有效是乡村振兴的重要保障，生活富裕是乡村振兴的主要目标。

乡村振兴的总目标是实现"三农"现代化。中心任务是人民生活富裕。优先任务是打赢脱贫攻坚战。乡村振兴的具体目标是产业振兴（特色农业、庭院经济、乡村旅游、产业融合、产业创新、产业提质）、人才振兴（新型农民、人才流动）、文化振兴（思想道德、公共文化、优秀传统农耕文化、乡土风情）、生态振兴（环境整治、绿色发展、美丽家园）、组织振兴（党组织、自治组织、合作经济组织）。

乡村振兴的总方针是农业农村优先发展。首要方法是乡村人才振兴、人力资本开发。加快培育新型农业经营主体，激励各类人才流向乡村。

乡村振兴的重要支撑是创新，农业科技创新是关键，经营方式、管理方式、发展方式、组织制度等也要进行深入创新。

乡村振兴的物质保障是通过精准扶贫、精准脱贫，消灭绝对贫困，赋予农民更多的财产权利，让农民尽快富裕起来，缩小城乡差距，建设有利于农民自主发展的可行能力。

乡村振兴的设施保障是大力建设现代农业基础设施（农田水利、高标准农田、农业服务体系）、乡村生活基础设施（交通运输、快递物流、通信网络、供电、饮水、厕所、污水垃圾处理）、乡村公共服务基础设施（邮政、教育、医疗卫生健康、图书馆、文化馆、体育场、养老院）。

乡村振兴的制度保障是巩固和发展农业基本经营制度，加快构建新型农业经营体系，建立自治、德治、法治相结合的乡村治理体系，建立城乡一体化的制度体系，发挥基础党组织的战斗堡垒作用。

乡村振兴的重中之重是发展现代农业。构建现代农业生产体系、产业体系、经营体系，发展多种形式的规模经营，三大产业融合发展，健全农业社会化服务体系，提高农业全要素生产率、创新力、竞争力。

结语

小康理论创新，是中国特色社会主义理论体系创新的重要组成部分，是中国式现代化理论创新的核心构成。以习近平同志为核心的中央领导集体，在继承邓小平、江泽民、胡锦涛为核心的中央领导集体的小康理论基础上继续创新，从含义、理念、目标、路径、方法五个方面，进行了多方面的深度创新。在小康含义创新方面，阐发了小康的全面性、高质量性和群众满意性的要义；在小康理念创新方面，阐发了"以人民为中心的发展思想""新发展理念"和"人类命运共同体"理念；在小康目标创新方面，提出了解决绝对贫困问题、解决区域性贫困问题；在小康路径创新方面，提出了全面建成小康社会、基本实现现代化、全面建成社会主义现代化强国的新三阶段论；在小康方法创新方面，提出并实施了"五位一体""四个全面""四个自信""精准扶贫""乡村振兴"等一系列的方法。以习近平同志为核心的中央领导集体的小康理论创新，对于打赢"三大攻坚战"（防范化解重大风险、精准脱贫、污染防治）、决胜全面建成小康社会、推动中国现代化进程具有重大历史意义。

第八章　小康理论创新的特点

中国共产党在它 90 多年的发展历程中，是一个不断进行理论创新的政党，始终把理论创新摆在头等重要的地位。小康理论创新是中国共产党极为重要的理论创新成果，因为小康理论创新"使中国发生了 5000 年文明史从未有过的震古烁今的巨大变化和历史进步"，[①] 实现了中国人民由站起来到富起来的伟大飞跃，根本解决了让社会主义国家陷入困境与挫折的"贫穷的社会主义"问题，彻底解决了中华民族发展史上几千年来没有解决的绝对贫困问题，让中国人民过上了丰衣足食的生活，基本实现了工业化，成为世界第一工业大国，世界第二大经济体，进入创新型国家之列，全面建成小康社会，牢固树立"四个自信"，坚定迈向基本现代化与现代化强国建设，最终实现中华民族的伟大复兴。中国共产党小康理论创新，不是一般意义的理论创新，而是具有显著的历史性、发展性、开放性、实践性、本土性、指导性、科学性等特点的理论创新。

一、历史性

小康文化在中国有着悠久的传统，小康生活是中华民族的长期向往，小康追求是中国人民持续一贯的追求，小康社会"是中华民族自古以来追求的理想社会状态"，[②] 小康思想是中国人民集体智慧的结晶，小康实践是历代治国理政长期的实践，积累了丰富的发展经验。中国传统小康文化既有历史时代的局限性，也有穿透历史时代的合理性。因此，中国共产党小康理论创新不是无源之水、无本之木，而是立足于中华民族深厚的历史文化传统，是对中国传统小康思想

---

① 于幼军：《邓小平的遗产》，外文出版社，2019 年版，第 245 页。

② 中共中央文献研究室编：《习近平关于全面建成小康社会论述摘编》，中央文献出版社，2016 年版，第 5 页。

及其治国实践合理之处的传承、创造性转化与创新性发展。

中国共产党小康理论创新继承了自先秦以来的中国传统小康思想及其历代治国理政实践的合理之处，扬弃了其不合时代、不适时宜的局限性。大体看来，中国共产党小康理论创新继承了传统的"民为邦本，本固邦宁""国以人为本""治国有常，而利民为本""以百姓心为心""凡治国之道，必先富民"的发展理念，继承了"开本末之途，通有无之用""工商皆本""事末作（发展工商业）而民兴之"[①]的市场经济与产业发展理念，继承了"为政以德""德盛而法修""法者，天下之至道也"[②]"法法（严格依法办事、严格执法）"[③]"法者，所以爱民也；礼者，所以便事也""为政先乎礼，礼者，其政之本与"[④]的德、礼、法三者兼治的理念，继承了"饥者得食，寒者得衣，死者得葬，不澹（赡）者得振（赈）""老吾老，以及人之老；幼吾幼，以及人之幼"的社会保障理念，继承了"兵者，不祥之器""贵以德而贱用兵""兼相爱、交相利"[⑤]的和平理念，继承了"顺天地之义""合天道""无为而物成""万物并育而不相害"的人与自然和谐理念，继承了"休养生息""轻徭薄赋""富民为先"的国家治理实践。在此基础上，中国共产党创新性地提出共同富裕、以人为本、以人民利益为本、共享发展的思想，创新性地发展出市场在资源配置中发挥决定性作用、更好发挥政府作用的市场经济理念，创新性地发展出以德治国和以法治国融为一体的法治国家、法治政府、法治社会理念，创新性地发展出以和平发展、合作共赢、文明互鉴、安全共享、命运与共为核心的和谐世界与人类命运共同体理念，创新性地发展出以构建社会保障体系、推动社会治理、建设橄榄型社会、强化社会建设为核心的和谐社会理念，创新性地发展出以尊重自然、敬畏自然、顺应自然、保护自然为核心的生态文明理念和以绿色发展、循环发展、低碳发展为核心的可持续发展理念，创新性地发展出以建立家庭联产承包责任制、取消农业税、建立农业补贴制度、新农村建设、乡村振兴为基础的解决"三农"问题的方法与实践。

---

① 《管子·侈靡》，李山、轩新丽译注，中华书局，2019 年版，第 574 页。
② 《管子·任法》，李山、轩新丽译注，中华书局，2019 年版，第 698 页。
③ 《管子·法法》，李山、轩新丽译注，中华书局，2019 年版，第 279 页。
④ 杨朝明、宋立林主编：《孔子家语·大婚解》，齐鲁书社，2013 年版，第 29 页。
⑤ 《墨子·兼爱中》，方勇译注，中华书局，2015 年版，第 126 页。

二、发展性

"实践没有止境，理论创新也没有止境"，"必须在理论上跟上时代，不断认识规律，不断推进理论创新"。[①] 中国共产党小康理论创新不是静止僵化的，不是一挥而就的，而是立足于中国改革开放与现代化发展的伟大历史进程，立足于经济建设这个中心，包括"五位一体"的全面建设，面向中国与全球化环境的互动变化，不断推陈出新，继承性与创新性结合，与时俱进。

中国共产党小康理论创新随着中国改革开放的发展而发展。1978年以来，改革开放从农村开始，"包产到户"的实施，开启了农村改革的序幕。农村改革的目的是激活农民的生产积极性，重点是解决农民的温饱问题。小康理论创新也是从农村开始，创新的重点是围绕着如何让农民富起来展开的，如实施家庭联产承包责任制，废除统购统销制度，废除人民公社体制，建立农村市场经济体制，提出鼓励一部分人、一部分地区先富起来，大力发展个体经济，鼓励多种经营，支持乡镇企业发展，鼓励农民进城创业，启动开发扶贫等。20世纪80年代中期以后，特别是90年代，改革开放的重点转移到城市，中心是社会主义市场经济体制建设和国有企业改革，小康建设的重心也回到城市，小康理论创新的重点就是社会主义市场经济理论的创新、社会主义基本制度理论的创新。进入21世纪以来，改革开放向深处推进，重点是健全社会主义市场经济体制，有效发挥政府作用，推进国家治理体系和治理能力现代化，建设创新型国家，全面建成小康社会，小康理论创新的重点是构建充分发挥市场配置资源决定性作用、以五位一体为总体布局、四个全面为战略布局的全面小康理论。

中国共产党小康理论创新随着中国现代化建设的发展而发展，新中国成立以来，在几乎没有什么现代产业的基础上开展现代化建设，逐渐建立起独立自主的工业体系与国民经济体系。但到改革开放之前夕，中国还是没有解决温饱问题，也没有实现工业化。因为中国虽然确立了"四个现代化"的发展目标和两步走的发展路径，但由于长期以阶级斗争为纲，同时偏重于重工业建设与国防工业建设，没有长期坚持以经济建设为中心，民生问题就没有得到很好解决。改革开放之初，中国现代化立足于这样一个起点上，以邓小平为核心的中央领

---

① 习近平：《决胜全面建成小康社会，夺取新时代中国特色社会主义伟大胜利》，人民出版社，2017年版，第26页。

导集体不得不把 20 世纪内现代化的目标从"全面实现四个现代化"降低为"达到小康水平"（"中国式四个现代化"），现代化理论创新为小康理论创新取代。随着 20 世纪末总体小康的实现，我们决定巩固总体小康的成果，把 21 世纪前 20 年定为"全面建设小康社会"的阶段，开始了全面小康理论的创新。随着全面建成小康社会的即将完成，2017 年党的十九大一方面继续完善全面小康理论，一方面开始规划未来 30 年的基本现代化建设与现代化强国建设，小康理论创新逐渐被现代化理论创新取代。

中国共产党小康理论创新随着中国与全球化环境的互动变化而变化。"以开放促小康"是中国小康建设的重要方法，中国共产党小康理论创新一开始就是立足于中国与全球化环境的互动变化。20 世纪 80 年代，以邓小平为核心的中央领导集体确立了"两个开放"的重要思想，开始把"对内开放"与"对外开放"融为一体，把市场经济建设既置于国内统一市场，也置于国际大市场来通盘思考，把中国小康建设置于国际化的环境中来思考和推进，在面向全球开放的环境中，中国共产党小康理论创新就随着中国不断扩大开放融入全球化的过程而不断发展，先是"引进来"，后是"引进来"和"走出去"相结合；先是沿海开放，后是全方位开放；先是商品市场开放，后是商品与生产要素市场一起开放。

三、开放性

中国共产党小康理论创新不是孤芳自赏，不是夜郎自大，而是积极吸收包括资本主义国家在内的人类文明的一切优秀成果，特别是积极吸收立足于发达国家经济增长经验、发展经验、现代化经验基础之上的西方经济增长理论、发展理论、现代化理论的合理之处，各种社会主义理论的精华和马克思主义的现代化理论等。

中国共产党小康理论创新吸收了西方经济增长理论的合理性成果。西方经济增长理论主要是研究经济增长的规律及其制约因素，"强调经济的长期稳定增长，研究国民生产总值的因素与增长的途径"，[1] 这种理论以自由市场经济

---

① ［美］西蒙·库兹涅茨：《各国的经济增长：总产值和生产结构》，常勋等译，商务印书馆 1999 年版，"经济增长与发展理论丛书出版说明"第 1 页。

为基础，以西方发达国家为对象，明显具有西方中心主义的局限性，但其亦有遵循市场经济规律的合理性，对于推进中国经济的高速增长和高质量增长都具有一定的参考性。

中国共产党小康理论创新吸收了西方发展理论的合理性成果。西方发展理论是在西方经济增长理论基础上形成的，与增长理论有紧密联系，但二者有不同的研究领域，是两种不同的理论。西方发展理论是西方发达国家的学术界以发展中国家为研究对象，重点研究发展中国家的经济制度与经济结构的转变及其转变的途径与政策，旨在推动发展中国家从贫困走向富裕的发展理论。这种发展理论的研究主体是西方发展理论家，是在总结和提升西方发展经验的基础上概括和抽象出来的，先后形成凯恩斯主义发展理论、新自由主义发展理论与公共领域发展理论等，这些发展理论明显带有西方自身发展经验的局限性。但其对西方自身发展经验的总结以及对发展中国家的调查研究的成果仍然是值得中国作为发展参考的，是小康理论创新的重要来源之一。

中国共产党小康理论创新吸收了西方现代化理论的合理性成果。广义的西方现代化理论诞生于启蒙时代，是启蒙思想家对未来社会的一种理想设计，随着工业化时代的真正来临，广义的西方现代化理论不断被检验、修正、扩充。狭义的西方现代化理论是 20 世纪 50 年代首先在美国出现而后扩展到整个发达国家、进而向发展中国家推广的一种理论，后来在 20 世纪 70 年代以后进一步发展为现代性理论与后现代主义理论。西方现代化理论是一个庞杂的理论集合，包括启蒙理论、经典现代化理论、新现代化理论（经典现代化理论的修正）、依附论（既包括西方学者，也包括发展中国家学者，主要是拉美学者）、世界体系论、后工业理论、后现代主义、生态现代化理论、反思现代化理论等，是对西方现代化经验（主导方面）与发展中国家现代化经验的总结、反思、批判、展望的一种理论，对于中国共产党小康理论创新是一种重要的参考。

中国共产党小康理论创新吸收了各种社会主义理论的合理性成果。与现代化理论一样，社会主义也是一个庞杂的理论集合，有空想社会主义、封建社会主义、小资产阶级社会主义、无政府社会主义、科学社会主义、民主社会主义、基督教社会主义、儒家社会主义、伊斯兰社会主义、苏联式社会主义、中国特色社会主义等。大体说来，社会主义的合理成果是主张建立没有剥削、没有压迫、高度繁荣、社会公平、人人平等、社会福利、社会和谐、共同富裕、真正自由民主、全面发展的社会。这些合理成果，对于中国共产党小康理论创新是有益的，能够丰富小康理论的概念、内涵与布局。小康理论与其他社会主义理论的不同之处在于，认可社会主义市场经济，确认公有制为主体、多种所有制共同发展为我国基本经济制度，确认"民营经济是我国经济制度的内在要素，民营企业和民营企业家是我们自己人"，"民营经济只能壮大，不能弱化，不仅不能'离场'，而且要走向更加广阔的舞台"。①

中国共产党小康理论创新吸收了马克思主义的科学性成果。一方面，中国共产党小康理论创新以马克思主义为指导，遵循马克思主义的一般原理，做到马克思主义与中国的发展实践相结合；另一方面，马克思主义理论也有自己别具一格的现代化理论，那就是必须吸收资本主义的一切文明成果，必须以科学技术为生产力，必须以工业化为基础，必须推动生产力高度发达，必须促进人类的解放与自由，建立一个"自由而全面发展"的"自由人联合体"社会。马克思主义现代化理论对于中国共产党小康理论创新具有重要的指导意义。

四、实践性

中国共产党小康理论创新不是拍脑袋拍出来的，而是为了解决中国人民面临的实际问题：温饱问题、总体小康问题、绝对贫困与全面小康问题，是民生问题逼出来的，具有强烈的现实针对性与实践操作性，从实践中来，到实践中去，不断经受实践的考验。

中国共产党小康理论创新要解决的第一个问题是温饱问题。20世纪80年代，通过农村小康理论创新、以家庭联产承包责任制为起点和基础的农村市场经济体制建设、鼓励发展个体经济与乡镇企业、大规模开发扶贫等，解决了这一问题。

中国共产党小康理论创新要解决的第二个问题是总体小康问题。20世纪90年代，通过科教兴国战略、可持续发展战略、社会主义市场经济理论创新、社会主义市场经济体制建设、"八七扶贫攻坚计划""西部大开发"等，解决了这一问题。

中国共产党小康理论创新要解决的第三个问题是解决绝对贫困与全面小康问题。21世纪前20年，通过全面小康理论创新、社会保障体系建设、新农村建设、

---

① 习近平：《在民营企业座谈会上的讲话》，人民出版社，2018年版，第7页。

精准扶贫、乡村振兴、"一带一路"建设等，解决了这一问题。

五、本土性

中国共产党小康理论创新吸取中国社会主义探索的经验教训，反对"一切照抄照搬照转"，[①] 不抄袭模仿任何一种经济增长理论、发展理论、现代化理论、社会主义理论、任何一国发展模式，也不是教条式对待马克思主义，而是立足于自己的基本国情、自己的历史文化根基、自己的发展实践、自己的现实需求、自己的未来发展，着眼于解决自己的真实问题、现实问题，主要是民生问题、民族复兴问题，具有鲜明的中国特色，是马克思主义中国化的重要理论成果，是"中国式现代化"理论，是"中国式发展"（中国道路）理论。中国共产党小康理论创新的本土性，源于实事求是的思想路线的重新树立，源于理论自信的重新树立。"当今世界，要说哪个政党、哪个国家、哪个民族能够自信的话，那中国共产党、中华人民共和国、中华民族是最有理由自信的。"[②]

中国共产党小康理论创新不抄袭任何一种经济增长理论，而是着眼于中国经济增长的实际进展，倡导转换经济增长方式，从粗放型经济增长到集约型经济增长，推动以产业结构合理化和现代化为主导的经济高速增长和以供给侧结构性改革为内涵的经济高质量增长。

中国共产党小康理论创新不抄袭任何一种发展理论，而是立足于自己的发展实践，着眼于中国发展的实际进程，推动构建以人为本、全面、协调、可持续的科学发展观与以创新发展、绿色发展、协调发展、开放发展、共享发展为核心内涵的新发展理念，形成了自己的发展理论。

中国共产党小康理论创新不抄袭任何一种现代化理论，而是立足于中国自己的现代化基础（传统、资源、能源、人口、自然环境、经济基础）与阶段进程（温饱—总体小康—全面小康—基本现代化—现代化强国），着眼于自己的未来现代化目标（现代化强国与民族复兴），走"中国式现代化"道路。"中

---

① 邓小平：《解放思想，实事求是，团结一致向前看》，载《邓小平文选》（第二卷），人民出版社，1994 年版，第 142 页。

② 习近平：《在庆祝中国共产党成立 95 周年大会上的讲话》，人民出版社，2016 年版，第 12 页。

国式现代化"道路以注重民生、稳步推进、科教兴国、创新驱动、工业门类齐全、产业结构合理、向生态文明转型为特点，包括工业化、城镇化、农业农村现代化、国防现代化、科学技术现代化、国家治理体系和治理能力现代化、社会现代化（扩大社会中层，建设橄榄型社会）、文化现代化（传统文化的创造性转化与创新性发展）、生态现代化（人与自然和谐共生的现代化）在内。

中国共产党小康理论创新不抄袭任何一种社会主义理论，而是立足于中国自己的历史文化根基（核心价值、宗教信仰、风俗习惯）、国情根基（人口、资源、能源、自然环境、风土民情、比较优势）、制度根基（制度优势）、道路根基（发展脉络），着眼于自己的现实需求，创新出以社会主义初级阶段理论、社会主义本质理论、社会主义制度理论等为核心的中国特色社会主义理论。"中国特色社会主义是适合中国国情、符合中国特点、顺应时代发展要求的理论和实践。"[①]

中国共产党小康理论创新不模仿任何一国发展模式（道路），无论是西方模式、苏联模式，还是新兴工业化地区模式（东亚模式），而是借鉴各国发展经验，特别是发达国家的发展经验与东亚新兴工业化地区的发展经验，"立足于自身国情，走出了一条中国特色发展道路"，[②]形成中国自己的发展模式。"中国特色社会主义道路，是当代中国大踏步赶上时代、引领时代发展的康庄大道。"[③]

中国共产党小康理论创新并不教条式对待马克思主义，而是把马克思主义与中国发展实践紧密结合，小康理论创新成为马克思主义中国化的重要成果。

六、指导性

中国共产党小康理论创新的根本目的不是空谈理论，而是指导实践，中国共产党集中全体中国人民的智慧与中央领导集体的智慧，从群众中来，到群众中去，直接为治国理政服务，是实践的指南。

中国共产党小康理论创新的目的是直接指导中国的小康建设、现代化建设。

---

① 习近平：《努力开创中国特色社会主义事业更加广阔的前景》，载《习近平谈治国理政》（第二卷），外文出版社，2017年版，第12页。

② 习近平：《论坚持推动构建人类命运共同体》，中央文献出版社，2018年版，第250页。

③ 习近平：《在庆祝改革开放40周年大会上的讲话》，人民出版社，2018年版，第25页。

小康理论自从提出以来，就不是一种单纯的理论，而是直接为现实服务的理论，目标是建立小康社会，进而实现现代化，实现中华民族的伟大复兴；路径是小康两步走（温饱—小康）、小康三步走（温饱—总体小康—全面小康）与基本现代化三步走（温饱—小康—基本现代化）、现代化强国三步走（全面小康—基本现代化—现代化强国）；路线是"一个中心，两个基本点"；理念是"中国特色社会主义""社会主义初级阶段""三个代表""科学发展""和谐社会""生态文明""新发展理念""人类命运共同体"等；方法是"两个开放""两个飞跃""两个大局"、市场经济、扶贫开发、西部大开发、科教兴国、可持续发展、"五位一体""四个自信""四个全面"、人才强国、创新驱动、新农村建设、"一带一路"、精准扶贫、乡村振兴、"四化同步"等。

中国共产党小康理论创新是五位一体的，这个总体布局具有全面性与实践性，涵盖了市场经济、民主政治、先进文化、和谐社会、生态文明五个方面，内涵深刻，内容丰富，实施具体，与时俱进，持之以恒，引领着中国政治建设、经济建设、文化建设、社会建设、生态文明建设的科学发展。

中国共产党小康理论创新具有系统性，涵盖了小康的内涵、理念、目标、路径、方法，这五个方面具有内在的关联性，是互相支撑的，是融为一体的，共同构成小康理论的基本结构，这些内涵、理念、目标、路径、方法，不仅在小康建设的每一个阶段是清晰的，而且在不同的阶段是相互衔接的、与时俱进的。

中国共产党小康理论创新与制度创新是内在一体的。理论创新只有转化为制度创新，才能有效付诸实践。小康理论创新形成或完善了切实可行的一系列制度，如经济制度方面形成了家庭联产承包责任制、社会主义市场经济体制、以公有制为主体的多种所有制并存、以按劳分配为主体的多种分配形式并存、开发扶贫体制、城乡一体化体制等；政治制度方面完善了人民代表大会制度、中国共产党领导下的多党合作与政治协商制度、民族区域自治制度、基层社会自治制度等；社会制度方面形成了社会保障体系、社会治理体制等；科技文化上完善了马克思主义意识形态制度，形成了国家创新体系；生态上形成了生态文明制度体系。这些制度创新与制度完善，是小康理论创新的转化形式、制度成果，是小康理论创新的保障与落实。

中国共产党小康理论创新与实践创新是内在一体的。小康理论创新只有落实到实践层面，才能保证小康理论创新的成效。小康理论创新在实践中让农村地区、民族地区、边疆地区、革命老区、深度贫困地区踏上了小康之路，最终目标是消灭绝对贫困，坚决打赢三大保卫战（风险化解、污染防治、脱贫攻坚），全面建成小康社会。只有让农村地区、民族地区、边疆地区、革命老区、深度贫困地区也实现了小康，才能说得上全面建成小康社会。因为全面小康的"全面"是涵盖所有地区、所有民族、所有家庭、所有个人的。特别是深度贫困地区的小康建设，这是全面建成小康社会最难啃的"硬骨头"。"开发扶贫""八七扶贫攻坚计划""西部大开发""农村扶贫开发纲要""精准扶贫"，主要就是针对农村地区、民族地区、边疆地区、革命老区、深度贫困地区的，特别是针对深度贫困地区。

七、科学性

中国共产党小康理论创新不是理论游戏，而是遵循马克思主义基本原理，遵循小康建设规律，是小康实践的提升、小康经验的总结，具有系统性、完整性、与时俱进性、理论交融性、实践性。小康理论之所以能够成为小康建设的指导性理论，就是在于它的科学性。

遵循科学原理。中国共产党小康理论创新以马克思主义基本原理为指导，并不照搬马克思主义的个别字句，而是把马克思主义与中国发展实践紧密结合，立足于中国改革开放与现代化建设中的伟大实践，与时俱进，形成马克思主义中国化的重要成果。

具有体系性。中国共产党小康理论创新不是零敲碎打的片段创新，而是涵盖民主政治建设、市场经济建设、先进文化建设、和谐社会建设、生态文明建设等多方面，是全方位创新，具有完整性与系统性。

具有理论交融性。中国共产党小康理论创新不是孤立的，而是与中国特色社会主义理论创新、中国式现代化理论创新、科学发展理论创新互为表里，形成一种紧密关联的、互动交融的、科学的理论体系。

具有与时俱进性。中国共产党小康理论创新不是静止的，而是不断回应小康建设中的实际问题，随着小康实践的展开而展开，随着小康实践的发展而发展，随着全面建成小康社会的完成而终结。

具有实践性。中国共产党小康理论创新是小康建设实践经验的总结与提升，又回到实践中不断接受实践检验，经过 40 多年的小康实践检验，中国解决了温饱问题，解决了总体小康问题，解决了绝对贫困问题，解决了全面小康问题，解决了工业化问题，"这是中国历史上数千年从未有过的大变局和黄金时期"，^①完全验证了小康理论的科学性。

结语

中国共产党小康理论创新，不是一般意义的理论创新，而是中国人民和中国共产党集体智慧的结晶，是马克思主义与中国发展实践紧密结合的产物，是马克思主义现代化理论中国化的重要成果，是中国优秀传统文化创造性转化和创新性发展的重要成果，是不断推进改革开放与现代化建设的产物，是小康建设科学的指导思想，具有显著的历史性、发展性、开放性、实践性、本土性、指导性、科学性等特点。就其历史性而言，中国共产党小康理论创新不是无源之水、无本之木，而是立足于中华民族深厚的历史文化传统，是对中国传统小康文化合理之处的传承、创造性转化与创新性发展。就其发展性而言，中国共产党小康理论创新不是静止僵化的，不是一挥而就的，而是立足于中国改革开放与现代化发展的伟大实践，面向中国与全球化环境的互动变化，不断推陈出新，继承性与创新性结合，与时俱进。就其开放性而言，中国共产党小康理论创新不是孤芳自赏，不是夜郎自大，而是积极吸收人类文明的一切优秀成果，特别是西方经济增长理论、发展理论、现代化理论，以及各种社会主义理论、马克思主义现代化理论等。就其实践性而言，中国共产党小康理论创新不是拍脑袋拍出来的，而是为了解决中国人民面临的实际问题：温饱问题、总体小康问题、绝对贫困与全面小康问题，具有强烈的现实针对性与实践操作性，从实践中来，到实践中去，不断经受实践的考验。就其指导性而言，中国共产党小康理论创新的根本目的不是空谈理论，而是中国共产党集中全体中国人民的智慧与中央领导集体的智慧，直接为治国理政服务，是实践的指南。就其科学性而言，中国共产党小康理论创新不是理论游戏，而是遵循马克思主义基本原理，遵循小康建设规律，是小康实践的提升、小康经验的总结，具有系统性、完整性、与时俱进性、理论交融性、实践性。小康理论之所以能够成为小康建设的指导性理论，就是在于它的科学性。

---

① 于幼军：《邓小平的遗产》，外文出版社，2019年版，第247页。

第九章　小康理论创新的基本经验

小康理论创新是改革开放以来一以贯之的探索结果，为什么四十多年来要长期致力于探索"小康"之道？近代以来我们偏重于"大同"的探索，而忽视了通向"大同"之路的，恰恰是"小康"之道。"小康"之道的重点在于解决民生问题，解决"三农"问题，解决"温饱"问题，解决"绝对贫困"问题，让人民群众"日子好过"，"富起来"，有"获得感"，"满足美好生活的需要"，故而小康理论的创新主要围绕这些重点问题展开。当然，解决民生问题不仅是解决贫困问题，也要解决共同富裕问题、制度定型问题、社会和谐问题、环境污染问题、文化繁荣问题等，让小康变得更加"全面"，具有"高质量"。

一、走"中国式现代化"道路

小康理论是"中国式现代化"理论，坚决走"中国式现代化"道路，不照搬照抄别国发展模式，这是改革开放前三十年的一个重要教训，也是近代一百多年来的重要教训，同时也是改革开放以来这四十年的根本经验。小康理论创新，不再是模仿，而是探索。为什么要坚决走"中国式现代化"道路？晚清以来，我们长期"向西方学习"，走"欧化"之路。后来我们又"全面向苏联学习"，走"苏化"之路。虽然吸取了国外的"先进成果"，但并不完全适合中国发展，反而使中国多走了很多弯路。如西方的政治制度传入中国，基本上没有生根，要么被严重扭曲，要么完全"流产"，要么只有"入乡随俗"。苏联的经济制度传入中国，则导致了"贫穷的社会主义"。西方的学术话语体系传入中国，则导致中国人在解释自己的传统文化时，几乎只有负面的评价。在艰难曲折的探索中，我们最终领悟到，"走自己的路"才是最好的选择。1979年邓小平在党的理论工作务虚会上指出，"过去搞民主革命，要适合中国情况，走毛泽东同志开辟的农村包围城市的道路。现在搞建设，也要适合中国情况，走出一条中国式的现代化道路。"① 当年，邓小平在会晤日本首相大平正芳提出"小康"概念时，用的也是"中国式的四个现代化"含义，"我们要实现的四个现代化，不是像你们那样的现代化的概念，而是'小康之家'。"② 到了 1982 年党的十二大召开的时候，我们就正式提出了"建设有中国特色的社会主义"的根本论断。强调"我们的现代化建设，必须从中国的实际出发"，"照搬照抄别国经验、别国模式，从来得不到成功"。③

走"中国式现代化"道路，是一种开放创新的心态，并非完全否定发达国家现代化道路的经验，而是把发达国家的现代化经验与本国的现代化基础、历史根基、文化传统、民情风俗、现实需求结合起来，通过"摸着石头过河"，反复试点，找到值得推广的、适合自己的现代化道路。中国的小康之路，瞄准贫困问题的解决，始终以经济建设为中心，越来越认识到发展市场经济的巨大威力，同时也认识到政府在推动经济发展时的不可或缺，走出了苏联的单一计划经济的泥沼，但也没有走西方的自由市场经济之路，而是走中国特色的社会主义市场经济之路。在开发扶贫中，既注意发挥市场经济的基础性作用，也自觉发挥政府的重要推动作用，同时也坚持发挥贫困农民的主体性作用。在脱贫攻坚中，既注重发挥国家的主导协调作用，也愿意发挥全国全社会各种力量的齐心协力作用，同时也有力地发挥当地政府与人民的直接作用。

二、一心一意现代化，以经济建设为中心

"一心一意现代化"，以经济建设为中心，是我们总结百年以来中国现代化历史的经验教训得出的一个重要结论。1860 年中国开启了被后世称之为"洋务运动"的现代化运动，这一时期我们主要以国防现代化为中心，也开始推进教育、工业、外交、科技、知识、制度等各领域的现代化。甲午战争之后，我

---

① 邓小平：《坚持四项基本原则》，载《邓小平文选》（第二卷），人民出版社，1983年版，第 163 页。

② 邓小平：《中国本世纪的目标是实现小康》，载《邓小平文选》（第二卷），人民出版社，1983 年版，第 237 页。

③ 邓小平：《中国共产党第十二次全国代表大会开幕词》，载《邓小平文选》（第三卷），人民出版社，1993 年版，第 2 页。

们开始以政治制度现代化为中心，君主立宪制度、民主共和制度成为主要的诉求。新文化运动以来，我们进一步向以文化现代化为中心的现代化诉求过渡，核心是"欧化"。新中国成立以来，我们提出"四个现代化"，但实际上是以重工业为中心，而重工业主要是围绕国防现代化来推进的。"文化大革命"时期，我们则是"以阶级斗争为纲"。由于不以经济建设为中心，长期以来民生问题得不到解决，老百姓生活水平一直很低，贫困问题挥之不去，到改革开放前夕，人民群众仍然陷于普遍的贫困之中。"1977 年即使最体面的全民所有制单位职工的年平均工资也只有 602 元，实际上多数人每月工资还拿不到 50 元"，"当时中国农村绝对贫困发生率高于 30%，城镇绝对贫困发生率高于 10%，相对贫困更加普遍"。[①] 如此之高的绝对贫困发生率，意味着以经济建设为中心是唯一的选择。"贫穷不是社会主义"，不根本解决贫困问题，社会主义的优越性就无法体现出来，就没有资格叫社会主义，老百姓也不会认可这样的社会主义。1978 年党的十一届三中全会公报明确提出："全党工作的着力点应该从1979 年转移到社会主义现代化建设上来"。[②] 中国最大的实际、最大的国情就是中国将长期处于社会主义初级阶段，初级阶段的根本任务就是解放生产力和发展生产力，走从"先富"通向"共富"之路。1998 年江泽民在纪念十一届三中全会召开二十周年大会上指出，"无论遇到什么情况，都不能动摇和影响经济建设这个中心"。[③]

　　"一心一意现代化"，以经济建设为中心，也是社会主义根本任务和本质要求。早在 1978 年邓小平就提出，"按照历史唯物主义的观点来讲，正确的政治领导的成果，归根结底要表现在社会生产力的发展上，人民物质文化生活的改善上。如果在一个很长的历史时期内，社会主义国家生产力发展的速度比资

---

① 国家发展改革委宏观经济研究院社会发展研究所：《民生：中国全面建设小康社会 40年》，人民出版社，2018 年版，第 3 页。

② 《中国共产党第十一届中央委员会第三次全体会议公报》，载《十一届三中全会以来党和国家主要文献选编》（1978—2014），中共中央党校出版社，2015 年版，第 11 页。

③ 江泽民：《二十年我们党的主要历史经验》，载《改革开放三十年重要文献选编》（下），中央文献出版社，2008 年版，第 1003 页。

本主义慢，还谈什么优越性呢？"①1992年邓小平在南方谈话中指出，"社会主义的本质，是解放生产力，发展生产力，消灭剥削，消除两极分化，最终达到共同富裕。"②以经济建设为中心，"一心一意现代化"，是中国建成社会主义现代化强国的根本路径。

要做到"一心一意现代化"，以经济建设为中心，必须坚持"一个中心"毫不动摇。1987年党的十三大确立了"一个中心、两个基本点"的党的基本路线，必须长期坚持，不能有丝毫的动摇。以经济建设为中心，必须立足于市场经济的平台之上，搞好社会主义市场经济制度建设，不断扩大市场对资源配置的有效作用，最终让市场发挥资源配置的决定性作用。在市场经济取向的改革过程中，我们"三步走"：第一步是20世纪80年代至90年代初，"计划经济为主，市场经济为辅"，发挥市场对资源配置的"辅助性"作用。第二步是1992年至2012年，以社会主义市场经济体制构建为经济体制改革的方向，发挥市场对资源配置的"基础性"作用。第三步是2013年以来，全面深化改革，发挥市场对资源配置的"决定性"作用。

三、聚焦民生问题，"三农"为关键，脱贫为重点

中国现代化要聚焦民生问题，"以人为本"，"人的全面发展"，是现代化的本质要求，也是社会主义的根本要求。"保障人民的生存权和发展权"，是中国的首要任务。③

解决"三农"问题是中国现代化的关键。其一，中国农业现代化的基础薄弱，农业生产技术与管理比较落后，要解决温饱问题，解决小康问题，解决国计民生的重大问题，必须优先解决"三农"问题。1978年党的十一届三中全会公报要求"全党目前必须集中主要精力把农业尽快搞上去，因为农业这个国民

① 邓小平：《高举毛泽东思想旗帜，坚持实事求是的原则》，载《邓小平文选》（第二卷），人民出版社，1983年版，第128页。

② 邓小平：《在武昌、深圳、珠海、上海等地谈话要点》，载《邓小平文选》（第三卷），人民出版社，1993年版，第373页。

③ 胡锦涛：《在美国耶鲁大学的演讲》，载《改革开放三十年重要文献选编》（下），中央文献出版社，2008年版，第1587页。

经济的基础，这些年来受了严重破坏，目前就整体来说还十分薄弱"。①1979年，党的十一届四中全会通过的《关于加快农业发展若干问题的决定》指出，"摆在我们面前的首要任务，就是集中精力使目前还很落后的农业尽快得到迅速发展，因为农业是国民经济的基础，农业的高速度发展是保证实现四个现代化的根本条件。"②2017年党的十九大报告强调："农业农村农民问题是关系国计民生的根本性问题，必须始终把解决好'三农'问题作为全党工作的重中之重。"③其二，到2020年全面建成小康社会最突出的短板在"三农"，要让广大农民与全国人民一道迈入全面小康社会，必须打赢脱贫攻坚战，尤其要打赢深度贫困地区的脱贫攻坚战，坚决消灭绝对贫困。其三，到2035年基本实现社会主义现代化，大头重头在"三农"问题，必须推动三大产业融合发展与"四化同步"，让农业农村现代化与新型工业化、新型城镇化、信息化同步基本实现。其四，到2050年实现社会主义现代化强国之梦，基础在"三农"，作为现代化强国的一个标志就是"要端稳自己的饭碗"，彻底解决粮食问题，同时让农民富起来，农民再也不是一个身份地位的符号，而只是一种职业而已。

全面建成小康社会以脱贫攻坚为重点，一则因为"贫穷不是社会主义"，社会主义必须消灭贫困。二则因为"全面建成小康社会的基本标志"是"农村贫困人口脱贫"。这正是全面建设小康社会最突出的短板，"全面建设小康社会，最艰巨最繁重的任务在农村，特别是在贫困地区。没有农村的小康，特别是没有贫困地区的小康，就没有全面建成小康社会。"④三则因为中国区域发展严重不平衡，而"全面小康，覆盖的区域要全面"，"西部地区特别是民族地区、边疆地区、革命老区、集中连片特困地区贫困程度深、扶贫成本高、脱贫难度大，

①　《中国共产党第十一届中央委员会第三次全体会议公报》，载《十一届三中全会以来党和国家主要文献选编》（1978—2014），中共中央党校出版社，2015年版，第14页。

②　《中共中央关于加快农业发展若干问题的决定》，载《十一届三中全会以来重要文献选编》，中共中央党校出版社，1981年版，第18页。

③　习近平：《决胜全面建成小康社会，夺取新时代中国特色社会主义伟大胜利》，人民出版社，2017年版，第32页。

④　习近平：《在河北省阜平县考察扶贫开发工作时的讲话》，载《做焦裕禄式的县委书记》，中央文献出版社，2015年版，第16页。

是脱贫攻坚的短板。"[1] 从 20 世纪 80 年代以来，我们开始致力于"开发扶贫"；20 世纪 90 年代以来，我们开始致力于"扶贫攻坚"；2013 年以来，我们开始致力于"精准扶贫"。可见，我们一直把"脱贫攻坚"作为小康建设的重中之重。

四、从关注"温饱"到关注"全面"

小康建设从解决人民群众的"温饱"问题入手。"脱贫"，解决绝对贫困，是第一要务。因为老百姓生活实在太困难了，整个国家处于万里所言"短缺经济"时代，即："改革以前，要什么没什么，只能凭证凭票供应。什么粮票、布票，这个票那个票的，连买块肥皂也要票。至于水果，什么香蕉、橘子呀，见也见不到。什么都缺，人民把这个状况叫短缺经济。"[2]1977 年 12 月，刚上任的安徽凤阳县委书记陈庭元到梨园公社前王生产队调研时发现，"全队十户人家，住的全是低矮、破旧不堪的茅屋，无饭桌、无板凳、无存水缸的家庭占全队的一半，有四户人家连个篱笆门也没有，不少家庭全部的家具就是一张泥巴床、一个泥巴灶，衣物是长年置放在泥巴囤里，一块不大的破布就能把家里全部衣被包起来。'泥巴墙，泥巴床，泥巴囤里没有粮。'便是这个村庄的真实写照。"[3]1982 年邓小平深刻地反思，"我们干革命几十年，搞社会主义三十多年，截至 1978 年，工人的月平均工资只有四五十元，农村的大多数地区仍处于贫困状态。"[4] 邓小平认为社会主义必须消灭贫穷，大力发展生产力，不断提高人民群众的生活水平。社会主义的本质和根本任务决定了社会主义首先要解决人民群众的"温饱"问题。20 世纪 80 年代，通过实施家庭联产承包责任制，鼓励多种经营，大力发展乡镇企业，搞活农村市场流通等措施，农民基本上解决了温饱问题。

到了 20 世纪 90 年代，虽然农村基本解决了温饱问题，但中西部地区的农村还有不少深度贫困地区，这些地区的人们受到自然环境制约、基础设施限制

① 习近平：《在深度贫困地区脱贫攻坚座谈会上的讲话》，人民出版社，2017 年版，第 3 页。

② 万里：《安徽农村改革是怎么搞起来的》，载《安徽改革开放口述史》，中共党史出版社，2018 年版，第 1 页。

③ 陈庭元：《凤阳大包干》，载《安徽改革开放口述史》，中共党史出版社，2018 年版，第 59—60 页。

④ 邓小平：《一心一意搞建设》，载《邓小平文选》（第三卷），人民出版社，1993 年版，第 10—11 页。

与自然经济观念影响，难以自己脱贫致富，为了建设小康社会，我们开始了由政府主导、全国帮助的"扶贫攻坚"，进而推动"西部大开发"。1993 年的四川巴中地区建卡贫困人口达到 91 万人，有 3100 多户农民住着窝棚或岩洞，近 20 万人患有地方病。[①]1996 年时任广西百色地委书记刘咸岳对前来扶贫的广州市常务副市长陈开枝谈到百色的贫困状态时指出，"要了解百色的贫困状况，不用记那么多数字，记住两句形象的话就知道了：一是生活'四个不上'：不上桌，就是没东西吃；不上床，没床睡觉；不上学，没钱读书；不上厕，全村没有一个厕所，都是吃的粗纤维，拉出来干了当柴烧；二是住房'八面来风'，都是两层半的茅草房，到处进风漏雨。"[②]20 世纪 90 年代，通过普及市场经济观念，大力进行社会主义市场经济体制建设，鼓励发展民营企业，鼓励发展乡镇企业，鼓励农民流动，大力推进"扶贫攻坚"，初步推动"西部大开发"等措施，人民群众的生活水平总体上达到小康水平。

进入 21 世纪，国家决定"全面建设小康社会"。2002 年党的十六大召开前夕，江泽民指出，"我们现在的小康，总的来说，还是低水平的、不全面的、发展很不平衡的小康"，"全面建设小康社会，就是要进一步巩固和发展初步建成的小康社会，使得全体人民都能够更加充分、更加稳定地享受小康生活"。[③]"全面建设小康社会"，最重要的，也是最难搞定的就是"全面"，覆盖的人口、地域、领域都要全面。"全面"的最低标准，也就是基本标志，就是消灭绝对贫困，即"两不愁，三保障"。"全面小康"，是"科学发展"，发展的平衡性、协调性、可持续性都要得到体现。2015 年习近平在党的十八届五中全会上指出，"如果到 2020 年我们在总量和速度上完成了目标，但发展不平衡、不协调、不可持续问题更加严重，短板更加突出，就算不上真正实现了目标，即使最后宣布实现了，也无法得到人民群众和国际社会认可。"[④]2013 年，国家开始"精准扶贫"，

---

① 王吉安、梁廷寿、杨继孝、王伟、何国章：《扶贫攻坚中的"巴中经验"》，载《四川改革开放口述史》，中共党史出版社，2018 年版，第 252 页。

② 廖惠霞、吕湛忠、杨建辉、张桂东：《从"见证历史"到"扶贫状元"——陈开枝访谈录》，载《广东改革开放口述史》，中共党史出版社，2019 年版，第 382—383 页。

③ 江泽民：《明确提出全面建设小康社会的目标》，载《江泽民文选》（第三卷），人民出版社，2006 年版，第 416 页。

④ 习近平：《在党的十八届五中全会第二次全体会议上的讲话》，《求是》2016 年第 1 期。

开启了到 2020 年最终消灭绝对贫困的历史进程。

五、奋斗目标相互衔接，不达目的誓不罢休

"小康"奋斗目标自提出以来，根据实际发展情况不断调整，不断完善，相互衔接，不达目标誓不罢休。20 世纪 80 年代至 90 年代的"小康"目标主要是国民生产总值翻两番，人均国民生产总值达到 800~1000 美元。1979 年邓小平提出：到 20 世纪末的"小康"目标是，人均国民生产总值 1000 美元。1982年党的十二大确立：到 20 世纪末，"力争使全国工农业的年总产值翻两番，即由 1980 年的 7100 亿元增加到 2000 年的 28000 亿元左右。"[1]1987 年党的十三大提出"三步走"的基本现代化路线，其中第一步是"实现国民生产总值比 1980 年翻一番，解决人民的温饱问题"；第二步是"到本世纪末，使国民生产总值再增长一倍，人民生活达到小康水平"。[2]1992 年党的十四大认为，"原定为国民生产总值平均每年增长 6%，现在从国际国内形势的发展情况来看，可以更快一些。根据初步测算，增长 8% 到 9% 是可能的，我们应该向这个方向前进"，因此，到 20 世纪末"国民生产总值将超过原定比 1980 年翻两番的要求"。[3]此时修订的"小康"目标是预期国民生产总值翻两番以上，超额完成党的十三大确定的"小康"目标。1997 年党的十五大开始确立 21 世纪新的"小康"目标："第一个十年实现国民生产总值比 2000 年翻一番，使人民的小康生活更加宽裕，形成比较完善的社会主义市场经济体制。"[4]历史进入 21 世纪，人民生活总体上实现了由温饱到小康的历史性跨越，但达到的小康还是低水平的、不全面的、发展很不平衡的小康，巩固和提高当时达到的小康水平，还需要进行长期的艰

---

① 胡耀邦：《全面开创社会主义现代化建设的新局面》，载《改革开放三十年重要文献选编》（上），中央文献出版社，2008 年版，第 266 页。

② 赵紫阳：《沿着有中国特色的社会主义道路前进》，载《改革开放三十年重要文献选编》（上），中央文献出版社，2008 年版，第 478 页。

③ 江泽民：《加快改革开放和现代化建设步伐，夺取有中国特色社会主义事业的更大胜利》，载《改革开放三十年重要文献选编》（上），中央文献出版社，2008 年版，第 658 页。

④ 江泽民：《高举邓小平理论伟大旗帜，把建设有中国特色社会主义事业全面推向二十一世纪》，载《改革开放三十年重要文献选编》（下），中央文献出版社，2008 年版，第 891 页。

苦奋斗，因此 2002 年党的十六大提出了"全面建设小康社会"的新目标："国内生产总值到 2020 年力争比 2000 年翻两番"，"基本实现工业化"，"社会保障体系比较健全"，"全面建设惠及十几亿人口的更高水平的小康社会，使经济更加发展、民主更加健全、科教更加进步、文化更加繁荣、社会更加和谐，人民生活更加殷实。"①2007 年党的十七大对"全面小康"目标做了进一步的总结和细化："工业化基本实现、综合国力显著增强、国内市场总体规模居世界前列"；"人民富裕程度普遍提高、生活质量明显改善、生态环境良好"；"人民享有更加充分民主权利、具有更高文明素质和精神追求"；"各方面制度更加完善、社会更加充满活力而又安定团结"；"对外更加开放、更加具有亲和力、为人类文明作出更大贡献"。②2012 年党的十八大认识到"如期实现全面建设小康社会任务十分艰巨"，为了确保到 2020 年实现全面建设小康社会的目标，"国家要加大对农村和中西部地区扶持力度"。③2017 年党的十九大认识到"从现在到 2020 年，是全面建设小康社会的决胜期"，明确提出："突出抓重点、补短板、强弱项，特别是要坚决打好防范化解重大风险、精准脱贫、污染防治的攻坚战，使全面建成小康社会得到人民认可、经得起历史检验。"④

四十年来，"小康"建设目标虽然在不断调整，但满足人民群众对美好生活的追求、让人民群众尽快富裕起来的宗旨始终不变，中国共产党的领导集体始终牢记以人民利益为本的最高宗旨，始终牢牢扭住经济建设这个中心，为小康目标的实现和推进奋力拼搏，不达目标誓不罢休。习近平指出，"改革开放之初，邓小平同志首先用小康来诠释中国式现代化，明确提出到二十世纪末'在中国建立一个小康社会'的奋斗目标。在全党全国各族人民共同努力下，这个目标在上世纪末如期实现，人民生活总体上达到小康水平。在这个基础上，党

---

①　江泽民：《全面建设小康社会，开创中国特色社会主义事业新局面》，载《改革开放三十年重要文献选编》（下），中央文献出版社，2008 年版，第 1249 页。

②　胡锦涛：《高举中国特色社会主义伟大旗帜，为夺取全面建设小康社会新胜利而奋斗》，载《改革开放三十年重要文献选编》（下），中央文献出版社，2008 年版，第 1723 页。

③　胡锦涛：《坚定不移沿着中国特色社会主义道路前进，为全面建成小康社会而奋斗》，载《十八大以来重要文献选编》（上），中央文献出版社，2014 年版，第 15 页。

④　习近平：《决胜全面建成小康社会，夺取新时代中国特色社会主义伟大胜利》，载《十九大以来重要文献选编》（上），中央文献出版社，2019 年版，第 19—20 页。

的十六大提出在头二十年全面建设惠及十几亿人口的更高水平的小康社会的奋斗目标。党的十六大以来，我们党扭住这个奋斗目标，一茬接着一茬干，一棒接着一棒跑。"①

六、改革开放为动力，理论不断创新

改革开放是小康建设的根本动力，也是小康理论不断创新的根本动力。1985年邓小平在听取中央负责同志汇报当前经济情况时，谈到了"改革"对于实现小康，对于基本实现现代化的重大意义，他说："没有改革，就没有今后的持续发展。所以改革不只是看三年五年，而是看二十年，要看下世纪的前五十年。这件事必须坚决干下去。"②这里，邓小平强调了"改革"对于推动整个中国现代化进程的重大意义。1992年邓小平在南方谈话中，更是把"改革开放"的重大意义提到一个空前的高度，他说："不坚持社会主义，不改革开放，不发展经济，不改善人民生活，只能是死路一条。"③在这里"社会主义"与"改革开放"并立。"发展经济"与"改善人民生活"更是小康建设的核心要义。1998年江泽民在纪念十一届三中全会召开二十周年大会上，把"改革开放"归之为"新时期中国最鲜明的特征""社会主义中国的强国之路"，"决定当代中国命运的历史性决策"，"建设有中国特色社会主义"的根本动力。④2008年胡锦涛在日本早稻田大学的演讲中，强调"改革开放"是"中国过去三十年的快速发展"与"中国未来的发展"的根本动力。"是决定当代中国命运的关键抉择，也是十三亿中国人民的共同选择。"⑤2018年习近平在庆祝改革开放四十周年大会上，高度评价"改革开放"的历史意义，称其为"我们党的一次

---

① 习近平：《在党的十八届五中全会第二次全体会议上的讲话》，《求是》2016年第1期。

② 邓小平：《抓住时机，推进改革》，载《邓小平文选》（第三卷），人民出版社，1993年版，第131页。

③ 邓小平：《在武昌、深圳、珠海、上海等地的谈话要点》，载《邓小平文选》（第三卷），人民出版社，1993年版，第370页。

④ 江泽民：《二十年来我们党的主要历史经验》，载《江泽民文选》（第二卷），人民出版社，2006年版，第254页。

⑤ 胡锦涛：《在日本早稻田大学的演讲》，载《改革开放三十年重要文献选编》（下），中央文献出版社，2008年版，第1796页。

伟大觉醒"，"孕育了我们党从理论到实践的伟大创造"。^①小康理论就是从改革开放中孕育出来的"伟大创造"。

小康建设，以经济建设为中心，以市场经济为平台，以共同富裕为导向，以三农问题为重点，以脱贫攻坚为难点，以解决绝对贫困为最低标准，具体方法却没有定法，而是与时俱进、因地制宜、因村制宜、因户制宜、因人而异。不同的时期，方法不同；不同的地域，路径不一；不同的家庭，各有各法。小康理论创新主要着眼于大局，着眼于制度，着眼于战略，着眼于方向。20世纪80年代，偏重于解决"温饱"问题，小康理论创新主要体现在小康概念的厘定、小康目标的确立、小康路径的探寻、小康制度的建构。家庭联产承包责任制、开发扶贫体制、乡镇企业体制的构建是重点。20世纪90年代，重点解决"小康"问题，小康理论创新主要体现在社会主义市场经济体制的构建以及四大战略的实施（可持续发展、科教兴国、脱贫攻坚、西部大开发）等。2002—2012年，重点解决"全面小康"的问题，小康理论创新主要体现在社会主义市场经济体制的完善、社会保障体系的构建以及四大战略的实施（新农村建设、区域协调发展、和谐社会建设与生态文明建设）等。2012—2020年，重点解决"决胜全面小康"的问题，小康理论创新主要体现在国家治理体系和治理能力现代化、人类命运共同体的构建、城乡融合发展体制的构建、精准扶贫与乡村振兴战略的实施等。

七、源于实践，受实践检验，在实践中创新发展

教条主义地对待各种理论，在中国近代史、中共党史与中华人民共和国史上曾经产生了巨大的危害，有过深刻的教训，后果是，可能导致"亡党亡国"。近代以来，我们对西方、苏联的不少理论，就长期当作神圣的教条，不加分析予以运用，不但让我们丧失理论自信，也在实际上造成了严重危害。如西方的单一民族国家理论、自由市场经济理论、苏联的单一公有制理论、中央计划经济理论等。吸收长期以来中国历史发展的经验教训，1978年邓小平在中共中央工作会议闭幕会上大声疾呼："一个党、一个国家、一个民族，如果一切从本

---

① 习近平：《在庆祝改革开放四十周年大会上的讲话》，载《十九大以来重要文献选编》（上），中央文献出版社，2019年版，第721页。

本出发，思想僵化，迷信盛行，那它就不能前进，它的生机就停止了，就要亡党亡国。"邓小平突出了"理论联系实际"的重要性："只有解放思想，坚持实事求是，一切从实际出发，理论联系实际，我们的社会主义现代化事业才能顺利进行，我们党的马列主义、毛泽东思想的理论也才能顺利发展。"①

小康理论就是在突破各种理论教条的基础上形成和不断发展的，不是脱离实践的理论，而是源于实践、受实践检验，在实践中不断创新发展的理论。其一，小康理论是"中国式现代化"理论，立足于中国自己"人口多、底子薄"的特点，立足于人民群众迫切需要解决贫困问题的现实需求，突破了长期以来简单模仿国外的现代化理论与模式，特别是突破了对苏联社会主义现代化理论与模式的长期模仿。其二，小康理论立足于"经济长期处于停滞状态"②的历史事实基础上，因此要以经济建设为中心，"发展为硬道理"，长期坚持以发展为第一要务，突破了长期以来"以阶级斗争为纲"的根本导向。其三，小康理论立足于"人民生活长期停止在很低的水平"③的历史事实基础上，因此要着力解决人民群众的温饱问题、绝对贫困问题，以民生为优先要务，以人为本，以人民利益为本，以人的现代化为现代化的本质特征，以人的全面发展为发展的本质特征，满足人民对美好生活的需要，突破了长期以来"以重工业为中心"的发展导向。其四，小康理论立足于"农村贫困人口是最突出的短板"④的历史事实基础上，因此把"农村贫困人口的脱贫作为全面建成小康社会的基本标志"，⑤以"脱贫攻坚"为党和国家的工作重点，以"扶贫开发""精准扶贫"为消灭绝对贫困的基本方法，提出要"坚决打赢脱贫攻坚战"，不达目标，决不收兵。其五，

① 邓小平：《解放思想，实事求是，团结一致向前看》，载《邓小平文选》（第二卷），人民出版社，1983年版，第143页。

② 邓小平：《社会主义首先要发展生产力》，载《邓小平文选》（第二卷），人民出版社，1983年版，第312页。

③ 邓小平：《社会主义首先要发展生产力》，载《邓小平文选》（第二卷），人民出版社，1983年版，第312页。

④ 习近平：《在党的十八届五中全会第二次全体会议上的讲话》，《求是》2016年第1期。

⑤ 习近平：《在党的十八届五中全会第二次全体会议上的讲话》，《求是》2016年第1期。

小康理论立足于"农业是'四化同步'的短腿、农村是全面建成小康社会短板"①的历史事实基础上，因此把"解决好'三农'问题作为全党工作的重中之重"，先后提出"新农村建设""四化同步""乡村振兴"。其六，小康理论立足于不断变化的发展形势，把关注焦点和奋斗目标从"温饱""小康"推进到"全面小康"的新阶段，把小康建设从经济建设进一步推进到经济建设、政治建设、文化建设、社会建设、生态文明建设五位一体，意味着小康理论在实践中不断创新。其七，小康理论立足于"发展不平衡、不协调、不可持续"问题的严重性，立足于发展的创新性、开放性、共享性、绿色性不足的基础上，先后提出了可持续发展战略、科学发展观与新发展理念，意味着小康理论创新有着鲜明的问题意识。

结语

1979 年邓小平接续毛泽东、周恩来提出的"四个现代化"理论加以创新，提出"小康"的概念和目标，从此"小康"与"中国式的四个现代化""中国式现代化""中国特色社会主义现代化"这些名词就基本等同。经过 20 世纪八九十年代的艰辛探索，我们逐渐确立了社会主义基本经营制度、基本分配制度、基本经济制度、市场经济体制、开发扶贫体制等，开始实施基本现代化三步走战略、可持续发展战略、科教兴国战略、西部大开发战略，小康社会建设理论基本形成。20 世纪末 21 世纪初，中国总体上实现从温饱到小康的历史性跨越，但我们的小康还是低水平、不全面、不平衡、不协调的小康，因此 2002 年党的十六大提出"全面建设小康社会"构想，经过"十七大""十八大""十九大"，小康理论进一步发展、成熟、定型。2020 年全面建成小康社会，意味着小康理论的完成。2002—2020 年，我们进一步深化改革开放，全面建设小康社会，完善了社会主义市场经济体制，开启了国家治理体系和治理能力现代化进程，大力推进先进文化建设、和谐社会建设和生态文明建设，开始实施城乡一体化、社会保障体系建设、新农村建设、区域协调发展、精准扶贫、乡村振兴，倡议"一带一路"，构建人类命运共同体。四十年来小康理论创新积累了丰富的经

---

① 习近平：《在农村改革座谈会上的讲话》，载《论坚持全面深化改革》，中央文献出版社，2018 年版，第 261 页。

验，大体说来，可总结如下：不再简单模仿外国，坚决走"中国式现代化"道路，逐步树立道路自信；坚持一心一意现代化，以经济建设为中心，以发展为硬道理，走科学发展、新发展之路；聚焦民生问题，以"三农"为关键，以脱贫为重点，坚决打赢脱贫攻坚战；从关注"温饱"到关注"全面"，从经济建设推进到经济建设、政治建设、文化建设、社会建设、生态文明建设"五位一体"；奋斗目标相互衔接，不达目标誓不罢休，"决胜全面建成小康社会"；以改革开放为动力，"改革开放只有进行时，没有完成时"，小康理论不断创新，直到全面建成小康社会；小康理论创新源于中国发展实践，受实践检验，在实践中发展，实践性是小康理论创新的根本特点，小康理论是"中国道路""中国经验"的结晶。

第十章 小康理论创新的重大意义

中国共产党小康理论创新，在推进社会主义理论创新、现代化理论创新、经济增长理论与发展理论创新方面具有重大的理论意义，在实现全面小康、加速中国现代化进程、推动中华民族伟大复兴方面具有重大的实践意义，在形成新的社会主义范式、国家发展范式与现代性方面具有重大的国际意义。

一、理论意义

中国共产党小康理论创新具有重要的理论意义，主要表现在推进社会主义理论创新、现代化理论创新、经济增长理论创新与发展理论创新方面。

（一）推进社会主义理论创新

中国共产党小康理论创新超越了空想社会主义论，没有照搬经典的马克思主义，破除了对苏联式社会主义理论的简单复制，以实践为检验真理的唯一标准，以"三个有利于"为判断是非的根本标准，直指社会主义的本质，形成了中国特色社会主义理论，使得社会主义理论出现了第三次伟大飞跃。

首先，中国共产党小康理论创新超越了空想社会主义理论的唯理性。空想社会主义是最早的社会主义，问世于 1516 年（英国思想家托马斯·莫尔《乌托邦》发表），迄今已经有 500 多年的历史。空想社会主义设计的社会主义理想虽然无比美妙，如主张公有制与计划经济，按需分配，劳动成为必需的生活方式与美德，消灭三大差别等，这些都充满着天才的预见，但是"空想社会主义的根本缺陷，在于它不是从社会客观现实，而是从抽象理性出发"，[①]与资本主义的客观现实对着来，而不是充分利用资本主义的一切文明成果，特别是过早主张

---

① 于幼军：《邓小平的遗产》，外文出版社，2019 年版，第 5 页。

消灭市场经济与按劳分配，完全不切实际。中国共产党小康理论创新则立足于中国贫困落后的经济现实，把解决贫困问题、改善民生问题摆在头等重要的地位，极为强调市场在资源配置中的作用（从辅助性作用，基础性作用，最后发展为决定性作用），主张所有制、分配方式、经营方式都应该多元化，充分激活所有社会阶层财富创造的积极性。中国共产党小康理论创新属于科学的社会主义理论。

其次，中国共产党小康理论创新没有完全照搬经典马克思主义的具体论述，没有教条式地理解马克思主义的字句段落，而是把经典马克思主义作为一种科学的理论体系来理解，在遵循经典马克思主义基本原理的基础上，从中国自己的历史条件和实际需求出发，走自己的路，走小康型现代化道路，走中国式现代化道路。马克思、恩格斯在《共产党宣言》1872 年德文版序言中强调：共产主义的一般原理的运用，"随时随地都要以当时的历史条件为转移"。[1] 经典马克思主义非常强调实事求是，要求马克思主义原理的运用要与当地当时的历史条件结合起来，不要照搬照抄，而且"马克思、恩格斯并没有对未来社会的具体情况提供什么'预定看法'，也反对提出一劳永逸的方案"。[2] 中国共产党小康理论创新最重要的经验就是没有"预定看法"，没有"一劳永逸的方案"，而是"摸着石头过河"，根据不断变化的发展形势，不断推进小康理论的创新。

最后，中国共产党小康理论创新超越了苏联社会主义理论的"苏联色彩"（即苏联的实践性）。苏联社会主义理论奠基于列宁，而定型于斯大林。列宁关于社会主义建设的理论包括"战时共产主义"与"新经济政策"，前一个理论搞单一公有制、单一计划经济，在实践中造成了巨大的经济社会危机，列宁自己主动放弃了。后一个理论重新肯定市场经济，重新搞多种所有制，但"还来不及充分展开实践和进一步完善提高，许多重要思想来不及深化和系统化"，[3] 列宁就过世了。斯大林则在列宁"战时共产主义"的基础上形成了苏联社会主义。苏联社会主义是社会主义的第一场实践，曾经被社会主义阵营视为"标准的社

① 马克思、恩格斯：《1872 年德文版序言》，载《共产党宣言》，人民出版社，2014 年版，第 3 页。

② 陈学民、李冉、肖巍、周文等：《新时代的历史大视野》，上海人民出版社，2019 年版，第 120 页。

③ 于幼军：《邓小平的遗产》，外文出版社，2019 年版，第 20 页。

会主义模式"，也是"唯一的社会主义模式"，其他社会主义探索都被视为"修正主义"。由于苏联社会主义理论与模式被视为"社会主义的普遍真理"。中国在社会主义改造中从理论到实践也学习了这种苏联式的社会主义。从 20 世纪 50 年代末至 80 年代初，苏联式社会主义思想在中国学界"占据了主导地位"。①这种社会主义，经济上高度集中，搞单一公有制、单一计划经济、单一公家经营，分配上搞平均主义，吃"大锅饭"，政治上则高度集权，搞一党制，党政不分，以党代政。短期内经济发展速度较快，有利于独立的完整的工业化体系与国民经济体系的建立，长期而言则严重抑制了社会活力，导致生产的低效率和"贫穷的社会主义"。这种理论与做法严重误解了马克思主义的所有制理论，马克思、恩格斯在《共产党宣言》中明确指出"共产主义的特征并不是要废除一般的所有制（产权），而是要废除资产阶级的所有制（资本与雇佣劳动）"，即不是要消灭"个人财产"，而是要消灭"资本"，不是把"个人财产"变成"社会财产"，而只是改变"资本"的"阶级性质"，保留"资本"的"社会性质"。因为"资本不是一种个人力量，而是一种社会力量"，马克思、恩格斯的明确表述是："把资本变为公共的、属于社会全体成员的财产，这并不是把个人财产变为社会财产。这里改变的只是财产的社会性质。它将失掉它的阶级性质。"②中国共产党小康理论创新则超越了苏联式社会主义，搞社会主义市场经济、公有制主导下的多种所有制共同发展、多种经营方式并存发展、按劳分配主导下的多种分配方式并存，搞人民代表大会制度、中国共产党领导下的多党合作与政治协商制度、民族区域自治制度、基层自治制度，形成了中国特色社会主义。中国特色社会主义最大的亮点是重塑了社会主义与资本主义的关系，不再把社会主义与资本主义视为两极对立、你死我活的关系，而是认为社会主义可以吸收资本主义文明的一切优秀成果，"必须大胆吸收和借鉴人类社会创造的一切文明成果，吸收和借鉴当今世界各国包括资本主义发达国家的一切反映现代社会化生产规律的先进经营方式、管理方法"，③从而剥离了资本主义根本制度

---

① 赵晓雷：《中华人民共和国经济思想史纲：经济思想发展与转型 1949—2019》，首都经济贸易大学出版社，2019 年版，第 2 页。

② 马克思、恩格斯：《共产党宣言》，人民出版社，2014 年版，第 42、43 页。

③ 邓小平：《在武昌、深圳、珠海、上海等地的谈话要点》，载《邓小平文选》（第三卷），人民出版社，1993 年版，第 373 页。

与资本主义文明成果的一体化，剥离了资本主义社会贫富两极分化与市场经济的一体化，剥离了资本主义经济危机与市场经济的一体化，重新定义社会主义的本质特征，把社会主义的本质定义为"发展生产力"与"共同富裕"，"是一种开放和兼容的社会主义"。[1]

（二）推进现代化理论创新

现代化理论是关于现代化的各种理论的集合，"并不是一种单一的理论，笼统地说，凡是以传统社会向现代社会转变为线索来探讨社会变化的理论统统归纳在现代化理论的范围内。"[2] 现代化理论有狭义与广义之分，狭义的现代化理论是在 20 世纪 50 年代之后形成的一种名为"现代化理论"的理论，而广义的现代化理论则包括启蒙运动以来所有关于从传统到现代、现代化、现代性、发展与未来社会的理论。

最初的现代化理论家"把现代化简单地理解为西方化"。[3]20 世纪 70 年代以后的现代化理论则出现了分化，一部分现代化理论家认为现代化与现代性都是多元的，因为这一时期的现代化理论已经不认为传统与现代是二元对立、相互排斥的，而是认为传统与现代可以相互包容、相互融合，传统可以转化为现代，"'传统'绝非与'现代'是二元对立的，现代化绝不是推到一切传统。事实上，传统是一复杂体，在现代化过程中，有些传统是会被淘汰的，但有些传统则会转化，并可转化为现代化的正能量，即传统非但无碍于现代化，反而可以促进、丰富现代化。"[4] 有传统的现代化会更加精彩，现代化与现代性都是根植于传统的，既然传统是多元的，那么现代化与现代性也是多元的。

中国共产党小康理论创新没有照搬任何一种现存的现代化理论，但顺应了 20 世纪 70 年代以来现代化理论的新趋势，在立足于中国自己的历史文化传统

---

① 陈学民、李冉、肖巍、周文等：《新时代的历史大视野》，上海人民出版社，2019 年版，第 219 页。

② （美）西里尔·E·布莱克：《比较现代化》，杨豫、陈祖洲译，上海译文出版社，1996 年版，译者前言第 7 页。

③ （美）西里尔·E·布莱克：《比较现代化》，杨豫、陈祖洲译，上海译文出版社，1996 年版，译者前言第 1—2 页。

④ 金耀基：《中国文明的现代转型》，广东人民出版社，2016 年版，第 3 页。

与资源禀赋的基础上，在"摸着石头过河"（实践）的基础上，面向中国人民的实际需求，实事求是地独创了一种新型的现代化理论，以"坚定不移地奔向中国式的四个现代化"①。中国共产党创立的小康理论是一种"中国式现代化"理论，是一种"理性的本土运动"，即"主位文化以理性的观点吸收客位文化的因素以重整传统文化"。② 中国共产党领导下的当代中国人民是中国优秀传统文化的继承人，小康理论创新的"主位文化"是中国优秀传统文化（小康文化），"客位文化"指的是一切外国的先进文化，特别指的是最先走向现代化、最先建立一种新的现代性的西方文化。中国共产党小康理论创新是有容乃大的，既吸收了中国传统小康文化中的"人本""民本""德盛而法修""富民""休养生息""轻徭薄赋""和而不同""和为贵""天下文明""顺天地之义""道法自然"等核心思想，也吸收了来自西方现代化理论中的市场化、工业化、城市化、民主化、中产化、理性化、科学化、生态现代化等核心思想，还吸收西方社会主义理论中的"社会和谐""全体和谐""全世界和谐"等核心思想，更吸收了马克思主义理论中的"科学技术是生产力""每个人的自由而全面发展"等核心思想。中国共产党小康理论创新表现在政治方面，就是建立人民民主制度，以人民利益为本，以人民权利为重，落实在制度建设上就是不断完善人民代表大会制度、中国共产党领导下的多党合作与政治协商制度、基层民主自治制度、民族区域自治制度等，实现国家治理体系与治理能力现代化；中国共产党小康理论创新表现在经济方面，就是关注民生，改善民生，以民生为重，从解决温饱问题入手，以经济建设为中心，以发展为硬道理，以发展为第一要务，以市场经济为平台，以基本经济制度为基础，以解放生产力、发展生产力为方法，以共同富裕、共享发展为目标，坚决消除绝对贫困，让中国人民富裕起来；中国共产党小康理论创新表现在社会方面，就是搞好社会治理与社会和谐，建立和完善社会保障体系，让社会结构中产化、合理化、和谐化；中国共产党小康理论创新表现在文化方面，就是牢固树立文化自信，大力弘扬优秀传统文化，致力于传统文化的创造性转化与创新性发展，建设社会主义核心价值体系，建

① 冷溶、汪作玲主编：《邓小平年谱》（1975—1997），中央文献出版社，2004年版，第732页。

② 金耀基：《中国现代化的终极愿景》，上海人民出版社，2013年版，第5页。

设中国特色的哲学社会科学话语体系，以优秀传统文化与近代红色文化为根基，大力发展社会主义先进文化，让文化产业与文化事业蓬勃发展，实现中国文化的伟大复兴；中国共产党小康理论创新表现在生态文明建设方面，就是牢固树立敬畏自然、尊重自然、顺应自然、保护自然的生态文明理念，建立资源节约型、环境友好型社会，走可持续发展、绿色发展、低碳发展、循环发展之路，建设美丽中国。

（三）推进经济增长理论与发展理论创新

小康理论在强调"以经济建设为中心""发展是硬道理""发展是治国理政的第一要务"的基础上，不拘泥于任何一种现存的经济增长理论与发展理论，走以解决中国自己的现实问题为导向、以人为本、以人民利益为重、以人的全面发展为目标的科学发展之路。

经济增长理论是研究经济增长规律及其制约因素的一种理论，是一种起源于西方的经济理论，主要关注发达国家的经济增长。这种理论认为在现代市场经济体制框架下，在人的"自利"与"信用"的作用下，生产要素在全球自由流动，人的需求不断扩大，财富就像被魔法呼唤出来的一样，经济会无限增长，虽然不断出现经济危机，但危机过后，经济继续增长。经济增长理论大体可以分为：古典增长理论与现代增长理论、内生增长理论与外生增长理论、均衡增长理论与非均衡增长理论等。马克思主义政治经济学在某种意义上来说，也是一种增长理论，因为马克思主义把共产主义建立在"生产力和生活资料无限增长的可能性的基础上"。[1] 经济增长理论研究经济增长的制约因素，包括：资源因素、技术因素、制度因素等。经济增长理论是一种建立在理想型分析基础之上的经济理论，但现实中的生产要素既不可能在全球自由流动，也不可能无限供给。"相信自由市场的概念其实就像相信圣诞老人一样天真。这世界上根本不可能有完全不受政治影响的市场"。[2] 经济增长理论专注于量的扩张，而对质的提升有所忽视，也忽视了生态系统对经济增长的严重制约作用。

与增长理论注重研究发达国家不同的是，发展理论更注重研究发展中国家，

---

① 恩格斯：《共产主义信条草案》，载《共产党宣言》，人民出版社，2014年版，第69页。

② [以色列]《人类简史：从动物到上帝》，林俊宏译，中信出版社，2017年版，第307页。

主要探讨发展中国家如何从贫困走向富裕。发展理论继承了经济增长理论的合理因素，不但注重经济增长量的扩张，也强调经济发展质的提升，把发展不仅视为"经济发展"，也视为"人类发展"。发展理论是一种现代化理论，但主要是一种经济现代化理论，虽然也关注社会发展、文化发展、人类发展，但其关注的重心主要还是经济发展。

中国共产党创建的小康理论则是在吸收源于西方的经济增长理论、发展理论合理因素的基础上的新型发展理论。首先，小康理论继承了经济增长理论探讨经济增长规律及其背后的资源制约、技术制约、制度制约的核心思想，但小康理论不仅关注经济增长量的扩张，更提出转变经济增长方式，从粗放式转变到集约式，从高速度增长转变到高质量增长，不仅关注资源的制约，更关注生态环境的制约，把保护生态环境视为保护生产力，把建设生态文明视为发展生产力，不仅关注技术制约，也关注科学、文化、人力资源、管理等方面的制约，提出科学技术是第一生产力、科教兴国、人才强国、创新驱动等发展战略。其次，小康理论继承了西方发展理论关注发展中国家的传统，主要关注中国如何从贫困走向富裕，相对于发展理论而言，小康理论专注于中国。相对传统的发展理论而言，小康理论提出转变发展方式，走以可持续发展、绿色发展、低碳发展、循环发展、协调发展、开放发展、共享发展、创新发展、高质量发展为基本内涵的科学发展之路

二、实践意义

中国共产党小康理论创新，在实践上，解决了温饱问题，解决了总体小康问题，解决了绝对贫困问题，推动中国全面建成小康社会；迅猛地加速了中国的现代化进程，推动中国成为世界第二大经济体，成为世界第一大工业国、世界第一大贸易国、世界第一大外汇储备国、世界第一大发明专利国、世界第二大引进外资国和世界第二大商品消费国,进入创新型国家行列,基本实现工业化;总结小康建设的基本经验，重新建立了"四个自信"，有力激励和推动着中华民族走向伟大复兴。简言之，"中华民族迎来了从站起来、富起来到强起来的伟大飞跃！中国特色社会主义迎来了从创立、发展到完善的伟大飞跃！中国人

民迎来了从温饱不足到小康富裕的伟大飞跃。"①

（一）解决绝对贫困问题，推动中国全面建成小康社会

中国共产党小康理论创新源于解决中国的贫困问题，让老百姓发家致富。中国人民从温饱、总体小康，进一步迈向全面小康，这一脱贫致富的历史实践，推动着小康理论的不断创新。恩格斯在《共产党宣言》1883年德文版序言中指出，"每一历史时代的经济生产以及必然由此产生的社会结构，是该时代政治的和精神的历史的基础。"②小康理论的创新是当代中国的"政治和精神"，针对的问题是当代中国的"经济生产"与"社会结构"。中国共产党小康理论的不断创新，进一步推动小康建设的不断发展。

小康理论创新要解决的首要难题就是攻克贫困，早在1978年邓小平在中共中央工作会议闭幕会上就提出："在西北、西南和其他一些地区，那里的生产和群众生活还很困难，国家应当从各方面给以帮助，特别要从物质上给以有力的支持。"③1982年国家启动三西（定西、河西、西海固）地区扶贫专项计划，1986年国家启动大规模减贫计划（划定了18个集中连片贫困地区），1994年国家启动"八七扶贫攻坚计划"（1994—2000年），2001年国家启动"农村扶贫开发纲要"（2002—2010年），2011年国家启动"农村扶贫开发纲要"（2011—2020年），2013年国家启动"精准扶贫，精准脱贫"行动，经过持续不懈的努力，到2018年，40年来贫困人口累计减少7.4亿人，贫困发生率下降94.4%，④2012—2019年，贫困人口从9899万人减少到551万人，贫困发生率由10.2%下降到0.6%，⑤2020年中国终于提前10年实现联合国2030年可持续发展议程的减贫目标，让全面小康经得起历史的检验，经得起人民的检验，经得起国际社会的检验。

（二）加速中国现代化进程，推动中国成为社会主义现代化强国

---

① 习近平：《在庆祝改革开放40周年大会上的讲话》，人民出版社，2018年版，第17页。

② 恩格斯：《1883年德文版序言》，载《共产党宣言》，人民出版社，2014年版，第7页。

③ 邓小平：《解放思想，实事求是，团结一致向前看》，载《邓小平文选》（第二卷），人民出版社，1994年版，第152页。

④ 习近平：《在庆祝改革开放40周年大会上的讲话》，人民出版社，2018年版，第13页。

⑤ 习近平：《在决战决胜脱贫攻坚座谈会上的讲话》，人民出版社，2020年版，第3页。

中国共产党小康理论创新大大推进了中国的现代化进程。"使具有 5000 多年文明历史的中华民族全面迈向现代化，让中华民族在现代化进程中焕发出新的蓬勃生机。"[①] 小康理论本为一种"中国式现代化"理论，能够指导和推进中国的现代化进程并不奇怪，奇怪的是中国的现代化速度特别快与规模特别大。"现代化是一个社会巨大转型的变迁过程"，[②] 1978 年中国在世界经济体中排名第 10 位，20 世纪 80 年代解决了温饱问题，20 世纪 90 年代解决了总体小康问题，2009 年中国成为世界第一制造业大国，2010 年中国成为世界第二大经济体，发明专利受理数居世界第一，2013 年中国成为世界第一大贸易国，研发经费投入位居世界第二，2018 年制造业占全球比重的 29.4%，2020 年基本实现工业化，中国可以说是把三次工业革命"并联式"完成，据联合国工业发展组织统计，中国已经成为世界上工业门类最为齐全（包括 39 个大类、191 个中类、525 个小类）的国家，2020 年，中国全面建成小康社会，进入创新型国家行列，高科技产品出口占制成品出口比重的 25%，位居世界第一。从 2020 年到 2050 年，在全面小康的基础上，中国人民在中国共产党的坚强领导下将为全面实现现代化，建设富强、民主、文明、和谐、美丽的社会主义现代化强国努力奋斗，这个愿望一定能够实现，诚如邓小平所期盼的，"实现社会主义的四个现代化，是前所未有的伟大事业，是一场极其深刻的革命"。[③]

为什么小康理论创新能够大大推进中国的现代化进程？因为我们立足于社会主义初级阶段，找到了中国特色社会主义现代化道路，不再照搬别国的发展模式，不再被国外的理论与经验牵着鼻子走，而是针对自己的亟须解决的问题对症下药，我们认为最需要优先解决的是温饱问题，其次是小康问题，在解决了这两个民生的大问题基础上，才谈得上解决实现现代化的问题。我们在"摸着石头过河"的基础上，"杀开一条血路"，找到了实现小康与现代化的有效方法，那就是坚持四项基本原则，走自己的路，不断解放思想，持续不懈改革开放，"改革开放只有进行时，没有完成时"，以经济建设为中心，以发展为

---

① 习近平：《在庆祝中国共产党成立 95 周年大会上的讲话》，人民出版社，2016 年版，第 4 页。

② 金耀基：《中国文明的现代转型》，广东人民出版社，2016 年版，第 166 页。

③ 冷溶、汪作玲主编：《邓小平年谱》（1975—1997），中央文献出版社，2004 年版，第 270 页。

治国理政的第一要务，坚决走社会主义市场经济之路，充分发挥市场在资源配置中的有效作用，更好地发挥政府作用，最大限度地发挥人民群众创造财富的积极性，只有这样做，才能实现邓小平充满信心的预言："在今后的现代化建设的过程中，出现若干个发展速度比较快、效益比较好的阶段是必要的，也是能够办到的。"①

（三）让中华民族得以重建"四个自信"，推动中华民族走向伟大复兴

中华民族在近代中国受尽了西方列强的侮辱与折磨，但不甘屈服，中国人民前赴后继为实现民族独立、国家富强、现代化而顽强拼搏、不懈奋斗。我们决定"以敌为师"，向西方寻求"真理"，对中国传统文化开启了严厉的批判。中国传统文化对实现现代化确实有一定的阻碍作用，但并非所有的传统文化都有阻碍作用，因为传统文化是多元的，是多层次的，是复杂的，包罗万象，包括了所有的民族的文化、各个阶层的文化、精英文化与大众文化、主流文化与边缘文化、雅文化与俗文化等，文化既可以相互影响，也可以相对独立，因此文化是可以分割的，传统文化有的可以继承，有的可以转化，有的可以重新诠释，有的可以创新，如果一味以西方文化的"价值"来简单否定中国自己的传统文化，"并不能使得我们对中国有更好的认识"，反而"阻碍着我们对自身的认识"。②但是，自1900年以来，我们失去了文化自信，从而意识形态自信、道路自信、制度自信也跟着失去，向西方学习成为主流，接着我们又向苏俄（苏联）学习。学习西方先进文化是完全必要的，是一种开放的心态，但是这种学习必须立足中国自己的历史文化根基，立足于中国自己的资源禀赋，立足中国人民自己的现实需求。遗憾得很，我们对西方的学习、对苏联的模仿很大程度上偏离了中国的实际。

中国共产党的小康理论创新重新以实事求是为立足点，以解决中国自己的现实问题为导向，以实践为检验真理的唯一标准，以"发展生产力"与"共同

---

①　冷溶、汪作玲主编：《邓小平年谱》（1975—1997），中央文献出版社，2004年版，第1344页。

②　郑永年：《中国的知识重建》，东方出版社，2018年版，第23页。

富裕"为社会主义的"本质"，以"三个有利于"为判断发展方向是非的标准，不再以任何先验的理论、现存的模式为导向，既坚持四项基本原则，又大胆吸收发达国家的一切先进的科学技术、管理经验、文明成果。经过改革开放以来的长期努力，我们在"富起来"的基础上重新树立了"四个自信"（理论自信、制度自信、道路自信、文化自信）。"四个自信"的重新树立，尤其是"文化自信"的重新树立，是改革开放以来小康建设最重要的经验，也是中国今后现代化建设最宝贵的财富，有了"四个自信"，特别是"文化自信"，中华民族的伟大复兴就有了牢不可破的认同基础、理论导向和精神动力，中华民族的伟大复兴就指日可待。

三、国际意义

中国共产党小康理论创新，提供了一种新的社会主义范式、一种新的国家发展范式、一种新的现代性，具有重要的国际意义，对各种类型的国家都有一定的参考价值。

（一）提供一种社会主义的新范式

科学社会主义从理论到实践，从苏联开始，经过列宁与斯大林的实践，传统的社会主义范式走向定型，形成苏联范式。苏联范式是马克思主义的苏联化，形成了列宁主义和斯大林模式。苏联范式的特征是，经济上实施公有制（全民所有制与集体所有制）、计划经济（中央指令型计划经济）、公家经营（国家经营与集体农庄经营）；政治上实施无产阶级专政和一党制；文化上以马列主义为指导。苏联范式的优点是权力集中，有助于国家集中一切资源与生产要素发展经济，迅速实现工业化，建立独立的完整的工业体系和国民经济体系；缺点是权力过分集中，经济上严重抑制商品经济发展，背离价值规律，分配搞平均主义，严重束缚农民和工人生产的积极性；政治上党政不分，以党代政，党的领袖高度集权，个人崇拜严重；文化上实施意识形态的严厉管制，大规模打击知识分子，科学技术与学术文化的发展受到严重阻碍。"最大弊端是过度集权和效率低下，缺乏活力。"[①]

---

① 于幼军：《邓小平的遗产》，外文出版社，2019年版，第22页。

中国共产党的小康理论创新推动了一种新的社会主义范式的形成，这就是中国特色的社会主义，即社会主义的中国范式。中国特色社会主义范式包括理论、制度、道路和文化。中国特色社会主义理论与小康理论一体两面，中国特色社会主义理论覆盖的范围更广，小康理论则主要是五位一体（民主政治、市场经济、先进文化、和谐社会、生态文明），核心是让中国从贫困走向富裕。小康理论是一种发展理论、一种现代化理论，中国特色社会主义理论是一种社会主义理论，但二者是相互推动、相互包含、相互融合的关系。中国特色社会主义理论是一个开放的不断发展的体系，小康理论是其中的重要组成部分。小康建设不断发展，推动小康理论不断创新；小康理论不断创新，进一步推动小康建设发展。在小康理论不断创新、小康建设不断发展的过程中，中国特色社会主义范式渐次形成。政治上，不是苏联范式的无产阶级专政与一党制，而是人民民主专政与中国共产党领导下的多党合作与政治协商制度；经济上不是苏联范式的单一公有制、单一计划经济、单一公家经营、平均主义，而是公有制主导下的多种所有制并存、社会主义市场经济、多种经营方式并存、按劳分配主导下的多种分配方式并存；文化上不是苏联范式的严重打击知识分子，而是高度重视知识分子的作用，实施科教兴国、人才强国、创新驱动、知识经济等发展战略。中国特色社会主义抓住社会主义的本质特征，创造了比资本主义更快的发展速度，目前正在从高速度发展转向高质量发展；中国特色社会主义也关注共同富裕，在全国普遍建立社会保障体系，2020 年实现全面小康，要求在 21 世纪中叶实现共同富裕。中国特色社会主义是一种新的社会主义范式，是一种焕发蓬勃生机的社会主义，可以作为社会主义国家建设新的参考。

（二）提供一个国家发展的新范式

国家如何发展，如何富强，如何发达？经济增长理论、发展理论、现代化理论、社会主义理论有多种解答方案，过去很长时间内，主流的解答方案是学习西方、学习美国，或学习苏联，或学习"亚洲四小龙"，西方经济学、西方现代化理论、西方发展理论、西方经济增长理论、苏联社会主义现代化理论，都曾经成为我们的学习对象。

中国共产党小康理论创新，启动了中国自己的理论与实践探索历程，经过40 多年小康建设的艰难摸索，我们富起来了，进一步强起来了，我们不断总结自己的发展经验，提升为自己的发展理论，小康理论的不断创新，就是小康建设实践经验的不断总结与提升。"40 年的实践充分证明，中国的发展为广大发展中国家走向现代化提供了成功经验。"① 小康理论创新提供了一个国家发展的新范式，这个新范式是：经济上，既不走新自由主义发展道路（单一市场经济），也不走传统的社会主义发展道路（单一计划经济），而是走以建立和完善社会主义市场经济体制为核心的中国特色社会主义现代化道路（充分发挥市场在资源配置中的决定性作用，更好发挥政府作用）；政治上，既不走西方国家的以多党轮替、权力分散、金钱为王为核心的资本主义民主政治之路，也不走前社会主义阵营国家的以一党制、领袖集权、个人崇拜为核心的权力过分集中的传统社会主义政治之路，而是走以人民代表大会制度、中国共产党领导下的多党合作与政治协商制度、法治国家为核心的权力源于人民、权力为了人民、权力得到有效监督的人民民主道路。

（三）形成一种新的现代性

现代性主要指的是现代化所造成的新文明特征，是现代化的结果。"现代性的真正内涵是人自身的解放，是人的健康自由的发展。它包含着在生产不断发展的基础上从普遍的贫困和愚昧中获得解放，在确保独立与平等地位的基础上从各种经济的、政治的、精神的奴役中获得解放，在以世界性联系取代狭隘的血缘联系与地域联系的基础上，得以用人类物质生产和精神生产的各种优秀成果来发展自己。"② 简言之，现代性就是"人的解放"，或"人的自由发展"。现代性在各国的实践形式是丰富多彩的，具有历史性、区域性与发展性。现代性源于西方，西方是首先形成现代性的国家，现代性既有对人的解放性的一面，也有对人的异化性的一面，西方世界形成的现代性造成了"三个主要的不平衡：地球南北之间、社会内部贫富之间以及人与大自然之间的不平衡"。③ 因此，对于西方现代性需要进行批判性反思，诚如德国哲学家哈贝马斯如言，现代性仍然是一个未竟的工程。现代性不是西方的专利，现代性并非只有一种图景，中国正在形成自己的现代性，这种新的现代性是"最富生命力"的，但"并非

---

① 习近平：《在庆祝改革开放 40 周年大会上的讲话》，人民出版社，2018 年版，第 19 页。
② 姜义华：《现代性：中国重撰》，北京师范大学出版社，2013 年版，第 552—553 页。
③ 姜义华：《现代性：中国重撰》，北京师范大学出版社，2013 年版，第 551 页。

西方现代性的简单复制，而是坚持中国主体性与独立性，超越东西方分裂与对立的结果"。①

中国共产党小康理论创新，推动中国现代化进程的加速，也推动形成一种新的现代性。当然，这种现代性也是一种未完成的现代性，但已经初具轮廓。现代性的本质特征是"人的解放"，改革开放四十多年来，中国人民在经济、政治、文化等各方面得到空前的解放，经济上从普遍贫困中得到解放，根本解决了温饱问题，基本解决了绝对贫困问题，沿海地区已经富起来了，内地也在蓬勃发展之中，"西部大开发"让西部也搭上了高速发展的便车，全面建成小康社会就是要在全国范围内落实"两不愁（不愁吃、不愁穿）、三保障（义务教育、基本医疗、住房安全有保障）"，"安得广厦千万间"的千年梦想也已经基本实现了，人民的物质生活已经能够做到衣食无忧了，千百年来中国人民期盼的小康生活已经实现了。中国人民的政治权利也得到解放，人民的各项民主权利得到不断充实扩展，人民代表大会制度与中国共产党领导下的多党合作与政治协商制度得到不断健全与强化，民族区域自治制度得到切实保障，基层民主制度得到落实与发展，人民通过社区、单位、媒体、网络与各种信息手段参与国家治理、社会治理的形式得到不断丰富发展，"网络政治""网络社会"兴起，个人生活的自由度空前增强，参政议政的热情空前高涨，"指点江山、激扬文字"已经不再是一个梦想。人民的精神生活也得到不断解放，文化的内容与形式日益丰富多彩，文化事业与文化产业兴旺发达，人民的文化品位不断提升，自媒体的广泛发展使得人人都可以把丰富多彩的生活方式充分展示出来，网络文化空前繁荣，人与人的交流实现了实时互动，优秀传统文化、红色文化、中国特色社会主义文化都有了可以充分挖掘与展示的空间，学习国外充满异国情调的文化也不再存在任何障碍。我们也从工业文明中得到解放出来，建设生态文明的思潮与行动兴起。我们不再执迷于过去想当然地征服自然、主宰自然，而重新树立尊重自然、顺应自然、保护自然的理念，我们认为"绿水青山就是金山银山"，人与自然应该和谐共生，现代化应该是人与自然和谐共生的现代化，走可持续发展、绿色发展、低碳发展、循环发展的生态文明之路是我们新的路径选择，美丽中国是我们的目标。

---

① 姜义华：《现代性：中国重撰》，北京师范大学出版社，2013年版，序第2页。

结语

中国共产党小康理论创新，具有重大的理论意义、实践意义和国际意义。就其重大的理论意义而言，在推进社会主义理论创新方面，超越了空想社会主义的唯理性，也没有照搬经典马克思主义的字句段落与具体论断，更是超越了苏联社会主义理论的实践性，把马克思主义与中国自己的发展实践紧密结合，形成中国特色社会主义理论，让社会主义在中国焕发蓬勃生机；在推进现代化理论创新方面，既继承了中国传统小康文化的合理内核，也吸收了西方现代化理论的合理内核，同时吸收了西方社会主义理论与马克思主义理论的合理内核，形成了"中国式现代化"理论，超越了传统的西方现代化理论与苏联现代化理论；在推进经济增长理论与发展理论创新方面，吸收了西方经济增长理论与西方发展理论的合理内核，形成了中国自己的科学发展理论。就其重大的实践意义而言，中国共产党小康理论创新，推动中国解决了温饱问题，解决了总体小康问题，解决了绝对贫困问题，推动着全面小康社会的形成；合三次工业革命为一体，吸取发达国家的一切优秀的文明成果，大大加速了中国的现代化进程，推动中国成为世界第二大经济体，世界第一大工业国，世界第一大贸易国，基本实现工业化，进入创新型国家之列，使得中国能够充满信心地预期 2035 年基本实现现代化，2050 年建成社会主义现代化强国；让中国人民得以富起来，推动"四个自信"的牢固树立，有力推动着中华民族走向伟大复兴。就其重大的国际意义而言，中国共产党小康理论创新，推动了新的社会主义范式、新的国家发展范式与新的现代性在中国的孕育与形成，对世界社会主义国家的社会主义建设、发展中国家的国家发展、发达国家现代性的批判反思与第二波现代化都具有一定的参考价值。

参考文献

[1]《邓小平文选》（第二卷），人民出版社，1994 年版。

[2]《邓小平文选》（第三卷），人民出版社，1993 年版。

[3]《邓小平讲话实录》（会谈卷），红旗出版社，2018 年版。

[4] 冷溶、汪作玲主编：《邓小平年谱》（1975—1997），中央文献出版社，2004 年版。

[5] 中共中央文献研究室编：《邓小平思想年编（一九七五——一九九七）》，中央文献出版社，2011 年版。

[6] 于幼军：《邓小平的遗产》，外文出版社，2019 年版。

[7]《江泽民文选》（第一卷），人民出版社，2006 年版。

[8]《江泽民文选》（第二卷），人民出版社，2006 年版。

[9]《江泽民文选》（第三卷），人民出版社，2006 年版。

[10]《胡锦涛文选》（第一卷），人民出版社，2016 年版。

[11]《胡锦涛文选》（第二卷），人民出版社，2016 年版。

[12]《胡锦涛文选》（第三卷），人民出版社，2016 年版。

[13]《习近平谈治国理政》，外文出版社，2014 年版。

[14]《习近平谈治国理政》（第二卷），外文出版社，2017 年版。

[15]《习近平谈治国理政》（第三卷），外文出版社，2020 年版。

[16] 习近平：《摆脱贫困》，福建人民出版社，1992 年版。

[17] 习近平：《在庆祝中国人民政治协商会议成立六十五周年大会上的讲话》，人民出版社，2014 年版。

[18] 习近平：《在纪念中国人民抗日战争暨世界反法西斯战争胜利 69 周年座谈会上的讲话》，人民出版社，2014 年版。

[19] 习近平：《在文艺工作者座谈会上的讲话》，人民出版社，2014年版。

[20] 习近平：《做焦裕禄式的县委书记》，中央文献出版社，2015年版。

[21] 习近平：《携手消除贫困，促进共同发展》，人民出版社，2015年版。

[22] 习近平：《在哲学社会科学工作座谈会上的讲话》，人民出版社，2016年版。

[23] 习近平：《为建设世界科技强国而奋斗》，人民出版社，2016年版。

[24] 习近平：《在庆祝中国共产党成立95周年大会上的讲话》，人民出版社，2016年版。

[25] 习近平：《在省部级主要领导干部学习贯彻党的十八届五中全会精神专题研讨班上的讲话》，人民出版社，2016年版。

[26] 习近平：《决胜全面建成小康社会，夺取新时代中国特色社会主义伟大胜利》，人民出版社，2017年版。

[27] 习近平：《在深度贫困地区脱贫攻坚座谈会上的讲话》，人民出版社，2017年版。

[28] 习近平：《在庆祝改革开放40周年大会上的讲话》，人民出版社，2018年版。

[29] 习近平：《在民营企业座谈会上的讲话》，人民出版社，2018年版。

[30] 习近平：《论坚持推动构建人类命运共同体》，中央文献出版社，2018年版。

[31] 习近平：《在决战决胜脱贫攻坚座谈会上的讲话》，人民出版社，2020年版。

[32] 中央文献研究室编：《习近平关于全面深化改革论述摘编》，中央文献出版社，2014年版。

[33] 中央文献研究室编：《习近平关于协调推进"四个全面"战略布局论述摘编》，中央文献出版社，2015年版。

[34] 中央文献研究室编：《习近平关于全面建成小康社会论述摘编》，中央文献出版社，2016年版。

[35] 中央文献研究室编：《习近平关于社会主义生态文明建设论述摘编》，中央文献出版社，2017年版。

[36] 中共中央党史与文献研究院编：《习近平扶贫论述摘编》，中央文献出版社，2018 年版。

[37] 中共中央党史和文献研究院编：《习近平关于"三农"工作论述摘编》，中央文献出版社，2019 年版。

[38]《中共中央国务院关于打赢脱贫攻坚战的决定》，人民出版社，2015 年版。

[39] 中共中央党校教务部编：《十一届三中全会以来党和国家重要文献选编》（1978—2014），中共中央党校出版社，2015 年版。

[40] 中共中央文献研究室编：《改革开放三十年重要文献选编》（上），中央文献出版社，2008 年版。

[41] 中共中央文献研究室编：《改革开放三十年重要文献选编》（下），中央文献出版社，2008 年版。

[42]《十一届三中全会以来重要文献选编》，中共中央党校出版社，1981 年版。

[43]《十二大以来重要文献选编》（中），人民出版社，1986 年版。

[44]《十八大以来重要文献选编》（上），中央文献出版社，2014 年版。

[45]《十八大以来重要文献选编》（中），中央文献出版社，2016 年版。

[46]《十九大以来重要文献选编》（上），中央文献出版社，2019 年版。

[47] 欧阳淞、高永中主编：《改革开放口述史》，中国人民大学出版社，2013 年版。

[48] 曲青山、吴德刚主编：《改革开放口述史》（地方卷），中国人民大学出版社，2019 年版。

[49] 施昌旺主编：《安徽改革开放口述史》，中共党史出版社，2018 年版。

[50] 刘玉平主编：《陕西改革开放口述史》，中共党史出版社，2018 年版。

[51] 刘晓晨主编：《四川改革开放口述史》，中共党史出版社，2018 年版。

[52] 王涛主编：《广东改革开放口述史》，中共党史出版社，2019 年版。

[53] 中央文献研究室小康社会研究课题组：《小康社会理论与实践发展三十年》，中央文献出版社，2009 年版。

[54] 中共中央宣传部理论局：《全面小康热点面对面》，学习出版社，人民出版社，2016 年版。

[55] 中央农村工作领导小组办公室编著：《小康不小康，关键看老乡》，人民出版社，2013 年版。

[56] 国家发展改革委宏观经济研究院社会发展研究所：《民生：中国全面建设小康社会40年》，人民出版社，2018年版。

[57] 中共江苏省委组织部编：《江苏全面建设小康社会指标体系解读》，凤凰出版社，2005年版。

[58] 中共广东省委党史研究室编：《广东建设小康社会的历史进程》，中共党史出版社，2004年版。

[59] 曹立、石霞主编：《小康路上一个不能少：精准扶贫案例》，人民出版社，2017年版。

[60] 陈冠军：《精准脱贫中国方案》，中央编译出版社，2017年版。

[61] 张凤莲等：《小康社会建设理论与实践研究》，中国社会科学出版社，2017年版。

[62] 吴松主编：《论全面建设小康社会》，人民出版社，2002年版。

[63] 谢舜方、曹雪娟主编：《江村七十年：中国农民的小康之路》，南京师范大学出版社，2010年版。

[64] 任海平、李峰等：《全面建成小康社会进程评估》，中国经济出版社，2017年版。

[65] 黄蓉生主编：《全面建设小康社会研究》，中国人民大学出版社，2009年版。

[66] 吕学芳、肖映胜等：《从贫困迈向小康：武陵山民族地区农村全面小康社会建设研究》，人民出版社，2014年版。

[67] 任远：《社会建设与全面建成小康社会》，重庆出版社，2014年版。

[68] 杨秋宝主编：《2020：中国消除农村贫困》，北京人民出版社，2018年版。

[69] 李培林、魏后凯、吴国宝主编：《中国扶贫开发报告》（2017），社会科学文献出版社，2017年版。

[70] 徐勇主编：《反贫困在行动：中国农村扶贫调查与实践》，中国社会科学出版社，2015年版。

[71] 国家行政学院编写组：《中国精准脱贫攻坚十讲》，人民出版社，2016年版。

[72] 张丽君、吴本健、王润球、张春敏等：《中国少数民族地区精准扶贫案例集》，中国经济出版社，2018年版。

[73] 黄承伟主编:《脱贫攻坚省级样本: 精准扶贫精准脱贫贵州模式研究》, 社会科学文献出版社, 2016 年版。

[74] 高选民、刘永福主编:《脱贫攻坚》, 党建读物出版社, 2017 年版。

[75] 宋媛、宋林武:《绝不让一个兄弟民族掉队——图说怒江扶贫与跨越50 年》, 云南人民出版社, 2018 年版。

[76] 中共中央组织部编:《抓党建促脱贫攻坚案例选: 第一书记》, 党建读物出版社, 2017 年版。

[77] 周毅:《西部反贫困研究——迈向小康》, 甘肃人民出版社, 2000 年版。

[78] 向德平、黄承伟主编:《中国反贫困发展报告 2016: 社会组织参与扶贫专题》, 华中科技大学出版社, 2016 年版。

[79] 左常升主编:《中国扶贫开发政策演变》（2001—2015）, 社会科学文献出版社, 2016 年版。

[80] 黄维忠、袁晓文主编:《西藏及四省藏区精准脱贫研究》, 中国藏学出版社, 2019 年版。

[81] 陈夕主编:《中国共产党与西部大开发》, 中共党史出版社, 2014 年版。

[82] 党国英、吴文媛:《城乡一体化发展要义》, 浙江大学出版社, 2016 年版。

[83]《中共中央国务院关于"三农"工作的一号文件汇编》, 人民出版社, 2010 年版。

[84]《乡村振兴战略规划》（2018—2022）, 人民出版社, 2018 年版。

[85]《中共中央国务院关于实施乡村振兴战略的意见》, 人民出版社, 2018 年版。

[86] 韩俊主编:《中国经济改革 30 年: 农村经济卷》, 重庆大学出版社, 2008 年版。

[87] 武力、郑有贵主编:《解决"三农"问题之路: 中国共产党"三农"思想政策史》, 中国经济出版社, 2003 年版。

[88] 陈锡文、赵阳、陈剑波、罗丹:《中国农村制度变迁 60 年》, 人民出版社, 2009 年版。

[89]《杜润生自述: 中国农村体制变革重大决策纪实》, 人民出版社, 2005 年版。

[90] 董正华:《走向现代的小农: 历史的视角与东亚的经验》, 中国人民

大学出版社，2014 年版。

[91] 周志强：《中国共产党与中国农业发展道路》，中共党史出版社，2003 年版。

[92] 韩长赋主编：《新中国农业发展 70 年：政策成就卷》，中国农业出版社，2019 年版。

[93] 金耀基：《中国现代化的终极愿景》，上海人民出版社，2013 年版。

[94] 金耀基：《中国文明的现代转型》，广东人民出版社，2016 年版。

[95] 姜义华：《现代性：中国重撰》，北京师范大学出版社，2013 年版。

[96] 何爱国：《当代中国现代化的理论与实践》，科学出版社，2011 年版。

[97] 何爱国：《中国式现代化：小康理论及其指标体系研究》，上海财经大学出版社，2011 年版。

[98] 何爱国主编：《当代中国生态文明之路》，科学出版社，2012

[99] 童星：《现代性的图景：多维视野与多重透视》，北京师范大学出版社，2006 年版。

[100] 郑永年：《中国的知识重建》，东方出版社，2018 年版。

[101] 陈学民、李冉、肖巍、周文等：《新时代的历史大视野》，上海人民出版社，2019 年版。

[102] 赵晓雷：《中华人民共和国经济思想史纲：经济思想发展与转型 1949—2019》，首都经济贸易大学出版社，2019 年版。

[103] 国家发改委经济体制综合改革司、经济体制与管理研究所：《改革开放三十年：从历史走向未来》，人民出版社，2008 年版。

[104] 李晓西主编：《中国经济改革 30 年：市场化进程卷》，重庆大学出版社，2008 年版。

[105] 吴敬琏：《当代中国经济改革》，上海远东出版社，2005 年版。

[106] 吴敬琏：《中国经济改革进程》，中国大百科全书出版社，2018 年版。

[107] 新望主编：《40 年改变中国：经济学大家谈改革开放》（下），北京联合出版公司 2018 年版。

[108] 蔡昉：《四十不惑：中国改革开放发展经验分享》，中国社会科学出版社，2018 年版。

[109] 郑有贵主编：《中华人民共和国经济史（1949—2012）》，当代中国

出版社，2016 年版。

[110] 田国强、陈旭东：《中国改革：历史、逻辑和未来》，中信出版社，2016 年版。

后　记

　　本书是我参与的项目"康庄大道：小康中国四十年"的子项目，亦系我的博士后出站报告的一部分，得到上饶师范学院博士科研启动基金的出版资助。回顾我在复旦大学马克思主义学院两年的博士后生涯，真是弹指一挥间，多少酸甜苦辣尽在其中。两年来，许多的师友给予我各种关怀、提点与帮助，铭刻于心。

　　感谢合作导师杜艳华教授，她从生活到学术上，给予我关心与支持。在学术上，她不厌其烦地提点我，从进站到出站精心指导，提供了不少资料。我听她的课，如沐春风，受益匪浅。感谢复旦大学马克思主义理论博士后流动站全体指导委员肖巍教授、李冉教授、刘红凛教授、顾钰民教授、高国希教授、杨宏雨教授、吴海江教授、高晓林教授等，他们从开题、中期考核到出站，提出了许多宝贵的意见，值得我学习借鉴。

　　感谢复旦大学马克思主义理论博士后流动站秘书蔡春老师，她对我提供了无微不至的帮助。感谢复旦大学马克思主义学院与历史学系资料室的汪鸿雁老师、于翠艳老师、李春博老师，她们为我借阅资料和在室学习提供了最好的服务。

　　感谢复旦大学历史学系何爱国老师，他从课题合作、思路方法、资料搜集等方面提供了大力支持。

颜　英

2020 年 9 月